文人論政集

士不可殺才不可辱

鄧海南・著

目　次

卷二　文論

卷三　哲思

卷一

雜文

士不可殺才不可辱

　　從來沒有想過知識份子這個稱呼有什麼不好。但是那天在網上看到的那篇文章，對知識份子這個稱謂的質疑使我驚訝。是啊，做工的叫工人，務農的叫農民，經商的叫商人，當兵的叫軍人，學生因其年輕還未成人，所以叫學生。一個國家的基本成員：工農兵學商，這其中沒有列舉上專門研究自然科學和社會科學的人，這類人另有一個稱謂，即：知識份子。

　　為什麼形成社會主流的那些職業的人不叫份子，而偏偏有知識的人要叫做份子呢？要知道在這個社會中，被叫做份子的大都不被認為是什麼好東西，如地主份子、富農份子、反革命份子、右派份子、階級異已份子、腐化墮落份子，如此等等，最簡單的叫法是壞份子。為什麼對知識階層人物的叫法不往社會主流的稱謂靠攏，而偏偏與社會底層的雜質為伍呢？不知道有沒有人考證過，知識份子這個叫法是從什麼時候開始叫起的？我們知道的是，就在不久之前，知識份子這個稱謂總是和資產階級和小資產階級連在一起，被認為是對無產階級專政社會的一個危險因素，因而不斷受到擠壓和敲打。

　　對與以研究自然科學和社會科學為業，主要以腦力勞動謀生的這一類人，還有沒有一個更好的叫法呢？

　　中國古代是把這類人叫士的，學以居位的稱為士。士農工商，在這四種民中，以學問謀生的士者位居其首。那麼現在，我們還能不能再使用士這個稱謂來特指知識份子呢？試試看如何：叫知士？容易和過去的一種官名知事混淆；叫士者，又容易和待者混淆；叫學士？現在本科畢業生就是學士，再上去是碩士和博士；那叫什麼？叫士人？這個叫法似乎不錯：是人，當然應該是人！而且是大寫的人。諧音也好：示仁，展示仁義的人，正合這類人的身份。但是不行，士人與世仁同音，而且千萬不能姓黃，一姓黃就完了，黃世仁，依然不是個好人。那麼叫文人？這個稱謂含意窄了些，數理化之類的好像包容不進去。怎麼辦呢？看來一個叫法既然已經形成，要改變實在是困難。但是我想，做為知識份子的人一定要把這個名稱的來由和含意搞清楚，也要瞭解在這個稱謂後面曾經有過的輕蔑、防範和另類的含意。好在份子這個詞在漢語中也並不全是組成貶意詞，在某些地方前面加上優秀二字也可以成為某某階級中的優秀份子。但是，優秀二字的含意又不可亂加引伸，優人與作秀，好像又不太好聽。不過作秀之秀是從英文中過來的譯音，算不得數。而優人，古代的優人敢說一些其他官員臣子都不敢說的話，其實是有著針砭現實的傳統的。

　　不管怎麼說，知識份子，無論別人怎麼來看你，你自己應該把自己當做這個社會的最優秀份子來看待，雖然被叫做知識份子的人當中並非個個都是優秀份子。知識份子，在我們國家的歷史中已經受了太多的災難和屈辱；一個把知識份子當做另類並使他們飽受災

難和屈辱的國家，自己也必將為此付出代價。我們國家因為科學技術和生產力的落後（不僅只是科技和生產力方面的落後），在外部世界所受到的壓迫；和我們歷來的統治者因為擁有絕對的強權，對內無所顧忌地壓迫知識份子，恐怕是有著某種因果關係的。

忽然想起了這句古語：士可殺而不可辱。這是表示古代士人氣節的一句名言，表示了一種寧為玉碎不為瓦全的決心，對個人來說精神可嘉。在從古到今對士的迫害中，不少有骨氣的士人，因為這句話的精神，為了思想的自由人格的獨立不惜犧牲了生命。但是，對於一個國家和民族來說，這句話又是極為可悲的，因為這說明這個國家和民族有著因言和因文而殺士的傳統。作為士的這類人只能在殺和辱這二者間取其一。古的不去說了，就在二、三十年前，林昭、遇羅克、張志新……一塊又一塊純潔剛硬的美玉，就在這種虐殺異端的傳統中被擊碎了。所以這個文明古國的精神品格最後剩下的只是一堆殘磚頹瓦。要以玉的質地建立起一座精神的聖壇，何其難也。

我想對於一個國家和政權來說，這句話必須加上一個字：

士不可殺才不可辱！

對公民剝奪生命的行為只能用於行為的越軌（如殺人放火等等嚴重犯罪），而絕不能施用於思想逾矩。思想自由是知識份子這類人的立身之本，對於這類以思想求生存，以思想來豐富其他人生存，並且只以思想和言論來批評社會希望其漸趨完美的人，如果可以用殺來對付的話，那還有什麼樣的屈辱不能強加上去呢？曾經有過那種時候，從大知識份子如梁漱冥、馬寅初、張東蓀、費孝通，

到不知其名的小知識份子，哪一個沒有受過政治強權的凌辱？只不過性情剛烈者不甘受辱，而性格稍稍軟弱者不得不受辱而已。

　　現在我們的國家已經不再因為思想的犯上作亂而殺人，這是一種極大的進步。但更大的進步，還在於對思想自由和獨立人格的真正尊重。

「國、民、黨」還是「黨、國、民」

看這個題目，似乎是一個顛倒排列文字的遊戲，其實不是，作者是想借此探討一下國家、人民和政黨的關係。

這得要從國民黨說起。中國過去，是只有皇帝、只有朝庭、只有造反派，而沒有黨的。因為聖人有訓：君子不黨。所謂結黨營私、狐群狗黨、朋黨、太子黨、閹黨等等帶有黨的辭彙，不過是對一小撮拉幫結派的人的稱呼。真正具有近現代政治意義上的組織—政黨，中國國民黨是第一家。

1911 年的辛亥革命中的造反者，雖被稱為革命黨人，但統一的革命政黨並未成立，只是由孫中山創立的同盟會、黃興為首的華興會聯合另一些仁人志士的光復會組成中國同盟。同盟會領導的革命最終推翻了中國最後的專制王朝，結束了延續了兩千多年的帝制，於 1912 年建立了南京臨時政府。但是由於同盟會的造反者們實力不夠，國家的政權被袁世凱拿去。孫中山等人為堅持繼續革命，1913 年發動反袁運動，失敗後，孫中山痛感沒有一個組織嚴密的政黨就沒有奪取政權的力量，於 1914 年在日本組織了中華革命黨，1919 年改組為中國國民黨。果然，成立了組織嚴密的政黨

之後，爭奪政權的力量就明顯地顯示了出來。而已經掌握了政權的北洋軍閥，雖然有軍隊、有派系，但是沒有一個統一思想和行動的黨，在和國民黨的爭鬥中，漸處下風，政權終被國民黨奪取。

孫中山革命的理想是天下為公，由他組建的國民黨，其初衷當然不同於中國歷史上常用的貶意詞：結黨營私，而是立黨為公。從它的名稱來看：國民黨，國家和人民的黨。為國謀尊嚴，為民謀幸福，是它執掌權柄的理由。既然成為國家的執政黨，它的職責就是為國家和民眾服務。

但是，一但奪權成功，當這個政黨掌握了政權，擁有了政權，這個誰為誰服務的問題，就開始慢慢地顛倒了過來。「國、民、黨」就變成了「黨、國、民」——國家和人民，都成了執政黨的附庸。不是執政黨服務於國家和人民，為了國家和人民的利益可以犧牲自己的利益，並改進自身的素質，甚至在管理不好國家的情況下可以選擇退位和讓賢；而是國家和人民為了黨的利益，無論受到多麼大的損失、委屈和磨難，都必須適應黨的統治，繼續在黨的領導下過活。清朝皇帝可以退位，袁世凱的洪憲皇帝做不成了可以收場，袁世凱之後的歷屆中華民國總統和執政做不下去了可以換人替馬，但是中國國民黨一旦奪取了政權，就再也不肯放手！黨凌駕於一切之上，國可蒙難，民可受辱，而黨的執政地位決不可丟！因為理由是：一旦此執政黨失去了執政地位，便會國將不國，民將不民了。於是「社稷為重，民為貴，君為輕」的古代哲訓，便成了：黨為重，政府為貴，民為輕。本來人民是本，政黨是末；而在用武力奪取政權而不是靠選舉贏得政權的執政黨的觀念裏，則完全本末倒置了。

　　有一句很可笑的話在很長一段時間裏被當成了至理名言：「如果不怎樣怎樣，我們就將亡黨亡國！」

　　其實細想，這完全是一種黨本位的觀念。亡黨和亡國是兩回事。一個黨亡了，這個國家未必會亡；就像清朝亡了，中國並沒有亡，而是因此而獲得了新生；北洋軍閥亡了，中國並沒有亡；國民黨在大陸軍事失敗，政權易手，中國大陸並沒有亡，而是成立了新的中華人民共和國；甚至國民黨在臺灣當政數十年後在競選中失敗，臺灣也沒有亡，依然是一個相對於中國大陸而存在的政治實體。

　　那麼，這種以黨代國代民的思想何以形成呢？我想它有兩個來源：一個來自皇帝，一個來自武力。

　　來自皇帝的，是：「朕即國家」。過去的皇帝認為我就是國家，國家就是我的，我想要怎麼樣就怎麼樣。後來的革命黨接過了皇帝的江山也接過了皇帝的衣缽，只不過變成了：黨即國家，所謂「黨國」。黨要怎麼樣國就得怎麼樣，民眾於國事不容置喙。於是立黨為公，為民眾服務的理想就變成了：立黨為黨，一切都是為了黨國。黨在先，國在後，民眾不足道。

　　來自武力的，是：「誰打下的江山誰來坐，豈可輕易讓與人？」用武力奪取的政權，必然也要用武力來維持，直到維持不下去的時候為止。而這種維持，最直接的辦法就是對其他政黨的限制和打壓，防止它成為能與自己抗衡的政治勢力以至分享或從自己手中接管政權。

　　執政黨權力的獲得和對權力的濫用是有直接關係的。由選舉產生的執政黨，在對權力的使用上必然小心謹慎，不敢造次，因為有其他在野黨在監督著，一著不慎，就有可能下臺交權。而靠軍隊打

天下掌政權的執政黨則不然，凡屬國計民生的大事，都由一黨獨斷，由黨的領袖說了算。當然為了與現代政治接軌，也可以允許一些民主黨派參政議政。但在一黨專政、一黨獨大的情況下，所謂參政，恐怕不是參加政治，而是參觀政治；所謂議政，也得看執政黨的臉色行事。

我始終覺得，中國人在政治上最大的悲哀就是這種乾綱獨斷、政權獨攬的意識，這種意識似乎已溶於血液，深入骨髓。在對現有政權不滿意時，首先想到的不是以和平方式來參政議政，試圖一步步地改進它，一點點地完善它，而是一心一意要用暴力革命來奪取它；而當暴力奪權成功，便決不容別人真正地參政議政。在這一點上，中國國民黨曾經如此，中國共產黨也曾經如此。

1927 年，蔣介石領導的國民黨靠北伐奪取了中國的政權之後，立即對中國共產黨痛下殺手，因為他不能允許這個北伐的同盟軍和他爭奪政權。就像一個已經稱帝的農民起義領袖，必須殺了別的義軍領袖以絕後患。

1945 年，當共同戰鬥贏得了抗戰勝利的國共兩黨坐在重慶的談判桌上進行會晤時，中國其實已經見到了民主建國的曙光。如果國民黨真的是立黨為公，把國家和民眾的利益放在一黨利益之上，容忍中國共產黨乃至其他民主黨派參政議政，和它共用政權，形成一黨在朝，一黨在野，互相批評，共同促進的民主政治局面，那麼中國之「國」將減去多少坎坷？中國之「民」又將免除多少災難？但國民黨不容中共坐大，必欲除之而後快，結果卻落得兵敗大陸退守臺灣，在幾十年後甚至連臺灣的執政權也失去了。

　　而中國共產黨在 1949 年奪取政權之後，並沒有按照毛澤東在《論聯合政府》中已闡明的那條道路走。原因很簡單，主要對手國民黨被打跑了，還有誰有資格能與共產黨平起平坐？那些原為摯友和諍友的民主黨派和民主人士，越來越成為中央政府門面上的擺設，當連擺設也看著不順眼的時候，乾脆就掃到一邊去了。蔣介石曾經提出卻難以做到的：「一個國家，一個政黨，一個領袖！」被毛澤東領導的中國共產黨輕而易舉地做到了。於是，「黨」成了中國人的語言中的 Number One：「黨和毛主席……」「黨和國家……」「黨和政府……」「黨和人民……」「黨的利益……」如此等等，除了領袖的名字可以與黨並列或者放在它之前外，其他所有一切，都必須排在「黨」的後面。雖然共產黨的幹部不像國民黨的官員那樣動不動就說「黨國」，但誰心裏都明白，黨的利益是至高無上的。在它面前，國家的名份得排在後面，政府的權威得排在後面，人民大眾的利益當然更得排在後面。雖然毛澤東明確無誤地指出過，黨的宗旨是為人民服務；但是誰心裏都明白，人民必須為黨服務，對黨忠誠。誰若對黨有所微詞，他便成了為國家不容的人民公敵。全黨必須為黨的領袖服務，對黨的領袖忠誠，誰若對黨的領袖有一點異見，便要「全黨共誅之，全國共討之」。

　　事情弄到這樣的地步，中國共產黨的主席可以把中華人民共和國的主席堂而皇之地打翻在地並再踏上一隻腳就毫不奇怪了；作為執政黨的中國共產黨在經歷了天怒人怨的十年浩劫之後還依然能堂而皇之地執政掌權也就毫不奇怪了，因為在這個國度裏沒有任何一個合法的政治儲備力量可以取代它。

在君主制國家裏，為了政局穩定，大都設有王儲。但在一黨專政的國家裏，卻沒有另一種政治儲備。從執政黨不允許有其他政治儲備這一點來看，顯然不是基於國家和人民利益，而是基於這個政黨自身利益的考慮，在政權問題上，決不允許其他黨派來分一杯羹。於是，在這個執政黨決不肯放權的基礎上，作為人民，就只能把國家和民族改革和進步的希望全都寄託在執政黨自身的改革和進步上。但是，在執政黨幾乎掌握了所有的政治資源並缺乏有效的社會監督的情況下，這個執政黨的改革和進步能夠和時代的需求和人民的要求同步嗎？換言之，「黨」能夠把「國」和「民」的利益放在自身利益之上，真正做到全心全意「為人民服務」嗎？

是的，中國二十多年來的改革開放，是在中國共產黨領導下進行的，已經取得了舉世矚目的成果。但是，人們正在關注著，政治改革滯後的局面如何改變。對於當下的中國來說，市場化進程並不能有效地改變權力結構，而思想的開放也無法有效地約束權力的腐敗。作為執政黨和政府，手中擁有的政治資源是有限的，與其慢慢地損耗它，不如有效地使用它。

而對於國民和黨員來說，對於國家、人民和政黨孰先孰後的關係，起碼應該有這樣基本的認識：首先是「民」，這個民字有兩層含義：人民大眾和中華民族；其次是「國」，也就是現在的中華人民共和國；若沒有人民的幸福和民族的尊嚴，國家就只是一圈圍欄而已。然後才是「黨」，黨是為民謀利，為國圖強而存在的。中華民族和中國這個國家已經存在了幾千年，並且還將存在下去。而中國帝制結束之後的執政黨，無論是國民黨還是共產黨，都不過數十年的歷史。它們有自己的歷史使命，也有自己的歷史壽命，當它們

完成了歷史賦與它們的使命之後，有準備地、逐步地、自尊地退出歷史舞臺，像一個德高望重的老人一樣壽終正寢，應該是最好的結果。過去的皇帝都希望自己萬壽無疆，但活到百歲的有幾個？過去的王朝都希望能夠傳之萬代，但最幸運的也不過延續數百年。

任何一個「黨」，不論是執政的還是不執政的，都不可能千秋萬代永世長存；能夠長久存在下去的，只能是中華民族的「民」和「國」。

白毛女和黑窯男

　　一直以來，在中國人的心目中，1949 年中華人民共和國的成立，成了一條社會歷史的分界線。在那以前，被叫做舊社會，在那以後，被稱為新社會。在這個新社會剛開始的一些年頭裏，人們確實相信這個社會是全新的，因為看起來它已經消滅了人剝削人、人欺壓人的制度。雖然此後政治運動頻繁，經濟活力衰減，整個社會雖患貧而不患不均，工人農民的生活雖然清苦，但是大家彼此彼此，心態基本還是平衡的。相對於舊社會，人們甚至還有一種幸福感和自豪感，因為不管怎麼說，窮人是翻身做主人了，過去欺壓剝削農民的地主黃世仁們被徹底打倒了，貧農的女兒被逼進深山變成白毛女那樣的悲劇再也不會出現了。而一齣歌劇《白毛女》，就是控訴萬惡的舊社會的最有力的教材。許多人對那個過去了的舊社會的認識，不是通過自身的感受，而是通過《白毛女》這樣一個藝術作品兼宣傳品達成的。因為這個作品和造就了這個作品的宣傳機器的巨大影響力，黃世仁的惡行就成了所有地主的代表，於是整個地主階級成了「洪洞縣裏無好人」，不管他是開明士紳還是惡霸；而喜兒的命運也成了所有貧農的遭遇，不論他們是走投無路還是尚可

生存。一個受壓迫受欺凌的農民女兒的故事，激起了全社會對舊制度的憤恨。在這樣的憤恨中，由共產黨取代國民黨掌握國家政權就成了理所當然的事。在該劇的結尾，人們高唱：「太陽出來了！太陽就是共產黨！太陽就是毛澤東！」新社會的太陽，解救了千千萬萬個喜兒。

但是，最近發生的山西黑磚窯事件極大地震驚了社會。在共產黨這個太陽升起了半個多世紀以後，人們驚訝地發現在太陽的陰影下，竟有那麼多被綁架離家淪為黑窯工的少男，他們的數量遠較白毛女為多，他們的境遇也遠較白毛女慘！這不能不讓人們想，我們現在的這個社會，還是一個新社會嗎？且不說環境污染這樣人和自然的關係問題，就說人和人之間關係的問題：貧富嚴重不均、兩極迅速分化、新形成的資本家（包括本國的和外國的）對工人的殘酷剝削、強勢群體對弱勢群體的壓迫和欺凌⋯⋯那些在萬惡的舊社會才存在的醜惡現象，不但統統回來了，似乎比過去了的那個舊社會還要厲害。起碼的一點，在國民黨當政時期，還沒有這樣大規模的綁架和強迫少年當奴工的事件發生。

前幾年在 DVD 碟片上看到不被當局允許公映的電影《盲井》，心靈就受到極大的震撼。但是那部影片中展現出來的人性惡，還只是兩個個體為了發財而不擇手段的謀財害命，雖然這種個體的謀財害命和社會整體對弱勢群體的經濟壓迫有關。但是到了這次的山西黑磚窯事件，人性惡的癌細胞已經擴大成為惡性腫瘤：一群又一群人為了發財而不擇手段的野蠻蓄奴；社會免疫系統已部分喪失：國家政權的基層組織對許多孩子失蹤的漠不關心，對在它們眼皮底下的蓄奴行為視而不見。當然也要說句公道話，在這一事件最終進入

公眾視野之後，這個社會還是顯出了它畢竟還不是舊社會，或者好歹還是新社會的一面：國家高層領導人表示震怒，同時山西省出動大量警力檢查小磚窯小採礦場，解救了數百名被拐騙的外省民（童）工並拘留了涉嫌犯罪的包工頭，而山西省長于幼軍也成為這個政權歷史上破天荒第一次向人民表示道歉的省長。亡羊補牢，猶未為晚。對這些應該屬於新社會的行為，我們自然表示歡迎。但是同時，我們依然不能忘了對舊社會的惡行為什麼會出現在新社會的詰問：這種不該發生的事情為什麼竟然大規模地發生了？今後是否還存在著繼續發生的條件和土壤？

如果認真詰問的話，這其實是當今政權到底有沒有把人民大眾的切身利益放在首位來思考的問題。竊以為，當今政權的第一思考是自己的執政地位必須保住； 它的第二思考是組成這個政權的各級官員的利益必須保住；它的第三思考是：在保住現政權和官員利益的前提下，盡可能地成為一個政治大國和經濟強國。在目前的階段裏，其手段就是發展，其指標就是 GDP。只要 GDP 上去了，工人、農民這些弱勢群體的受到傷害和自然環境遭到破壞的問題，在政權的考量中就不會成為重中之重！所以直到發生了這樣大規模的惡性事件，才引起高層震怒。但我以為，這種高層的震怒，只是國家領導人個人心中的人性對於這種惡行的震怒，而不是這個政權本身對這種慘狀的警醒。如果不能改變這個政權其實是自己為自己服務的性質，我想類似事件就不可能從此杜絕。高層的某幾個領導人對某一事件的震怒，並不能總體地和一勞永逸地解決廣大的弱勢群體受傷害的問題。作為這個政權的金字招牌：「為人民服務」已經高高在上地掛了幾十年了，但是如果不能穩步有效地改變這個政

權用武力奪取並用武力來維持的性質，不能循序漸進地將一個革命政權改變為一個真正的人民政權即民選政權，為人民服務這個口號，就可能是一句可以兌現也可以不完全兌現的空話。

回到這篇有感文章的標題：「白毛女與黑窯男」，《白毛女》這個作品，對於那個舊社會的揭露無疑是有意義的。如果當時的國民黨政權能夠重視廣大農民受剝削受壓迫的問題，並且及時地進行土地改革，共產黨就不可能動員起億萬農民的力量將其推翻。但是現在看來，《白毛女》這個作品對那個舊社會的揭露只是一斑，這一斑也許是真實的，但以這一斑來窺那個舊社會的全貌就未免片面。現在我們知道，並非所有的地主都像黃世仁那麼壞，也並非所有貧農的遭遇都像喜兒那麼悲慘。那個舊社會固然有著許多惡，因而有著被推翻的理由，但也並非一切都是舊的惡的。就像我們現在的這個新社會也並非什麼都是新的善的一樣。我想，如果現在有人以山西黑磚窯為素材寫一齣戲的話，就不能簡單地把那些包工頭和基層政府的官員都寫成新時代的黃世仁；也不能因為山西出了黑磚窯，就把這個社會寫成一片漆黑。黑磚窯事件在中央領導、山西省政府和全社會的高度關注下得以初步解決。這說明，在我們現在這個新舊混雜的社會天空裏，雖然時見陰風邪雨，畢竟也還是有陽光的。

酷吏與貪官

前一陣被朋友所託，為某一銀行的紀念畫冊寫一點文字。不想幾日後朋友告我說，出畫冊的事暫時延期，因為這家銀行的前負責人「進去了」。這「進去了」的意思，自然是被「雙規」了。而被「雙規」的原因，想也不要想，無疑是經濟問題。這位「進去了」的前銀行負責人曾經是我一個部隊的戰友，復員後從銀行的基層職員做起，兢兢業業步步向上，終於做到了相當高的位置，卻也終於因經濟問題栽了跟頭，不禁讓人唏噓：又一個貪官倒楣了！心中說不清是快意還是遺憾。

如今貪官如此之多，真是叫人感慨。早有人說過這樣的話：叫當官的站成一排，全部當成貪官，肯定有冤枉的；隔一個定一個是貪官，又肯定有漏網的。更激烈的言辭是：如今貪官多得已如一個池塘裏擠滿了魚，你想一條條去抓出來已不可能，只能閉著眼睛用漁叉去叉，叉到誰誰倒楣；叉不到的依然逍遙自在。排排隊吧，改革開放以前，在全國擁有知名度的大貪官也只有張子善和劉青山。而當今時代，成克傑、胡長清、王寶森、慕綏新、馬向東、劉方仁……真是貪雄輩出，不勝枚數。不要多少時間，新聞媒體上便會曝出一

批，如雨後春筍，並且前赴後繼，雖然前車傾覆之鑒歷歷在目，後面的車還是不顧危險地一輛又一輛往這條道上開，其中原因到底何在呢？更有甚者，我一朋友數年前曾為某省交通部門寫過一篇「群英譜」性質的報告文學，因為他們為這個省的高速公路建設立下了汗馬功勞。數年之後，我問這位朋友他當年歌頌過的那些英模人物現在如何了？他歡口氣道：全出事了，無一倖免。當然也全都是栽在經濟問題上。我想，當年他寫過的那一批建設英模，總不至於個個是貪婪嗜財之徒吧，為何都一古腦地成了貪官了呢？這其中一定有個人人品之外的原因。

有感於貪官層出不窮，不少人開始懷念起毛澤東時代，認為那個時代政治清明，官員廉潔，而把貪官的產生歸咎於改革開放和社會經濟的發展。在十一屆三中全會之前，社會活動的中心是階級鬥爭；在那之後，全社會的注意力才逐步轉到了發展經濟上來。大量貪官的產生，確實與改革開放後社會經濟活力的增強有關。如果僅以貪官的數量為衡量的尺度，似乎真能得出那個時代的政治比現在清明的結論。

但是切切不可忘了，那是一個經濟萎靡政治恐怖的時代，雖然貪官不多，但是酷吏當道。以改革開放劃線，可以說：前多酷吏，後多貪官。如果能把前後兩個時代稱為酷吏時代與貪官時代的話，我寧要貪官時代。因為貪官只是私下裏攫取了本應屬於公眾的財產；而酷吏卻能明火執仗地奪走你的尊嚴乃至生命。貪官雖然壞，畢竟是在一個有了經濟活力的社會裏才能大量產生，就像田地肥沃了，因為管理不善而生出了大批雜草。下一步的事情，是要通過科學的田間管理，使雜草不能肆意生長。而且，起碼我們現在可以堂

而皇之地譴責貪官，揭發貪官，並要求社會逐步形成抑制貪官產生的機制。但在酷吏時代，我們只能三緘其口，敢怒而不敢言，甚至不敢怒也不敢言。

我這樣說，有一點可能會遭人指摘：你可以舉出現在許多貪官的姓名來為所謂的貪官時代立論，但你能舉出多少酷吏來證明你說的酷吏時代呢？說實話，我舉不出幾個能稱為酷吏者的姓名，因為那個時代沒有絲毫新聞自由，我們不可能從報上知道某個酷吏幹下了某種酷行。而且在社會變革、時過境遷之後，也極少有人能站出來為當年的酷行表示負責和懺悔。但是十年文革中所發生的種種令人髮指的迫害人殘害人的惡行，除了大的社會政治背景，每一樁每一件難道不都是在某一級某一個幹部或官員的具體負責之下實行的嗎？就說對張志新吧，如果說政治迫害、甚至在法律上判她死刑是由大的社會背景決定的；那麼在臨刑前殘忍地割斷她的喉管這樣具體的人身迫害，難道不是由某個具體的酷吏來完成的嗎？毛澤東要打倒劉少奇，可以在政治上將他定案為「叛徒、內奸和工賊」，但是目前我們還沒有找到毛澤東直接下令整死劉少奇的證據，那麼把一個國家主席非人地折磨致死，難道不是某一個或幾個具體的酷吏所為嗎？只是我們不知道他們的名字。還有那些打砸燒殺起來毫不眨眼的紅衛兵小將們，如果當了官，豈不都可成為酷吏？

近日讀李慎之文集，其中〈被革命吞吃的兒子〉一文是懷念他的老友李炳泉的，文中有這樣一段文字，照錄如下：「炳泉的專案組長是一個中年的女同志，據說審問炳泉時很凶，手段也很毒，比如像使他們夫妻互相揭發的招兒就是她想出來的，因此有人說炳泉其實是她逼死的。這個同志……可以算是炳泉和我的老部下了。人

長得富態，也很端正，平常也是一個挺和氣的人，怎麼會這樣手辣心狠呢？不過，只要熟悉中國歷次政治運動的人，就不難理解，在偉大領袖的感召下，在無產階級和資產階級的生死鬥爭中，在這塊革命熱情洶湧澎湃的土地上，什麼事情都是可能發生的，包括把人變成狼。」

酷吏和貪官，其實是同一棵樹在不同氣候條件下長出的果實。產生它的根源同是不受制約的權力。酷吏可以很清廉，貪官也可以很和善，但他們是用不同的方式對公眾的利益進行侵害。

酷吏對應的是大行政治鬥爭的社會；

貪官對應的是講求經濟效益的社會。

酷吏以對異端的殘酷迫害來顯示對統治者的忠誠，並以此換取更大的政治權利力。

而貪官則利用現有的政治權力為自己謀取最大的經濟利益。

所幸的是酷吏時代已經過去。

而貪官時代，也應該是開始結束的時候了吧。

我想在那許多「進去了」的貪官們中間，許多人應該是有能力的、做出過貢獻的、本質也不能算是多麼壞的人。他們肯定不是聖人，聖人是不會為了貪財而損壞自己高潔人格的。在這個世界上聖人是極少數，大多數人都是凡人。凡人們雖然入了黨，當了官，也還是些有著七情六慾的凡人。不可能為著偉大的理想便六根清淨。凡是凡人，心中都有著世俗的慾望，貪財好色的本性，這種本性不是靠著入黨時莊嚴宣誓：「為了共產主義事業奮鬥終生」就能消除的；也不是靠著嚴肅認真的「三講」教育就能昇華的。社會和政府

對貪官的制約，不但要在法律上使他們不敢，還要在制度上使他們不能！

　　曾經看到過這樣的文章：中國的一個市長和某些外國的市長，所擁有權力上的差異可謂天壤之別。一個中國的市長，在很大程度上決定著他所管轄的城市政治和經濟的方方面面；而一個民主國家的市長，不過是一個為社會服務的大幹事而已，既不能用公款隨意請客，顯得羞澀的私囊也不允許他自掏腰包請人大吃大喝，更不用說干涉別人的經濟、法律事務和老百姓的日常生活了。像這樣真正的「公僕」，既不會有人到府上送錢去買官，又不能因為大筆一揮批准某項工程或某個承包項目而大拿回扣，就是想貪，又從何貪起？

　　官不貪，吏不酷，社會才是真正的經濟有序，政治清明。

僕不像僕，主不像主

在無人售票的公共汽車上碰到一件小事，頗可發人深思。

行駛途中，刷卡機出了故障。於是便出現了這樣的情形：以後每次停站開車門時，司機都衝著要上車的乘客喊道：「刷卡機壞了，刷卡的別上！」但已往車上跨的乘客一時反應不過來，按習慣刷卡時，才發現刷卡機沒有反應。司機便不快地嚷嚷：「叫你們別上別上，上來了就投幣！」一連幾個乘客都很聽話，或者說是對他人充滿了善意的理解，從兜裏搜羅出硬幣投進錢箱。這些乘客沒有對司機的態度提出異議，而司機也絲毫未對這些乘客表示謝意。車繼續行駛，繼續停站，上述的這種情形也在繼續發生著。除了有兩個年紀較大的乘客被司機喝了下去之外，其他持卡乘車的人在得知刷卡機壞了以後，都毫無例外地找出硬幣投入了錢箱，而司機也依舊漠然視之。這時候我在想，如果有乘客身上沒有硬幣，或者雖有硬幣，但不願往錢箱裏投會發生什麼樣的情形？那麼肯定會發生爭執甚至爭吵。

司機會自認為有理地喝斥乘客：告訴你刷卡機壞了你為什麼還要上？有錢就投幣，不投就下去！

　　而乘客會於理有據地回答司機：是你的刷卡機出了毛病，又不是我的公交卡出了毛病，你憑什麼拒載？又憑什麼要我投幣多花兩毛錢？

　　誰有理，誰無理，我想讀者不難做出正確的判斷。

　　在刷卡機出故障的情形下，我想比較合情合理的處理方式應該是這樣：司機應耐心地告之，希望有硬幣的持卡乘客改投硬幣，並對改投硬幣的乘客表示感謝，因為此舉不但增加了別人的麻煩，還讓別人額外多付出了錢。至於沒有硬幣可投或不願投幣的持卡乘客，也不能以刷卡機壞了為由拒載，因為持卡乘車本來就是他們的權利，至於他這一次意外地免費乘車，那原因也在公交公司的設備故障，而不在於持卡的乘客。

　　很遺憾，一直到公交車到達終點，我看到的只是司機對乘客的那種毫不責己專門責人的頤指氣使，和乘客對司機的那種無原則的委曲忍讓。

　　不是有一句話說顧客是上帝嗎？難道商店裏的顧客是上帝，而公交車上的顧客就不是？反而是公交車上的那位冷漠的司機成了上帝，視有權乘車的顧客為一群不屑搭載的羊群。誰為誰服務的問題，在這裏完全被顛倒了。並且無論是那位司機和那些乘客，誰都沒有認為這種顛倒有什麼不正常，因為他們早以視顛倒為常態。

　　其實這一個小小的生活場景是許多大的社會問題和社會矛盾的縮影。在一個和諧社會裏，到底誰為誰服務？誰是主人，誰是僕人的問題，每一個公民心中都應有明晰的認識。憲法中明文規定了人民大眾是國家的主人，因而一切黨政機構和社會服務系統都應該是為人民服務的公僕。但為什麼到了某些具體的場景中，主人們的

表現往往像是僕人，而某些僕人的姿態又儼然像是主人呢？這答案恐怕要從過去許多年主僕顛倒的歷史經歷中去找：許多主人當慣了受氣包，不習慣理直氣壯地為自己維權；而不少僕人當家慣了，一不小心便以主人自居。雖然改革開放這些年來我們看到社會上服務意識和維權意識都在不斷地增長，但是主僕易位的現象還是普遍的存在。在社會的各個層面中，讓主人真正地成為主人，讓公僕切實地成為公僕，這是一個真正和諧社會的殷切期待。

讓來自泥土的歸於泥土

　　有一些東西是好還是壞？有一些發明對人類是利大還是弊大？有一種生活方式是趨向文明還是導致野蠻，目前還真不好說。要論科技含量高的、工程規模大的、離一般人生活遠的，如原子能的利用，它給了人們可以無窮利用的能源，也帶來了一不小心就可能毀滅一切的危險。而我想說一種沒太多科技含量，實用體積很小，城市裏人們日常生活須臾不可離的東西——抽水馬桶。

　　抽水馬桶是人類近代最了不起的發明。了不起的程度恐怕決不亞於電燈、電話、電視、電腦。不信讓人們做一個選擇，如果家用電器和抽水馬桶只能留下一樣，我想很多城市人都會毫不猶豫地選擇抽水馬桶。人們已經習慣了坐在它上面的排泄方式，再讓人們每次解手都去上那種屎積成山、尿漫遍地的蹲坑式公廁，或者像舊上海里弄裏每天都要把早上倒馬桶當做頭等大事的那種生活，已經是現在的城市人不堪忍受的了。每個人都是一個進出口公司，進口的食物只要不腐敗，就可以放心地存放在家裏；而出口的污水穢物卻不能隨意堆放在家裏。在過去，或者得一趟一趟勞神費力地每回都送到公廁裏去；或者在家裏用一個木製或搪瓷容器存放，待下次揭

蓋再用時，不雅之形色與不清之氣味都會撲面而來。自從有了抽水馬桶，原來其實很不方便的方便之事才真正地成為方便，只要一按把手，一股水沖將下去，所有的污濁無影無蹤，家中永遠清潔高雅。

但是，人們或許沒有意識到，或許有些人意識到了卻也覺得無法改變，在越來越多的人家裏的小環境因為有了抽水馬桶而保持清潔的時候，人們共同享有的外面的大環境卻越來越骯髒了，特別是在大地上流過和積存的江河湖泊，清澈乾淨的越來越少，人口越多的地方，水體污濁的程度就越嚴重。究其原因，工業污染當然難逃其究，但生活污水也是罪魁禍首。而生活污水最大的製造者，除了含磷洗滌劑外，就是抽水馬桶了。因為它把本來應該落在並消化在泥土中的東西，改換了地方，排進了江河湖水裏。

有科學家說過，所謂污染物，只是放錯了地方的好東西。那麼自然水體的大量被污染，其實也就是生活污水放錯了地方，特別是生活污水中的糞團和尿水放錯了地方。而這個大錯，是由抽水馬桶和與它配套的城市排污系統鑄成的！

讓我們回憶一下沒有抽水馬桶時我們的糞便去向了哪裡？那時候它們去的是它們該去的地方——由公廁進入掏糞工人的糞桶和糞車，然後變成農民種地的肥料，最終回歸了產生它們的地方，在田野裏完成了大自然賦予它們的循環過程。但是因為抽水馬桶的橫空出世，這個由食物——糞便——肥料——再轉化為食物的自然鏈條被強行砍斷了。大量原本應該回到土壤中的農家肥無法回到故鄉，而大片土壤被迫接受化肥，不但使食物變得越來越味同嚼蠟，使自己也變得越來越貧瘠。而原本清清爽爽流過的河流卻不得不接受大量生活污水，主要是摻雜了含磷洗滌劑的糞便水，原本應該去

肥田的東西，沒能去肥田，反倒胡亂肥了水──造成了自然水體的富營養化。

　　自然界的很多東西，是不能亂放的，一旦放錯了，必然會遭到大自然的懲罰。古希臘哲學家認為世界是由水、火、土、風四大元素組成的。四大元各歸其類，大自然就是和諧的。而現代人造成的污染，就是把原本在土裏和火裏的東西放到了風中，造成大氣污染；而又把土裏的東西放進了水裏，就造成了江河湖泊的污染。我看外國電影電視時，當看到神父或牧師在為逝者祈禱時常說的一句話：「讓來自塵土的復歸塵土」我認為這是一句含有大智慧的話。人死了，本該埋回土裏。我們因為人口太多而可耕地太少不能實行土葬，但我想燒成骨灰後最好還是埋回土裏。連人最後都應該回到土裏，人的排泄物，我們卻讓它流到水裏去了，這不能不說是一個極大錯誤。而這個錯誤如果不能及時糾正的話，將來地球上凡有人生活的地方，恐怕就不會再有能夠讓人賞心悅目的清清河流與陶情怡性的澄澈湖泊了。人類共同居住環境的乾淨優美和每個人各自居室內的乾淨優美，究竟哪一個更重要呢？

　　很顯然，要讓現在的人們放棄抽水馬桶是不可能的。但是，把現代建築中的下水系統適當地改造一下，把含有人們糞便的排泄污水和不含糞便的洗滌污水分開處理，起碼在理論上應該是可行的吧。把每座樓房下面的化糞池真正變成糞便專用的化糞池，組織一個新形的糞便處理行業來處理它，既可以增加社會就業率，也可以增加社會財富，最後讓這些糞便變成可以利用的農家肥或者可以燃燒的沼氣回歸我們的生活；而不是用大量的洗滌污水去沖淡稀釋

它，再在無法有效處理的情況下把它們帶入河流——帶入不僅滋養了我們人類，而且至今還為我們提供飲用水的河流。

要做這樣的改造並非易事。一座樓一座樓，一個城市一個城市地改下來，要花很多的錢。江河湖泊的污染不是一天造成的，我們也不能指望很快就使它們復歸清澈。但是，我們可以慢慢地做，一點一點地做。我們可以制定一種新的城市排污辦法，從新蓋的樓房開始實施。即排泄污水和洗滌污水這兩種污水必須分開：讓污水中的液體歸於流水，讓污水中的固體歸於泥土。在解決了新建築的問題之後，再來一點一點地解決舊樓排水系統改造問題。只要有人肯做這樣的事，污濁的江河湖泊應該還會有波清水潔的那一天。當然，能夠做這樣事情的肯定不是個人，而是政府。是政府真正授予權力能夠對環境保護負大責任起大作用的環保部門。政府如果真正關切環境問題，並且持之以恆，我想就一定可以做成。連三峽大壩那樣的曠世偉業都做成了，這種對抽水馬桶配套系統的改進也是一樣可以做成的。把所有城市的這種排水方式都改造一下，要不要花三峽工程那麼多的錢？我不知道。但是我想，如果能這樣做，能夠讓流在我們國土上的江河湖泊都清澈美麗起來，那將是比一道攔江大壩更加功德無量的事。

希望此文所述問題能引起有關人士的注意。

從五官看改革開放

　　中國的改革開放如今已經三十年了，肯定或企圖否定改革開放，各有各的說法。我只從人的五官來說。

　　人之五官：口、鼻、眼、耳、喉。改革開放之前，這些本屬於每一個公民個人所有的五種器官，卻全都被一官所管制、所掌控。這一官就是中國的官本位體制。簡曰之：官管五官。

　　改革的要求，最初應該來源於口、鼻和喉。口的基本功能是吃飯，但是毛澤東的革命折騰了幾十年，能夠讓人民吃到嘴裏的主食和副食品越來越少。曾經發生過風調雨順的年景裏大批餓死人的情況；後來雖然不餓死那麼多人了，但活著的人，特別是種地的農民，卻長期處於一種半饑餓狀態。本來民以食為天，但是毛澤東卻是和尚打傘，無法無天。他想要的只是他一人的天下，而非老百姓頭頂的天上，長此以往，民眾與領袖怎能不離心離德？雖然大家口中都還不得不喊著萬歲萬歲，但內心深處其實已經和那位並沒有萬歲的萬歲不共戴天了。於是小崗村的農民，不得不冒著殺頭坐牢的危險也要分田到戶搞大包乾。人民的口中要有足夠的飯吃，這就是改革的原動力。

作為改革原動力的，還有兩樣器官：鼻和喉。

鼻子是用來呼吸的，人們需要的是自由的呼吸，清新的空氣。但是自從一個又一個運動以降，人們呼吸到的政治空氣越來越充滿階級鬥爭和路線鬥爭的硝煙，和極左思潮的虛偽臭氣，令人窒息，令人作嘔。

喉嚨是食物和空氣的通道。一旦扼住，人不是餓死就是憋死。從那個時代活過來的人，大概都有過一種脖子前面壓著一隻他人之手的經驗，稍不留意，就會被狠狠地掐住。更有甚者，是像張志新那樣被割斷喉管。

那種窒息和扼制已經使大多數中國人壓抑到了頂點，這也是改革的原動力。所以在民間，1976 年清明的天安門廣場上群眾終於發出了反抗的怒吼。而在官方上層，有識之士也不得不搶先動手扼住了「四人幫」的咽喉。對此，黃永玉有一首詩深得百姓喜愛：〈幸虧我們早下手〉。

有了改革的動力，還不等於有了改革的方向。如何改革，向何處改革？即便是摸著石頭過河，也得大致知道方向。於是，改革的關鍵點落到了眼和耳上。改革需要開放，改革也促進開放，而只有開放，才能保障改革，並且推進和擴展改革。人們需要看，人們需要聽，人們需要充分發揮眼睛和耳朵的功能。被關在一個黑屋子裏，目遮耳塞，如何知道地有多闊？域外有多少種繁花異樹？被禁錮在深井之底，以青蛙的視角望天，又如何能知道天有多廣？雲上有多少日月星辰？

改革開放之前，中國人民被迫處在一個鼠目寸光的狀態。

　　人們朝外的視線和視野被封閉的國門切斷，無法準確地獲知外部世界的資訊，只能相信官方告訴他們的一切：資本主義世界如何腐朽並且正在沒落，世界上三分之二的受苦人正等著我們去解放，而我們這裏是社會主義的樂園，離共產主義天堂只有一步之遙。

　　人們向上的視線也被重重帷幕所遮擋，很難得知那些深宮中的高官們到底是在半心半意地為人民服務，還是全心全意地為自己服務。而你家的窗戶玻璃卻是單面透光的，你無法監督官員們的所作所為，各級官員卻可以隨時監視你，要求你非禮勿視，非禮勿聽，更嚴管著你的非禮勿動。不是曾經有過私下看一張色情畫片就可以被判流氓罪的時代嗎？不是曾經有過收聽境外廣播就犯了收聽敵臺罪的時代嗎？據我所知，這樣的情景在某些地方並沒有完全消失，前不久不是還發生過居民在自己家裏看看黃片，卻被警察闖入抓流氓的事嗎？

　　有眼不能看，有耳不能聽，其實比盲人聾人強不到哪里去。前一陣曾在鳳凰衛視的節目裏看到這樣一種情景：一個外國慈善機構無償地為朝鮮患白內障失明者做複明手術。拆開蒙布的那一刻真是令人難以置信：幾乎所有的復明者首先用失而復得的目光尋找牆上的領袖像，對著領袖像感激涕淋。當然這有兩種可能：一種是，他們都知道除了境外電視臺的攝相機外，還有領袖的耳目在看著他們，他們不得不違心地把感謝奉獻給領袖；還有一種是，他們是真心地感謝領袖，而且，眼中只有領袖，那些使他們重見光明的外國醫生則被視若無物。如果是第二種情況，那更加可怕，這說明在一個極端封閉的環境裏，那些人不但眼睛盲了，連心也瞎了。更使人戰慄並後怕的是，那樣的情景，不正是我們曾經有過的嗎？朝鮮的

今天，就是我們的昨天！想到朝鮮，我還有一個感慨：它的國名，大概是世界上最好的國名：朝鮮人民民主共和國。人民，民主，共和，一樣也不缺。但是它的國民，卻恐怕是世界上最慘的國民，在他們的現實生活中，人民，民主，共和，不但一樣也沒有，而且饑餓是生存最大的威脅。他們的偉大領袖金正日至今仍繼承著金日成的衣缽，緊緊地關閉著那間黑屋子不敢開門開窗，因為他知道開門開窗之日可能就是牆倒屋塌之時。如果他們也在三十年前主動地開放，情況何至於此？

中華人民共和國的歷史很有意思，六十年時間，被十一屆三中全會從中間分成前後兩段。前三十年，除了建國初始有幾年新氣象外，其他乏善可陳。運動接運動，實際上是一系列禍國殃民行為的漫延。雖然在國防工業化上有所成就，但那也是在嚴重損害人民利益、特別是在嚴重損害農民利益的基礎上完成的。並且在那三十年裏國境線猶如柏林牆，有幾個中國公民能夠走出去？又有幾個外國友人能夠跨進來？而在後三十年，當局終於順應了人民五官的要求，糧食夠吃了，國門打開了。老百姓知道了外面的世界有多麼精彩，也明白了只要國家經濟開放，政治改革，並且自己肯努力，中國人也可以同樣做得很精彩。

毛澤東最為黨稱道的是他建立了中華人民共和國，使得黨成為國家的主宰（當然，這個黨必須得唯他之命是從，說話不聽了，就搞文革了）。如今毛辭世了，文革過去了，黨依然還是國家的主宰。

而鄧小平最為中國人民感念的是他打開了封閉的國門，解放了人民的眼睛和耳朵，讓人民自己去判斷是與非。沒有開放這一條

件，所有改革都可能夭折。沒有開放這一勇氣，中國現在也無異於朝鮮。

現在對於人民的五官來說，眼和耳是基本開放了；鼻和喉也是基本通暢；嘴巴能吃飽飯，吃足菜，這些早已不成問題。但還有一個新的問題，需要放到一個更高的層次上來談。那就是口的另一個功能。人的嘴巴不僅要吃飯，還有說話的需求。不僅有低聲細語的要求，還有大聲疾呼的要求，更有自由言說的要求。正是這更高一個層次上口的功能，成了改革的瓶頸。中國過去歷代統治者都有「防民之口甚於防川」的傳統，但這顯然是一個不符合現代政治要求的舊傳統。實事求是地說，現在人們私下裏無論說什麼已經不受政府的管制了，朋友之間討論政見已不必耽心有人告密，即使告密也未必有部門願意受理（前一陣兩個女生告老師的事情可算例外）；在公共汽車上，也常常聽到社會底層的老百姓因為生活不如意而毫不避諱地罵黨罵政府。本來嘛，讓人說話，天塌不下來。公共汽車如同網路，政府就是想管，也未必能夠管得過來。

但是，在電視、電影、廣播、報紙、刊物、書籍這些作為社會公器的傳統媒體上，人們的自由言說還是受到嚴格的限制，有一些話是不讓說的，有一些事實是不許提的，有一些問題是不容討論的。特別是十年文革和某一年的政治風波，還有一位曾經擔任過中共中央領導職務的人，都成了不准觸碰的禁區。這不能不說是改革的一種停滯和阻力。須知改革開放，是在文革留下的爛攤子上起步的，也是文革那種巨大折騰難以為繼後的必然結果。現如今在某些當權者和某些當權部門那裏，連文革都不許批評，不准討論，不讓反思，那麼改革開放的合理性又在哪裡？吃飽飯，只是人民的初步

要求。而能說話，真正切實地做到「知無不言，言無不盡，言者無罪，聞者足戒」，能夠讓高層領導和底層民眾通過公共媒體進行文字和意見的公開交流，並通過這種交流共同推動政治、經濟和文化各個方面的不斷進步，才是改革在更高層次上的要求和必然途徑。

我想，現在對於執政黨的各個部門，人們最不喜歡的可能就是宣傳部門了，因為它極大地妨礙了公民社會對於執政者的言辭溝通和輿論監督。作為執政黨的宣傳部，盡心盡責並且想方設法地宣傳黨的方針政策是理所當然的；可是如果一方面自己宣傳乏術，另一方面卻竭盡全力地去限制別人和別的社會群體的意見表達，硬是把宣傳部變成了一個權力極大並且不受制約的社會言論管制部，就未免越俎代庖了吧。所以，儘快地對新聞和社會輿論進行立法，使宣傳部門以權代法的行為成為過去，使各級宣傳部真正地名副其實而不是實超其名，應該是深化改革的當務之急。

近讀陳子明文章：說到改革開放初期，時任《人民日報》社長的胡績偉就試圖為新聞自由開一個口子。在胡耀邦等中央領導的支持下，擔任全國人大教科文衛委員會副主任委員的胡績偉還主持制定了《新聞法（草案）》。該草案第 1 條規定：「本法所規定的新聞自由，是指公民通過新聞媒介發表和獲得新聞，享受和行使言論、出版自由的權利。此種權利只要不違反憲法和根據憲法制定的專門法律的規定，都得到保護，不受侵犯。」第 7 條：「公民、社會團體具有通過媒介對政府事業和其他公共事務，以及這些事務涉及的個人發表意見、提出建議、進行批評的權利。」第 8 條：「除國家處於總動員時期外，不得對新聞機關傳播新聞、發表言論施行任何形式的新聞檢查。」第 22 條規定的新聞工作者的權利包括：「報導

和評論社會生活的各種事件。新聞媒介獨立負責批評危害社會生活和人民利益的錯誤行為和不良現象，而不需經過新聞機關以外的單位和個人批准。」最值得一提的是，草案第 12 條明確規定，「報紙、期刊的創辦可以由公民團體進行」，特別寫上「也可由自然人進行。」

但是針對執政黨內外要求制定新聞法的強烈呼籲，黨的元老陳雲說：「在國民黨統治時期，制定了一個新聞法，我們共產黨人仔細研究它的字句，抓它的辮子，鑽它的空子。現在我們當權，我看還是不要新聞法好，免得人家鑽我們空子。沒有法，我們主動，想怎樣控制就怎樣控制。」如今的中宣部和各級宣傳部門，繼續貫徹這種旨意直到如今，其要旨就是兩個字：控制。

陳雲的話倒是十分坦率。但是同一個政黨，在朝和在野對待言論自由的態度竟然如此大相徑庭？可以理解的是，黨的領導人如此決策是因為怕亂，好管。不立新聞法，雖然不利於民，但是方便於黨。可是如果承認黨的最終利益和最大利益就是人民的利益的話，那麼這種不利於人民的新聞管制和言論控制，最終也將不利於黨的改善和改進。

改革開放已經三十年了，中國人民深深感謝鄧小平和執政黨內外的有遠見也有擔當之士當年果敢地打開了禁錮之門，推倒了阻隔之牆。開放使我們耳聰目明，可以看得很遠，也可以聽到更多。我們的喉嚨已不再被強權扼住，我們的鼻子也能夠通暢地呼吸而免於窒息，我們的嘴已經享受到了許多從前無法品嘗的佳餚美食，但是我們意猶未盡，因為口的功能不僅僅在於進食，還在於出言。

如果不能自由地言說，它就還沒物盡其用。

黨啊，黨啊，黨到底是誰？

這個題目，是讀《南方週末》上悼念人民日報老記者劉衡的文章《直立行走的水》有所感而問。

文中說，劉衡 1957 年在人民日報被劃為右派份子，但她一直不服罪。在苦難中，她始終有一個堅強的信念：相信這個黨會從錯誤中走出來。所以在遭受打擊時，就用「向黨彙報」的形式說出自己的真心話，「向黨彙報「成了她醫治內心創痛的止痛藥。1978 年 12 月當她的「右派份子」獲得改正時，她在報社樓道裏貼了一張小字報：

> 「向黨彙報」之 1001
>
> ……黨啊，您是受難的母親。外部的敵人想顛覆您，內部的盜賊在蛀空您。真理對著謬誤，混戰了 21 年！
>
> 黨啊，您是光輝的太陽。可是，有的人卻自命為您的化身，打著您的招牌，假借您的名義，招搖撞騙，他們歪曲了您的化身，染黑了您的臉。

現在，黨啊，您正在認真總結教訓、經驗。正因為您敢
於正視自己走過的艱難曲折道路，您才能變得偉大、光榮、
正確。正因為您敢於當眾改正自己的錯誤、缺點，徹底平冤，
您才能夠消除隱患，帶領全國大步向前……

她為這張小字報的標題作了這樣的注解：21 年的「改造」生
涯中，我「向黨彙報」記不清有多少次了。這裏引用的是《一千零
一夜》的典故。暴君山魯亞爾每晚要娶一個女人，第二天清晨就把
她殺死。宰相的女兒山魯佐德自告奮勇地去了，還把妹妹也叫去，
每晚講故事，暴君愛聽，講了 1001 夜。1001 個故事，終於讓暴君
棄惡從善。

當時是改革開放剛剛開始的時候，人民日報社的很多同志看到
這張小字報後，連聲稱讚：「寫得太好了，太好了！」

如今改革開放已經三十年了，回頭看去，除了對當時人們的稱
讚依然可以理解之外，我們會不會多一點別的感觸呢？要是劉衡依
然在世，她是不是還會以「黨啊，黨啊」這樣女兒對母親的口吻對
黨彙報呢？在《一千零一夜》的故事中，暴君終被感化了。如果暴
君不被感化，或者要到一萬零一次才被感化呢？

是的，黨啊，黨啊，光輝的太陽，偉大的母親，這曾經是一代
人對黨說話的口吻和方式，這種方式規定了彙報者和黨之間關係的
巨大落差：

黨尊我卑，黨貴我賤，黨高我低，黨大我小。

　　黨可以一次又一次地對黨員犯錯誤，只要給你平反改正了，依然光榮正確偉大；可是黨員只要有一次對黨不恭，就落入萬劫不復的地位，永不被黨原諒。細究起來，這實在不是現代政治遊戲規則中政黨和黨員應有的關係，倒是專制統治時代君王和臣民的關係：君要臣死，臣不得不死。哪怕被拖出午門之外處斬，還要面朝龍座高呼吾皇萬歲萬萬歲！共產黨作為無產階級革命的政黨，所要反對推翻和剷除的不正是那樣不合理的人身依附和等級制度嗎？為什麼在革命的過程中竟又和自己的黨員形成了這樣不平等的關係呢？這正是歷史的吊詭之處！

　　黨員在追隨黨爭取人民自由的過程中把自己的自由完全交給了黨，於是黨便擁有了對每一個黨員的絕對支配權。「把一切獻給黨」，曾經是每一個黨員堅定的誓言，就像基督徒把自己的一切都交給了上帝。但有所不同的是，基督徒是有神論者，而共產黨員是無神論者。在基督徒哪里，把自己交給上帝是可以放心的，因為上帝是全知全能的，神不會犯錯誤。在共產黨員那裏，一開始把自己完全交給黨也是放心的，因為黨取代了原來世界中神的位置。但實踐證明黨畢竟還是代替不了神，因為黨只是一個機構，一個組織，這個機構和組織是靠凡人來操控的。那些操控了黨的凡人雖然貴為領袖，並一度被神化為神，但依然只是有著七情六欲和善惡之心的凡人。某個凡人掌握的權力越巨大，他犯錯誤的可能和所犯錯誤的後果也就越巨大。他可以輕易地對其他凡人生殺予奪，因為那些人已經把生殺予奪的權力交給了他。

　　是的，黨啊，黨啊，我們曾經這樣對你說，現在的許多歌曲，還依然這樣對你唱。過去這樣說的，我相信大多是出於忠誠；而現

在還這樣唱的，卻越來越多地聽出了獻媚。黨啊黨啊，黨到底是誰呢？中國人喜歡大而化之，如果黨就是黨，僅僅是一個虛詞，那麼它的功勞由誰來承領，它的錯誤又由誰來認賬？我想如果劉衡活到現在，也會對她當年的那張小字報加以反思：黨如果是受難的母親，那麼是誰讓她受的難？黨如果是光輝的太陽，那麼又是哪些黑子足以讓它暗淡無光？黨因為認真總結經驗教訓，敢於正視自己走過的艱難曲折道路，才能變得偉大、光榮、正確。但是某一階段的偉大和光榮，能否保證它的永遠正確？尤其是如果當它變得又不太敢於當眾改正自己的錯誤、缺點，和徹底平反新的冤案時，它還能夠消除隱患，帶領全國大步向前嗎？

黨究竟是什麼，如果是一個單人旁的他，那麼我們就得承認，在不同的階段，得由不同的人來對它負責。黨在某一階段的功勞和錯誤，都得落實到人。中國的經驗告訴我們，凡事不落實到人就無人負責。現在農民種地都落實到戶了，一個執政黨的路線政策成敗得失不落實到具體的人，如何向全黨全國交待？否則的話，成功了由領袖領獎，錯誤了由全黨買單，黨豈不成了代人受過的冤大頭？

黨如果是一個寶蓋頭的它，並且不論對錯都不允許揭起它的蓋頭來的話，那麼它其實是一個不可退出機制。因為進來了就不能退出，它就攜裹了所有加入的人，同時擁有了所有加入它的人的支配權，任何單個的人和局部群體的力量都不足以與它抗衡。它能夠打倒和推翻一個不平等的制度，但它本身也可能成為一個不平等的制度，如果它不想從內部改革，就不可能真正地與時俱進。而真正到了它因為外部的壓力無法繼續支撐的話，那麼全黨和全社會為此付出的成本就太大了。

　　怎樣才能真正建立一個平等的社會呢？首先得在黨和黨員之間建立一套平等的遊戲規則。對於黨玩的社會遊戲，黨員可以加入，也可以退出。你玩得對，我就加入；你不公平不正確，威脅到黨員的權益了（比如要將黨員打成右派之類），我可以選擇退出，不和你玩了。當黨發現願意和自己一起玩的人少了，才能及時地發現問題，認真地調整自己的玩法以吸引更多的人參與，而不是以高於黨外群眾的獲利可能吸引人加入。只有這樣，資源才能平衡，社會才能和諧。黨才可以和你成為一個平等相待的兄弟、朋友、同志，真正值得你信任，一起去做志同道合的事情，而不是一個永遠可以對你犯錯誤並且永遠高高在上的父親或母親。

李敖的「蕭條」、「胡說」和「毛病」

在網上看到一篇奇文〈我為什麼要喊毛主席萬歲？〉。我知道，崇拜毛者，在毛離世三十多年後仍然大有人在，如果是別人寫的，這種文章可以不加理會；可這篇文章的作者居然是李敖，那還就真不能不加理會了。時至今日，有些人願意喊喊毛主席萬歲，只不過是多元社會的一種聲音，那些人至今仍願意跪己於塵埃之中，仰毛於城樓之上，那是他們的自由。但是一向桀驁不馴的李敖，以他在思想文化界的地位和名聲，居然也對毛做出這樣恭順的奴顏，說出如此肉麻的婢語，未免會造成一些混亂，起碼就把向我推薦此文的一個朋友給唬住了。所以，對此我要寫上幾筆。

就水平論，我不相信自炫五百年來漢語寫作第一的李大師竟能寫出這樣低劣的文字；或者這是李敖一篇講演稿？一向思路清晰邏輯通暢的演說家李敖為了捧一個人說竟說出這樣思想混亂邏輯不通的演講，那也是大失水準。但既然李敖先生並沒有出面否認，就權當做是他的文章吧，如果後來被證明這是某一位假託李敖的先生所作，那麼對此文章的批駁就只針對「李鬼」而非「李逵」，但是對此文章之外李敖先生某些行為的批評，自然是針對實實在在的李敖先生的。

先解釋一下此文的標題：

「蕭條」，既指的是曾經作為文化大樹的李敖，如今的思想境界已是大大地蕭條了；也指的是他當年坑害對他有知遇之恩的摯友蕭孟能、侵佔蕭託他保管的財產一事。

「胡說」，既指的是他的這篇文字是一派胡言，也指的是他對前妻胡茵夢做出的可鄙行為。

對於這兩點，李敖當然不會認賬，（就像毛澤東不會對大躍進的失敗認賬、不會對搞錯了文革認賬，日本右翼份子也不會對南京大屠殺認賬）。這不要緊，有心的讀者，自可以兼聽則明。只要看看「蕭條（蕭的條陳）——蕭孟能對這一事件的敘述與證據（具體可讀范泓所著《和李敖打官司》，江蘇文藝出版社 2005 年出版）；還有「胡說」——胡茵夢自傳中對她和李敖恩怨的說法，就可以得出自己相對客觀的看法。

而「毛病」，當然指的是他在對毛澤東評價上所犯的病，像李敖這麼聰明的人，恐怕是不會得老年癡呆症的，那麼就只能是一種思想上的軟骨病了。他已從一個反對蔣氏專制的鬥士，淪落成一個擁護毛氏專制的小丑。因為毛曾經有過的眩目光環，實在抵消不了他專制、愚民的黑暗。一個顯著的事實是：李敖之所以成為膽大包天的文字殺手，一方面固然是因為他的性格與才能，另一方面也是環境的容忍。李敖罵兩蔣罵得可謂透肌徹骨，但兩蔣治下的臺灣並沒有剝奪他的生命、堵住他的嘴巴，更沒有割斷他的喉管。反觀毛澤東治下的中國大陸，看看林昭、遇羅克和張志新這樣的人，他們的文學才華和文字才能或許不如李敖，但在社會文化資源遠不及李敖的條件下，其思想鋒芒卻絲毫不遜色於李敖。他們如果能活下

來，中國大陸的讀者們也不會物以稀為貴地只把李敖當寶貝了。面對這樣夭折於毛澤東統治之大陸的思想先驅，靠謀生於臺灣才得以倖存的李敖居然大喊毛主席萬歲，讓人作何感想？

李敖和毛澤東，都是寧可我負他人，決不讓他人負我的那種人，極其自尊又極其自私。只不過毛澤東是一國之君，負的是天下人；而李敖一介文人，只能負他最親密的朋友和愛人，小巫見大巫而已。

李敖說：

> 我喊毛主席萬歲，因為他是一個真正的男子漢，他從未被任何困難所壓倒，更不會像有的人那樣在困難和危機中被嚇暈。毛主席是男子漢，這不僅為他的同志們所公認，也為形形色色、國內國外的敵人所公認。我喊毛主席萬歲，因為他是古今中外罕見的戰略家。他從不被浮雲遮住望眼，他從不貪圖小利，他從未有過「數小錢」的習慣。他是一個偉大的戰略家，終其一生，在任何錯綜複雜的形勢下，他從來都能抓住對手，牽住敵手的鼻子。而到目前為止，我還沒有發現他被對手，被他的敵人牽住鼻子走的情況──這才是真正的戰略家！

毛澤東確實是一個不怕困難，並且極具戰略眼光的大人物。作為一個強勢人物對另一個比他大得多的強勢人物的性格評價，我覺得尚能認可。但是，李敖再往下說，可就是癡人說夢，滿口胡言了。且讓我們一段段看來：（以下加括弧的楷體字是我的詰問）

　　李敖說：「我喊毛主席萬歲，因為他親手發動了文革。我不想，也不會為文革唱讚歌，因為我不想為悲劇唱讚歌。毛主席發現了問題，（請問他發現了什麼問題？是國家制度的問題？人民生計的問題？還是他個人權力的問題？）但他作為人而不是神沒能解決問題，也只有那樣深遂的思想才能發現如何在革命成功之後，保持鞏固平民政權的本色（毛的政權是平民政權嗎？不要以為毛做做樣子喊過幾聲「人民萬歲」他就是一個平民領袖了。如果是的話，那麼朱元璋的政權豈不也是平民政權？那位朱皇帝豈不也成了平民領袖？只不過那時候，還沒有馬列主義做旗幟罷了）──幾千年來革命都逃不脫改朝換代的宿命──一個統治者代替了另一個統治者而已。（在毛身上，到底是馬克思主義者的成份多還是封建帝王的印跡重呢？在我看來，毛在讀帝王統治術上下的功夫，遠比他研讀馬列著作要多得多。從他 1945 年 7 月在延安和黃炎培的談話、還有同年 9 月回答英國路透社記者甘貝爾的問題來看，那時候的他是想跳出帝王歷史的週期率的；但是自從江山到手，他這個打馬列之旗靠人民之力推翻了過去「萬歲」統治的人民領袖，一坐進中南海就堂而皇之地「萬歲」了起來，毛本身不是又一步步地回到了那個帝王歷史的週期率之中嗎？）也只有這樣的英雄，才敢於向這個千年頑症發起了勇敢的衝鋒──悲劇式的衝鋒。（中國共產黨的革命，在某種程度上的確是向千年頑症發起衝鋒。但在奪取了政權之後，毛的一系列作為，是向千年頑症發起衝鋒，還是用自己的衝鋒延續千年頑症？其實文化大革命的本質，不就是不甘心退居二線的偉大領袖用非組織手段和方式向他的黨內同志們發起了反衝鋒嗎？）否定文革，是要否定那種悲劇式的衝鋒方式，不是也不應該

是否定問題——毛主席發動文革的原因，（毛發動文革，其主要動機到底是因為自己大權旁落，還是真想解決脫離群眾的官僚主義問題？如果說他嫌共產黨的幹部脫離群眾，還有誰比他本人更脫離群眾？如果說他痛恨官僚，還有誰比他是更大的官僚？）現在這問題依然存在，而且更嚴重了（現在嚴重的社會問題，到底是因為執政者拋棄了毛，還是還沒有勇氣徹底拋棄毛？）。

李敖說：「我喊毛主席萬歲，因為他的精神永放光芒！……時代愈發展，我們愈加需要精神，精神就是一個人，一個民族要活得頂天立地，（毛本人是活得頂天立地了，他的民族卻未必吧）他一掃千餘年來吾民族文弱不武的積習，他一掃百餘年來自卑奴性的固疾，他不為任何敵人所嚇倒，到是嚇倒了一個又一個的敵人。（他的人民確實沒有被外來的敵人嚇倒，但是卻被自己的領袖嚇得噤若寒蟬，誰敢對領袖有所懷疑，立刻就成了現行反革命！）他的精神給了吾民族以靈魂，他的精神就是我們民族的精神（毛用他的精神，閹割了他治下人民的精神，使人民變成了死魂靈或活著的死魂靈。只有他進了紀念堂，中國人才開始找回自己的靈魂）我們喊毛主席萬歲，就是要呵護這種自強不息的靈魂，我們喊毛主席萬歲，就是要繼承光大民族復興的精神。一個人不能沒有靈魂——沒有靈魂那是行屍走肉，一個民族更不能沒有靈魂——沒有靈魂就成了任人踩躪的一盤散沙。（一個民族需要的是健康平和的、大自然賦予它的靈魂；如果讓某一個政治狂人的靈魂附了體，那一定是全民族的災難！德國人在強國夢中讓希特勒的靈魂附了體，日本人把東條英機這樣戰爭狂人的靈魂當成自己的靈魂，他們在狂熱自大忘乎所

以時確實狠狠地蹂躪了別國別族的人民，但是最終自己也被那個可怕的靈魂給狠狠蹂躪了！）

李敖說：「當衣不蔽體的流寇一樣的三萬多紅軍，完成了兩萬五千里長征時，他們是中國最生氣勃勃且具有百折不撓的獻身精神，真正的民族精英。當抗日的烽火點燃時，黃河之濱聚集著一群中華民族優秀的子孫。（李大師的語言充滿激情，可惜違背了修辭邏輯上的充足理由律。如果某處聚集著一群優秀子孫就是喊某人萬歲的充分理由，那麼當毛領導的軍隊在敵後戰場打游擊的同時，在正面戰場上和日軍浴血奮戰英勇犧牲的國軍將士們是不是中華民族的優秀子孫？特別是在滇緬戰場上，數百年來第一次把侵略者趕出國門去的那些遠征軍將士，他們難道就不是中華民族的優秀子孫？如果是的話，那麼李教是不是也應該喊一聲蔣委員長萬歲呢？）

李敖說：「當49年時，全國的鋼鐵產量全都做成髮夾，還不夠全國婦女每人分一支時（那時火柴叫洋火，釘子叫洋釘），最大膽的預言家也不知道，僅僅十五年之後，在中國的土地上就響起了自強自立的驚雷。」（作為一個研究歷史的學者，李敖其實應該知道解放前中國的實際情況。那時候也有天災，但在全國範圍內並沒有發生五十年代末六十年代初那種號稱為天災的大饑荒；那時候兵禍不斷，但上海、北京等大城市民族工商業都得到了相當的發展；在南京，作為首都的規劃和建設也是有模有樣的，1949 年以前的中國真的就是一窮二白嗎？）儘管我們經歷了封鎖、戰爭和自身悲劇性的失誤，但到七六年時，毛主席和他們那一輩人，在一窮二白的基礎上，靠自身的努力完成了世界歷史上最偉大的「資本原始積累」——為我們今天的改革開放奠定了基礎。（誰都知道，到一九七六

年時中國的國民經濟已到瀕臨崩潰的邊緣，到了李敖口中竟成了世界上最偉大的資本原始積累！相對於在那之前和在那之後的人民生活水平，那個時代才是一窮二白。如果這種剝奪了全體農民並讓城市居民維持在極低生活水平上的資本原始積累值得大加歌頌，當年馬克思又有什麼必要批判資本主義？反正誰搞原始積累都是搞，都可以增加國家的實力，都要損害社會上弱勢群體的利益，共產黨人又何必要造資本主義的反呢？英國，不就是靠那種原始積累才成為當時的日不落帝國的嗎？是不是對於李敖來說，只要國家強大了，人民的幸福就可以忽略不計？）

李敖說：「毛澤東思想的偉大之處，在於他成功地解決了他們那代人面臨的問題，使中國人民站起來了……（中國人民真的站起來了嗎？當毛說中國人民站起來了的時候，中國這個國家的領袖確實是很高很大地站起來了；但是中國人民當時並沒有意識到自己正在一點點地跪了下來，一次次政治運動之後，他們向毛下跪的程度遠比向袁世凱、向北洋軍閥、向蔣介石的統治跪得還要深。）

李敖說：「毛主席的精神，不僅在49年之前是引導民族復興的偉大動力，在49年後，儘管經歷了幾次悲劇性的失誤，這種精神仍然是我們取得偉大成就的主要動力。　想想對一個中國這樣的大國，沒有石油意味著什麼？我還記得小時候看小人書上，汽車上頂著一個大煤氣包。大慶油田的開發的意義也許不次於二彈一星，可大慶油田是在咋樣的條件下開發的呢？沒有那一代人的獻身精神是絕不可能的……是不是可以歸結為是一種精神呢？（語言大師李敖這一次好像又用錯了排他律。如果沒有毛，中國就會沒有石油？這樣的推理能夠成立嗎？如果沒有毛，像李四光、錢學森這樣一些

科學家就不為國家民族效力了嗎？他們其實是在為國家效命，而非為領袖效忠啊！如果李敖這個立論能夠成立，那麼在毛沒有當政之前，像胡適、丁文江這樣一些文化和科學上的領軍人物就應該對國家離心離德了才合理。但他們不是一樣在為國為民嘔心瀝血嗎？為國憂心為民操勞，這是中國知識份子的本性使然，難道僅僅是為了一個蔣公或毛公？我們知道，雖然抗戰時期各種條件都極端困難，中國的知識份子們依然在日軍的轟炸之下把西南聯大這樣一些學校辦得極其出色，其教育的質量遠勝於解放後的大學。如果沒有舊中國的學校培養出來那一批知識份子，後來的新中國憑什麼去開發大慶油田？憑什麼去搞兩彈一星？可是，當一切戰亂都已經遠離中國的時候，當新中國的知識份子滿懷熱情希望為國家民族效力的時候，他們的命運又如何呢？中國的大學又辦成了什麼樣子呢？中國的大學開始在毛的政治高壓下摧殘自己的知識份子：上到馬寅初這樣的學術大師，下到林昭這樣的青年學生，這樣的事實人人皆知，獨獨李敖先生不知道嗎？）

　　李敖說：「一不怕苦，二不怕死」，「為人民服務」這些口號，在今天看來是口號，甚至誰說這些誰就是從「第五醫院」跑出來的似的，但我從我父母身上就能看出這種品質，他們就是這樣勤勤懇懇地工作了一輩子。（這種說法就更不靠譜了！你李先生的父母1949 年都去了臺灣，他們也不是共產黨員吧？他們身上有這種品質，正說明這些品質本來就是中華民族固有的。武訓和陶行知怕苦嗎？張自忠和戴安瀾怕死嗎？盧作孚勤勤懇懇當了一輩子兩袖清風的資本家不是為人民服務嗎？這種中國人從來都具有的優秀品質與毛的政治口號何干？毛發動的一次次政治運動，與其說培養了

這種品質，不如說摧殘了這些品質。中國有許多善良的幹部和普通人，確實是在勤勤懇懇地為人民服務著；但成為諷刺的是，提出這個口號的毛本人，口頭上教導要為人民服務，實際效果卻是驅動了人民為毛服務。）

李敖說：「在唐山大地震後，每家都有傷亡，飲水都困難，可僅僅 28 天唐鋼就出了第一爐鋼，沒有任何一級領導對工人們有這樣的要求，這是完全自覺的行為，3 年就恢復了震前的生產水平……靠的是什麼？（李先生真會挑著說！可你為什麼不說唐山大地震後，為了國家的面子，寧可打腫臉充胖子也不要外援？要知道那些外援不是給政府的，而是給災民的，國家憑什麼就可以替人民做這樣的主？以李先生的廣識博聞，一定也知道文革中的雲南通海大地震，當災民們最需要實際救助之時，當時政府送去的最大援助卻是既不能頂饑也不能禦寒的毛澤東選集。這是那個時代的荒唐事，李先生卻把荒唐當榮耀）我們現在進步了，發達了，眼界開闊了，長本事了，學聰明了，燈紅酒綠了，就可以把這種精神一腳踢開？沒有了這種精神——不是一兩個人的精神，而是大家的精神，全民族的精神，我總有一種不詳之感，現在的某些東西只不過是一種沙灘上的大廈。（這種不祥的預感我也有，如果只用精神打地基，大廈再體面也是一座危樓！）

李敖說：「精神不能代替扎扎實實的制度建設，可制度建設也不能代替精神，沒有一種精神做底蘊，設計和建設一個系統的制度是不可想像的，我們制度法律一大堆，可違法的卻是權勢者監守自盜，老百姓想違法都沒機會！」（對呀，違法者監守自盜，是精神問題還是制度問題？作為國家首要領導人的毛澤東因為個人意志

和政策失誤，導致餓死三千萬以上農民，是精神問題還是制度問題？這樣的領導人本該謝罪辭職，而他卻對為他的過錯努力補台的同事們發動了文化大革命，這是精神問題還是制度問題？）

李敖說：「我就想貪污受賄，可我沒有貪污的機會，我就想受賄，可誰給我送？」（李敖先生這不是很明白嗎？為什麼揣著明白裝糊塗呢？）

李敖說：「現在的危機在於不僅丟掉了思想，而且也丟掉了精神……跟他們那輩人奮鬥了一輩子，留下來的寶貴的財富就是精神，那種精神要是在我們這輩人手上弄丟了，最終也許我們將一無所有！我們不僅在強大的美國面前像受氣的小媳婦那樣，甚至淪落到和幾個巫婆神漢死纏爛打的可笑地步！（美國之所以強大，是因為全體國民、特別是知識份子的精神因自由而強大，而不是某個領袖精神的狂妄自大；領袖的精神狂妄自大了，其國民的精神必定是萎縮的。這一點，一向標榜自由精神的李敖先生不知道嗎？）

李敖說：「澤東的精神不是萬能的，但沒有那種精神是萬萬不能的……毛澤東的精神就是民族復興的光輝道路！」

的確，謀略出色、性格堅韌、一往無前、不怕犧牲，這些都可以是一個人的優秀品格。不過，如果謀略出色地愚弄人民，性格堅韌地殘害同志，一往無前地奔向空想，不怕犧牲地去犧牲成千上萬別人的生命和財產，那還是優良品格嗎？在談到核戰爭時，毛澤東就說過不怕犧牲中國一半的人口，想必他沒把自己算在那一半之內。就說特別為李敖稱道的敢和美國人叫板吧，抗美援朝，毛澤東一個決策，中國人民就失去了數十萬個兒子，誰能表示不滿？那些為了國家利益做出了巨大犧牲的志願軍戰俘們，偉大領袖又何曾關

心過他們？憑什麼最高領袖意外犧牲了一個兒子，就成為向戰友和功臣彭德懷開刀的藉口？且看在堂堂黨的會議上，毛那種霸王氣和流氓氣都十足的語言一出，彭德懷所有的功勞和理由都不存在了，只因為他沒能讓毛的兒子活下來接班。毛澤東是個什麼樣的人，僅從這一點上就可以看得出來。毛所做的一切，到底是為了人民、國家，還是為了自己的權力和地位，我想人們會有自己的看法？

許多擁毛者最大的理由，就是毛提高了中國在國際上的地位。確實，領人口眾多的大國之風騷，握手中有了原子彈之實力，中國在國際上是有了說不的資格。但是國家地位的提高並不意味著國民地位的提高，特別是並不意味著生活在一個對外封閉的國家之內的國民地位的提高。就像朝鮮，剛剛沾了一點核武器的邊，如今在國際上的地位也不低啊，稍微弄出一點動靜，就要有五個大國圍著它忙。但是無論在國際還是國內，朝鮮人民有地位嗎？

1949 年以後，中國的領導人確實是站起來了；但真正使中國人民站起來的，卻是三十年以後的改革開放。當時的中國領導人，雖然也有其歷史局限，但僅此一點就功莫大焉！其實客觀地回頭看一看，1949 年以前的中國領導人也沒有趴著跪著，雖然實力遠遜於美、英、蘇三國，但蔣介石也是同盟國的四巨頭之一。通曉歷史的李敖不會不知道，蔣介石在他認為的民族氣節問題上（例如史迪威事件），向美國總統羅斯福說不的勇氣其實勝過了毛澤東對史達林。直到史達林死了，毛才敢對在革命資歷上小他一輩的赫魯雪夫說不，開始了所謂的反修鬥爭，只不過那個不字卻又被歷史證明是說錯了。對中國人來說，為害甚烈的是史達林，而予惠甚多的恰恰

是那個赫魯雪夫。如果建國初期沒有蘇聯的大規模援助，那一顆原子彈恐怕也不會憑空爆炸在一窮二白的戈壁灘上。

看來人，還是要蓋棺定論的。蔣氏不殺李敖，是一幸事，臺灣讓中國多了一個思想標本和文化景觀。而李敖活到了晚節不保，卻是一個憾事，讓那些曾經非常喜歡李敖的豪氣和傲骨的人不免一歎：一個思想鬥士，也可以是一個變性奴才；一個文化大師，也可以是一個委瑣小人。

我原來對李敖的評價是：才盈德虧，有膽無行。現在看來，這位李大師不僅做過了前列腺手術，甚至連膽也被摘除了！

陳水扁如開槍將會如何？

　　近讀《南方週末》特約撰稿人郭希文發自臺北的文章〈倒扁風潮，臺灣政治人物眾生相〉，文曰：截至 9 月 13 日，以「反貪腐」為主題的「百萬人倒扁靜坐」，在臺灣「總統府」前的凱達格壯大道上，已經進行了整整四天。施明德，無疑是此輪「倒扁」浪潮中最「出眾」的主角。而另一些「主角」們，也唱著各自的戲碼，台前幕後，紅臉白臉……

　　文章寫得有趣。就看這幾個小標題吧：「呂秀蓮：等待上位？」；「李登輝：一招斃命！」；「馬英九：尋求平衡」……談到其他政治人物的還有：游錫堃依然忠心耿耿，以民進黨主席名義要求所有黨員絕對禁止進入靜坐範圍。而行政院長蘇貞昌卻不吝表達關切，「適逢大雨，夜間轉涼，希望靜坐者注意身體健康」。唯獨貪腐事件的主角陳水扁在這次反貪腐的民眾抗議運動中「淪為『配角』」（亦為小標題）。

　　想想這樣大規模的群眾示威向政府請願的情景是多麼熟悉，就像 1989 年北京天安門廣場上絕食靜坐的重演，只是場景挪到了臺北的凱達格蘭，並且組織得更加有秩序井然。但在大陸這邊的公共

場所卻看不到群眾的明顯反應，如果倒退十幾年，天安門廣場上恐怕也會擠滿了聲援臺灣人民反腐倡廉的北京市民吧。現在倒是平靜，平靜得好像原先最為熱衷政治的北京人已全無政治熱情。怎麼全大陸反對台獨的人民，卻似乎對臺灣人民反對台獨頭目陳水扁的行動無動於衷呢？而中國政府對臺灣局勢的態度也相當矜持。或許關注都已不再外露，只是像我這樣看看電視，讀讀報紙？

回到剛才提到的文章，在臺灣目前的政治舞臺上，最為左右為難的似乎是馬英九，作為臺北市長，他有治安責任；而作為國民黨主席，他更有政治責任，除責任之外，還有政治策略的權衡。而最為狼狽、尷尬和背動的當然還是被百萬民眾當街要求下臺的總統先生陳水扁。他要麼丟權，引咎辭職；要麼丟臉，唾面自乾。除此之外似乎別無良策。但是冷眼觀察，仔細思量，就像在一旁默不作聲的觀棋者尋思正被將軍的一方有無可能走出挽救危局的一著，我忽然驚出一身冷汗。

陳水扁其實有一個大損招可使，一招使出，勢成絕殺！這一陰招、損招、壞招、絕招就是：動用軍隊，開槍鎮壓！他如果冒險使出這拼命的一著，對臺灣和世界將產生什麼樣的震動和後果我不知道，但對大陸而言，就必然將中國政府置於極為尷尬的兩難境地。中國政府將如何表示自己的態度呢？如果嚴正譴責陳水扁開槍鎮壓，那就得承認自己對待「六・四」事件的處理方法是錯誤的；如果不能改變自己對「六・四」事件的立場，也就無權譴責陳水扁開槍鎮壓。而如果不譴責陳水扁開槍鎮壓臺灣民眾的行徑，那麼「是可忍孰不可忍」！對再往後陳水扁還要一意孤行地搞「台獨」，也就沒有什麼話好說了。

　　但是，當這一念閃過，冷汗落去，我便釋然而笑了。這個想法絕對應該只是杞人憂天。倒不是陳水扁那個律師的腦子想不出這一損招，也不是陳水扁的仁義道德讓他不敢使這招，實在是臺灣現在的政治制度使他想使這損招也無可能。如果臺灣的這塊江山是民進黨用槍桿子打下來的，或者陳水扁的總統位子是由當年的蔣總統親授的，那麼哪裡還能容得百萬人逼宮奪權，他早就痛下殺手了。可惜民進黨的執政地位和他的總統交椅都是臺灣民眾用一張張選票選舉出來，並且還是在唱了一齣肚皮擦傷的苦肉計之後，才以微弱多數不夠光彩地得到的。這樣的一個總統，偷偷摸摸地多報了幾張發票就已激起了如此巨大的反貪浪潮，硬把自己弄成了坐宮的老鼠，要想明目張膽地動用軍隊來鎮壓，做得到嗎？畢竟制度不同了，此一時非彼一時。現在的陳總統，威風哪裡能和當年的蔣總統比？充其量也就是一個臺灣人民選出來暫時管事的大管家，手腳不乾淨都不行，更別說想在主人頭上舞刀弄槍了。就是狠狠心真弄了一回槍，那也是假模假式地往自己肚皮上打。想來想去，真是由衷地為臺灣人民高興。想想當年「二・二八」，國民黨剛到臺灣，稍遇反對便大開殺戒。而現在呢，你費盡九牛二虎之力就是當上總統，也不能想開槍就開槍了，頂多當個挨槍的貨！

毛是好人？鄧是壞人？你是什麼人？

——就《李慎之現象》問韓德強

　　我是因為這篇文章的題目讀這篇文章的，沒想到竟讀到了一篇奇文。總結一下作者的觀點，無非兩句話，八個字：毛是好人。鄧是壞人。

　　閒話少說，只想舉出韓文中最重要的論點，來逐一問一下韓德強先生。

　　韓先生說：「李先生最崇尚人權和自由，認為毛澤東時代是嚴重侵犯人權和自由的年代。然而，親歷毛澤東時代的工人和農民，卻在日益強烈的對比中體會到，毛澤東時代是工農權利最大、自由最多的時代，而目前卻是工農地位一落千丈、只能任人宰割的時代。」

　　問：毛澤東時代工人和農民的地位有幾丈？（如果本來只有二尺，如今哪有千丈可落？）權利有多少？自由表現在哪裡？究竟哪一個時代才是工人農民只能任人宰割的時代？大多數中國人心中自有一把尺。現在農民工的生存狀態確實不夠好，但請問問他們願不願意回到人民公社裏當一個吃不飽的農民？現在的工人確實有很多人落入了弱勢群體，但過去他們就真的是所謂領導階級嗎？和

官和商相比，現在的工農確實成了弱勢。但是弱勢群體也開始維權了，在毛澤東時代有權可維嗎？

韓先生說：「既然『革命吃掉自己的兒女』是一條殘酷的真理，那麼結論就很清楚，永遠不要革命，也不要參加革命。然而，李先生如果稍微有點歷史常識的話，應該懂得，革命從來都是改良不成的產物⋯⋯」

問：既要參加革命，就不要怕被吃掉，是嗎？那麼革命的目的是什麼呢？是救民？還是吃人？如果革命連自己的兒女都大口大口地吃起來理所當然毫不愧疚並且像韓先生這樣振振有詞，那麼它還在乎吃別人嗎？

韓先生說：「由此進一步，則可以說，儘管革命的確會吃掉一部分自己的兒女，但是沒有革命，則反革命會吃掉（即奴役）全體人民。因此，真正的革命者懂得，寧可以革命的名義被吃掉，也不願作奴隸而被奴隸主吃掉。」

問：誰是奴隸？誰是奴隸主？是不是只要掛上一個革命的招牌，當奴隸也不悔？當奴隸主也不愧？過去的奴隸主應該是皇帝吧，還沒有哪一個奴隸主在餓死農民的紀錄上能和偉大的革命家毛澤東相比。去問問那些冤魂吧，是願意在舊社會活著，還是在新社會餓死？還有那些僅僅因為出身、經歷和說出自己的想法就被革命吃掉的人，這在韓先生看來都是應該被吃的。

韓先生說：「由於革命是階級鬥爭的最激烈的形式，因此，絕大多數的革命參加者都將是受壓迫、受剝削最深的階級，他們將為捍衛自身利益而鬥爭。只有少數革命者是出於各種形式的革命理想，例如愛國救亡，或共同富裕，或共產主義而奮鬥。即使這些有

著長長短短、形形色色的革命理想的人，也不見得都是有著徹底而清晰的奮鬥目標，更不見得能夠為目標獻出自己的生命。這樣，每當革命取得局部、一時的成功時，每當壓迫者被打倒，被壓迫者開始掌握權力和財富時，總會有一批批的革命者從激進變保守，從反壓迫變為壓迫者，從反剝削成為剝削者。如果承認這種變質，那麼革命者就會轉變為反革命，革命就會成為改朝換代的工具。如果看到這種變質的可能性，想方設法預以阻止，力圖在革命成功以後保持革命的激情和理想，保持革命的追求和目標，那麼革命就將開始吃掉自己的兒女──革命方和保守方、無私者和自私者、革命派和走資派就將以各種方式展開鬥爭。」

　　韓先生真是一位革命狂熱份子，不但繼承了文革中的造反有理論，而且將其發展成為吃人有理論。請問：誰是無私者？誰是自私者？誰是革命派？誰是走資派？韓先生不妨提名道姓，何必語焉不詳？像韓先生下面所指責的：「不關心群眾疾苦、貪圖享受、濫用權力、壓制群眾意見、發展裙帶關係等不良現象（毛澤東不是這樣的人嗎？）卻在社會深層不斷蔓延，侵蝕著黨的革命性，嚴重地損害著經濟建設的進展。對此現象，毛澤東憂心忡忡，各級領導中都有少數真正的革命者憂心忡忡。」

　　問：毛澤東何嘗真正關心過群眾疾苦，他憂心忡忡的是什麼？當大躍進造成民不聊生時他不憂心忡忡，當彭德懷為民請民時他卻憂心忡忡了？因他的錯誤餓死數千萬農民時他不憂心忡忡，而當他的同志們劉少奇、周恩來、鄧小平、陳雲等努力為他過錯補台從而使國民經濟稍上正軌時，他卻又憂心忡忡起來了？還有和他一道憂心忡忡的少數真正的革命者究竟是哪幾位尊神？

韓先生說：「李慎之提出：「請毛主席除了經濟建設的五年計劃之外，還要制定一個還政於民的五年計劃」，「我們也要開放新聞自由」，「應當建立憲法法庭」。　不妨推敲一下，還政於民的「民」是誰？在一個分工細緻、結構複雜、層次眾多的社會中，能夠掌握主導權的絕不可能是老百姓，而是各級官僚、資本家、專家學者、記者編輯、各類明星。還政於民，很可能是工農群眾的政治權利和經濟利益被逐漸侵蝕，而重建各類自利精英的統治。……至少在相當長的一個歷史時期內，人民的政治意志的表達的確離不開人民領袖。」

　　問：韓先生心目中的人民領袖是誰？結合上下文，自然是指毛澤東。但在毛澤東的權力至高無上不受制約時，他這個人民領袖表達的到底是人民的意志還是不受約束的帝王意志？還政於民的民是誰？當然是全體公民，也包括各類精英。不正是為了防止各種精英們的自利統治，公民們才需要用手中的選票來表達意願嗎？而在韓先生看來，人民不需要新聞自由，也不需要憲法法庭，只要有一個人民領袖就萬事大吉了。可是，韓先生又有下面自我矛盾的論述，一但社會出了問題，執政黨犯了錯誤，他卻又要別人來為人民領袖當替罪羊。

　　比如談到反右，韓先生說：「執行經常比決策更加重要……如果真正要抓反右擴大化的責任人，恐怕第一責任人應該是鄧公，最大的受益者也是鄧公，他在官僚隊伍中確立了自己的代言人形象。正是由於官僚專政得到鞏固，當大躍進運動起來後，官僚們才會大面積地虛報、浮誇、瞎指揮、一平二調，才會出現大面積地饑荒，把多快好省的社會主義建設變成少慢差費的官僚專政的自我暴露……　實際上，共和國歷史上最大的冤案莫過於此。把一心一意

為人民服務的毛澤東說成是千古罪人，而把一心一意為私利服務的龐大的官僚（走資派）集團打扮成救人民於倒懸的落難英雄；把最歡迎群眾鬧事、最主張大民主、最提倡大辯論、最要求人民關心國家大事的毛澤東說成是獨裁專制，而把最害怕群眾鬧事、最害怕任何形式民主、堅決不允許爭論、讓人民只關心自己、不關心國家的鄧公說成是民主自由寬容；把真正為工人農民辦了實事，提高了政治權力和經濟福利的毛澤東說成是讓人民受窮，而把剝奪了工人農民的政治權利，讓工人下崗、農民種糧虧本的鄧公說成是工人農民的貼心人。世界上的冤案還能比這更大嗎？」

　　韓先生放膽宏談，真是滑天下之大稽！製造的了無數冤案的決策者毛澤東居然成了世界上最大的受冤者！至於責任，只讓執行者去負。照此理論，希特勒、史達林之類歷史罪人都可以不為他們犯下的種種暴行負責任，因為可以將責任推到執行者頭上。此種胡言昏語，無須一一駁斥，只是請問一句：毛澤東究竟為工人農民辦了哪些實事？提高了哪些政治權力（因該是權利吧）和經濟福利？在毛澤東時代，人民是不是在受窮？農民是不是既被捆在土地上不許流動又連種什麼的權力都沒有的二等公民？工人只被當成擰在國家機器上的螺絲釘，他們的工資是不是也僅夠他們過著極簡單而清貧的生活？一個以耕者有其田為號召的革命，成功不幾年後農民卻失去起碼的自主權，直到三十年後改革了才能按自己的意願種地；一個冠以無產階級之名的社會主義革命，在革命後的三十年裏，工人們無論怎樣勞動也難以增加一點點財產，直到三十年後開放了他們才知道原來資本主義地獄裏的工人生活遠比社會主義天堂裏的工人富足，這就是韓先生心目中理想的革命嗎？

　　韓先生不屑地說：「李先生在為一個巨大無比的謊言添加美麗的金線。」那麼韓先生呢，卻是完全不顧事實，在為一個已經為時代和人民拋棄了的專制者和專制時代招魂。

　　韓先生說：「新中國的幹部隊伍的確存在著兩種人，一種是打江山、坐江山，貪圖權力、名位、享受，利用各種政治運動打擊異己，結黨營私，（請問：毛澤東不是這種人嗎？）他們是腐敗的淵藪，是真正的走資本主義道路的當權派。由於這一派重視自身物質享受，也可以叫物質派，或者壞人派。另一種人是真正用好權力為人民服務，愛民如父母，嫉惡如仇，以身作則，毫不在乎個人的榮辱、享受乃至生命，他們是反腐敗的中流砥柱，是走社會主義道路的當權派。由於這一派完全忽視自身的物質利益，全心全意為人民服務，也可以叫精神派，或者好人派。（好人壞人，多麼簡單的邏輯，多麼分明的愛憎）1976 年以前，這兩種人自覺、不自覺地在技術、經濟、文化和政治領域相互較量，打了一場你中有我、我中有你、難分難解、看不見的戰爭，互有勝負。1976 年以後，由於精神派的最高領導人毛澤東去世，物質派掌握黨政軍大權，精神派大部分被殺被關，才會有現在連片成網、前赴後繼、無所不在的腐敗。」

　　讀到這裏，慨然覺得此文的作者不是張春橋就是姚文元，簡就是禍國殃民的「四人幫」借屍還魂。請問韓先生，你說的精神派是什麼人？為什麼不敢明言呢？說白了，不就是早已為中國人民拋棄了的江青、張春橋那些人嗎？

　　韓先生說：「他們大部分被殺被關」，請注意用詞：大部分，被殺被關。他們中的許多人確實是被關了，也幸好被關了！才有人民

的活路，才有改革的生機。但是請問：被殺的有幾個，請韓先生指名道姓，不要信口雌黃！

韓先生說：「1976 年毛澤東和周恩來相繼去世，最高領導層中好人受清洗。」按照毛澤東時代的政治氛圍，僅憑這一句話，就足可以使韓先生被關乃至被殺了，不是改革開放，廢除了毛澤東時代的因言治罪，那裏有韓先生現在這樣胡說八道的自由？

韓先生說：「新中國成立後，掌握最高領導權的是好人毛澤東。他深知這支革命隊伍腐敗墮落的可能，希望通過整風、反右、四清、直至文化大革命的方法來教育挽救幹部，挽救黨的革命性。但是，所有這一切政策都需要靠這支良莠不齊的幹部隊伍來執行（事實上，即使在放手發動群眾的文化大革命期間，真正掌握著政權，能夠調動人、財、物的，仍然是這支幹部隊伍）。結果，每次整頓壞人的路線和政策都被壞人利用來整頓好人。更加令人痛心的是，因為壞人利用了好政策，好政策就成為壞人做壞事的擋箭牌。最後，毛澤東逝世，壞人逐步掌握政權，將他們當初幹的壞事全部都推到毛澤東身上，似乎他們只是政策的執行者。更進一步，他們將好政策、好路線妖魔化，將之批判為極左路線。從此，他們的權力就可以不再受人民監督（好像毛澤東時代受過人民監督似的）⋯⋯可以自由地以權謀私，化公為私，貪污腐敗，結黨營私，將工人農民的社會主義國家，變為大官僚、大買辦、大資本家、大地主擁有的殖民地資本主義國家。」

寫到這裏，韓先生此文的主題已經十分明瞭，那就是：毛是好人，鄧是壞人。好人已逝，從那以後就是壞人當道。

　　韓德強先生的德行真的是夠強的，他用文革筆法喝斥李先生及其同道說：「夠了，整本《懷念李慎之》就建立在仇恨毛澤東的階級偏見之上。」

　　李慎之先生對毛澤東的看法是偏見還是正見，是非自有公論。倒是這整篇韓文，讓人讀來覺得完全是建立在徹底否定改革開放之上的，並對鄧小平充滿了仇恨。

　　韓文說：「世界上還沒有一個國家能夠阻止軍事、政治、經濟和文化精英利用自身優勢攫取社會財富，而毛澤東千方百計想避免的就是這種局面……毛澤東的後半輩子幹的這件大事就是怎樣防止這一政治體制成為法西斯體制，為此毛澤東設想的是大民主，把「四大」寫入憲法，讓人民群眾能夠有低成本、高效率的表達意見方式。」

　　真是笑話：所謂四大自由只不過是毛用來打擊異己的工具，在他的統治下，人民什麼時候有過表達意見的自由？有的只是說出自己的想法就給你一槍並且割斷你的喉管的自由；還有就是再窮再苦哪怕餓死之前也得喊毛萬歲的自由！韓先生把話說到這種份上，就已經只是一種瘋狂表達的自由，而不是一種可以理喻的討論了。至於毛澤東後半生幹的那件大事到底是為了防止這一政體成為法西斯體制，還是已經把當年和各民主黨派共同商定的國家體制變成了一個毛氏獨裁的法西斯體制，再不改革開放就無以為繼了，歷史早已做出了回答。雖然中國的改革開放因為政治體制方面的滯後至今問題多多，這需要執政黨和公民社會兩方面繼續努力推進。現在的社會病，是專制的後遺症，而非民主和憲政的傳染病，已越來越多地成為人們的共識。像韓先生這樣想讓中國再回到毛澤東時代，畢

竟已是癡人說夢。對於韓先生這樣的人來說，目前的中國已經太骯髒，容不下他這樣清流了。他其實有一個好去處，那就是朝鮮人民民主共和國。單從字面上看：人民、民主、共和，全都有了，還有一個類似毛澤東這樣的慈父般的領袖，在那裏，想必能夠實現他的革命情結和專政抱負。

看了韓德強此文，想起臺灣仍在擁扁的那些人，也可以共同稱為一個現象，那就是不肯切割。正如民進黨的深綠不肯切割扁，共產黨的深紅也不肯切割毛。其中言行極端的人，不恨扁的貪腐，卻痛恨邱毅的揭發貪腐；正如韓德強不恨專制，卻痛恨李慎之的批判專制。如果李慎之還活著，並且也有一頂假髮的話，想必韓先生會勇猛地衝上去將其掀掉。悲乎，只要毛還如神像一般在國廟中供著，就永遠會有燒香磕頭者。只不過，我想這種香客會越來越少。

信手寫下了這篇詰問韓先生的文章，仍覺得有點意猶未盡，對了，還是從韓先生崇拜備至的毛澤東的詩詞裏挑出一句來，那就是：桀犬叫堯堪笑止。至於韓德強先生是桀犬叫堯，還是堯犬叫桀，讀過此讀者自會判斷。

匹夫興亡，國家有責

　　看到這個標題，讀者的第一反應可能就是作者寫錯了。中國人從來說的都是「國家興亡，匹夫有責」啊，怎麼會把國家和匹夫弄顛倒了呢？

　　是啊，中國人說這句話已經說了幾百年了，這種憂國憂民的愛國主義情結已經深入到了中國人，特別是中國知識份子的血液和骨髓之中。甚至在這句話還沒有從顧炎武口中說出的時候，許多中國歷史上的士大夫已經在身體力行著這種愛國主義的精神。到了林則徐寫下那兩句詩：「苟利國家生死以，豈因禍福避趨之」，更是把為了國家利益，可以置個人幸福、榮辱甚至生死於不顧的犧牲精神發揮到了極致。這種崇高道德的榜樣力量激勵了一代又一代仁人志士把自己的才華、家產甚至生命投入到為了國家趨利避害的努力之中。但是當我感動之餘，冷靜思考的時候，忽然想到，為什麼從古到今這麼多仁人志士展抱負、散財產、拋頭顱、灑熱血的英雄行為和無私奉獻，並沒有使他們所熱愛的中華大地成為公正和公平的人間天堂、世上樂土，而始終是在血雨腥風的週期率中打滾。從秦至清，只不過是一代王朝替換了另一代王朝。從民國建立到大陸的改

革開放和臺灣的開放黨禁，除了孫中山「天下為公」的口號基本上
言行一致外，從袁世凱到蔣介石和毛澤東，統治者的區別只不過是
戴冠冕的皇帝和不戴冠冕的皇帝而已。那麼多愛國者的捨己為國，
為什麼很難促成國家切實地愛惜、保護和關切它的人民，特別是信
奉「國家興亡，匹夫有責」這一信條的知識份子呢？

　　我想，這正是因為一副對聯只有上聯而沒有下聯，而下聯恰恰
就應該是：

　　匹夫興亡，國家有責！

　　就像美好的愛情不能是一方忠貞，一方背叛一樣；就像美滿的
家庭不能是一方仁慈，一方忤逆一樣；一個和諧的社會也不能只是
組成這個國家的每一個匹夫單向度地對國家負有責任，而國家並不
認真對每一個具體的匹夫負責；甚至還為了方便自己的統治，不惜
將那些有著為國為民高尚情懷的匹夫們一個個、一群群地踩在腳下。

　　於是在帝王時代，我們看到了于謙的命運、看到了岳飛的命
運、看到了袁崇煥的命運、看到了林則徐和譚嗣同的命運……在革
命時代，我們看到了林昭的命運、看到了彭德懷的命運、看到了遇
羅克和張志新的命運，看到了太多太多這樣的仁人志士的命運……
他們中的哪一個不是「國家興亡，匹夫有責」這樣愛國主義精神的
實行者呢？但是他們中的哪一個得到了他們所愛的國家的善待
呢？且不說這些知識份子，就是占中國人口絕大多數的農民，中國
共產黨正是在他們的幫助和支持下取得政權的，可是當國家需要迅
速工業化的時候，卻置他們的利益於不顧，一個人民公社化就可以
剝奪掉他們剛剛分到手的土地；一個戶口制度至今仍使他們成為這

個國家的二等公民；一個人為的大饑荒就餓死了他們以千萬計數的人口，這難道不是一個天大的問題嗎？我們整個社會的政治和道德宣傳，為什麼從來就沒有想過「匹夫興亡，國家有責」這樣一個問題呢？

八十年代初，白樺的電影《苦戀》受到批判，因為他提出了一個「我愛祖國，祖國愛不愛我？」的問題。

八十年代末，許多青年人也遇到了一個我愛祖國，但國家卻不能接受他們以那樣的方式愛國的問題。

在中國皇帝制度下人們的信條是：對於人的生命，「君要臣死，臣不得不死」；而英國國王治下的人們的信條卻是：面對私人的住宅，「風能進，雨能進，國王不能進」。這兩種信條，決定了兩種政治制度的發展和演進。

而這兩種政治制度，也決定了兩種社會文化和國家觀念。

《拯救大兵雷恩》和《集合號》這兩部影片，其實是兩種國家觀念的產物。在美國人的價值觀裏，國家是民治、民有、民享的。所以為了一個家庭的幸福、為了拯救一個大兵，他們寧願付出遠多於一個大兵的犧牲。而在中國人的觀念裏，國家是治民、有民、享民的。所以為了一個國家和一個政權的建立，每一個具體的人只被視為付出代價中的一個數字，甚至一個連隊都可以成為一個被忽略了的數字。

又何止是一個連隊呢？在大躍進造成的大饑荒中，被餓死的農民就是一個極為龐大的數字。國家至今沒有正式向他們表達過歉意。在史無前例的文化大革命中死於非命的國民也是一個極為龐大的數字。國家也只是把這一責任大部分歸罪於「四人幫」的罪惡，

部分地歸罪於毛澤東的錯誤。從此便回過頭去向前看，不願正視也不願人民再去回顧這段當代痛史。其實，作為一個權力體系的國家是應該對此負起責任的。當年西德總理勃蘭特為了法西斯的罪行向猶太人死難紀念碑下跪謝罪，他代表的不是曾經抵抗過納粹政權的他自己，而是曾經犯下罪行的德國。

在我們當今的社會，公民的權利比起改革開放之前已經有了長足的進步。但是，這裏那裏以國家的名義和公權力損害公民個人權利的事情仍時有所聞。這說明我們還需要繼續的進步，以趕上整個世界潮流的步伐。

所以，不但要有愛國主義教育，也必須要有愛民主義教育！

國民愛國，和國愛國民，哪一個更重要？

如果按照馬克思所說工人階級無祖國的觀點，國愛國民才是更重要的。因為正是國是否愛其民，才決定了民是否有愛其國的充分理由。況且，也不能把愛國主義所含有的豐富內涵僅僅淺層次地表達為愛當前的這個國家、政府甚至僅僅是執政黨。

過去的歷史是：統治者個人或統治集團奪取了國家權力，以國家之名要求匹夫對其負責；一些匹夫們出於民族和人民的利益考慮也願意盡自己的一分責任；但是由於國家並不對匹夫負責，所以產生出許許多多愛國匹夫的悲劇。

今後的歷史趨向是：統治者和統治集團從每一個匹夫那裏獲得授權來管理國家，這個國家的首要義務便是對每一個匹夫權利的捍衛和保護，而不是其他。

先輩的理想和後輩的資本

　　我們年輕時曾經以為，理想是人世間最貴重的金屬，就像金子，可以被延展，可以被融化，但是永遠不會變質。但是無情的社會現實告訴我們：錯了！

　　現在我們知道了，理想是依附於人的肉體的，肉體是有機物，理想也是。所以失去生命的理想和失去生命的肉體一樣，都是會腐化變質的。好的制度，才是防腐劑。

　　早期共產黨人的理想和獻身精神是永遠值得人們尊敬的，但時至今日，一個顯而易見的事實是：早期共產黨人的理想在他們後代的身上已經腐化變質了。

　　早期中國共產黨人中的一個，彭湃，就是為理想而獻身的典範。他本人出身地主家庭，卻為了反對地主和資本家的農民革命獻出家產、青春乃至生命。

　　李碩勳是中共著名的烈士，他的那封遺書也感人至深。我相信李碩勳那樣一批人拋頭顱灑熱血決不是為了個人利益和家族利益。但是數十年後，他的兒子李鵬成了共產黨領導下的中國總理，而李鵬的一對兒女李小琳和李小鵬，一個是中國電力國際公司的首

席執行官，一個在赴山西省副省長任前是中國華能集團公司的董事長、總經理兼中國國家電力總公司副總經理，號稱亞洲電王。一對李氏金童玉女，占了中國電力部門的半壁江山，明眼人不會看不出，這和以電力工業部部長身份出任國務院副總理和總理的父親李鵬之間的某種類似於世襲的關係。

民營企業家往往有他們獨到的眼光。一位民營企業家就這樣對我說過：「其實毛澤東在和周恩來的鬥爭中是個失敗者。你看毛澤東的後代，現在除了虛名，還有什麼？可周恩來那些人的後代呢？（他指的當然是周恩來的養子李鵬，還有其他一大批開國元勳和高官的子弟親屬）一個個都佔據了國家重要部門的重要位置。你知道我們幹民企的掙到身家上億是多麼不容易，而那些紅色接班人手中握掌的資產都是數以十億百億甚至千億計的，隨便一個項目的進出，其收益都是普通老百姓不能想像的！」

雖然毛澤東迫害中共高官的行為讓他們反感，但毛的體制卻是高官子弟們發財的基礎，這是勿庸置疑的。

我毫不懷疑李碩勳烈士當年的理想主義和獻身精神，但是這種為了人民大眾而英勇犧牲的結果並不一定就造福了人民大眾。現實的情形是，實實在在享受著烈士犧牲換來幸福生活的並非為數廣大的下崗職工和貧困農民，而是為數不多的烈士和高官們的後代和親屬。面對這樣的因果關係，夏明翰烈士的那首絕命詩就可以稍改一下了：

「砍頭不要緊，只要主義真。殺了某一個，庇蔭我子孫。」

　　革命先烈和先輩們當年造反的主要目的就是消滅私有制，建立公有制。但歷史的諷刺是：恰恰是他們建立起來的公有制，比私有制更可能導致社會的不平等。

　　引用一篇文章的觀點：「權力腐蝕人，這個規律在中國大陸之外也起作用。但是從『衙內』一躍而變富豪，卻是中國獨有的『特色』。為什麼別的地方沒有這個『特色』呢？除了民主制度這個關口之外，還有一個十分重要的區別，就是『公有制』和『私有制』。資本主義制度的基礎是私有制。國家只能通過政策措施來調節經濟，但沒有自己的財產，國庫全靠納稅人出錢來充實。政府花錢要有嚴格的程式，要受全國監督，貪起污來談何容易。可是我們就不同了，它的基礎是公有制，全國的經濟命脈都在政府手裏。政府是由官員組成的，名義上是『公有制』，實際上是『官有』。有權的官甚至不必犯傻去『貪污』，他只要批個條子，給主管官員招呼一下，他的子女就可以撈到一塊大地皮，或到國企裏去當個頭頭，這都是真正白手起家的捷徑，試問哪個資本主義的官員有這種方便條件？」（——見《一份關於貧富兩極分化的調查報告》）

　　李碩勳烈士生於1903年，1931年犧牲時年僅二十八歲，死於對當時政府的造反行為。而在五十八年後，當一大批比當年的李碩勳還要年青的人們出於和李碩勳同樣的理想和熱情向政府要求社會的公平和公正時，烈士的兒子，時任總理的李鵬卻在一場政治風波中扮演了不光彩的角色，不是勉力化解政府和熱血青年的矛盾，而是出於私利激化這種矛盾，最終導致了流血事件的發生。其理由據說是為了保衛革命先烈們拋頭顱灑熱血換來的紅色江山。當年熱血青年李碩勳的兒子李鵬竟成了一代熱血青年的冷血殺手，這是歷

史的荒誕還是歷史的詭譎？其實，真正有其父李碩勳那樣風範的共產黨人，是當時黨的總書記趙紫陽。據說趙的子女也列身於憑藉父輩權力獲利的高幹子弟隊伍，但為了自己的理念，趙總書記寧願丟掉中國這個最大的官不當，也要忠於自己共產黨人的理念，無疑是和革命先烈一樣具有無私無畏的犧牲精神的。

毫無疑問，死於八九年那個日子的青年是和當年的彭湃和李碩勳一樣有著為國為民不顧其身的理想，否則他們沒有必要餓其體膚希望能打動政府。難道我們能夠說，只有彭湃和李碩勳們的理想才是合理的，八十年代末那代青年的理想就不合理嗎？他們的行為僅僅是和平的抗議，而不是像李碩勳當年那樣拿起武器公然造反。事實是，流血事件導致的理想破滅，讓其後的年輕人認識到：只有掙錢才是真的。他們從追求理想的山路上退出，投入了追逐利益的商海。只不過，如果沒有權力的背景，他們的發財致富遠沒有權貴子弟那麼輕鬆。

我們當然不能說早期的共產黨人造反無理，但我們不能不思考共產黨人由造反建立起來的這套政治制度是否完全合理？蘇聯的制度在建國七十二年之後轟然瓦解了，中國的制度在建國六十年之後已經顯出了諸多矛盾和弊病，而政治制體改革卻因為既得利益者的掣肘難有進展，政府投入精力最大的工作是不斷地維穩，而不是著力於消除不穩定的社會因素。這個以均貧富為號召取得執政權的政黨和政府，卻對貧富差距日益加大的社會現實無所作為。社會矛盾正在進一步的積蓄和擴大中，一旦某一天總爆發，所有的維穩努力都將付之東流。

　　而由美國憲法所奠定的社會制度，已經平穩運行了二百多年，在不斷的完善中至今未見衰相。美國開國的那一批革命家們，也許並沒有為人類大同而獻身的宏偉理想，但是他們認真商討出的憲政制度，卻基本上公正地保障了每一個美國人享有自由和平等的權利。

　　我們還不應該認真地想一想理想和制度孰重孰輕嗎？我們還能相信在入黨時舉拳念一遍入黨誓詞就可以保證共產黨員始終把人民的利益放在首位嗎？

　　馬克思有些理論已被時代證明是不對了，但馬克思這一句話卻沒錯：「種下的是龍種，收穫的是跳蚤。」要想保證龍種不退化、不變異，理想是沒有用的，只能靠合理的制度，即憲政的、民主的、有著有效權力制衡和社會監督機制的社會政治制度。

　　當那些先烈們壯烈犧牲的時候，當那些先輩們英勇奮鬥的時候，當那些先烈和先輩的子孫和親族還沒有比人民大眾先富起來的時候，老百姓是相信他們的理想的。人家有錢不掙，有命不要，我們憑什麼不信？可是當那些先烈和先輩的子孫親族們一下子變得比他們當年打倒的地主資本家富有得多，甚至富可敵國時，人民大眾（特別是那些下崗工人和貧困農民）還會相信嗎？

從法國式的坦率想起

　　近讀法國大革命後的一段歷史，發現一個有趣的現象。大革命推翻了波旁王朝，此後法國進入了政體不斷更迭的時期：

　　首先掌握政權的是國民議會，由此宣告法蘭西第一共和國成立。其間經吉倫特派掌權和雅各賓派專政，熱月政變後，又相繼熱月黨人和督政府的過渡階段，直到雄才偉略的拿破崙從埃及回來後，政局受到這個身材矮小但能量巨大的政治家的影響，由法國大革命激勵也深受大革命傷害的法國社會開始進入一個平復時期。面對緊張的國內形勢和嚴峻的外部壓力，拿破崙進行了多項涉及政治、教育、司法、行政、立法、經濟方面的重大改革，其中最著名並且直到今天依然有重要影響的是《拿破崙法典》，法典基本上採納了法蘭西共和國大革命初期提出的比較理性的原則。法典在1804 年正式實施，法國大革命的成果從法律上得以穩固，即使是在一個多世紀後依然是法蘭西共和國的現行法律，這位軍人在編寫回憶錄時曾說過：「我的偉大不在於我曾經的勝利，滑鐵盧一戰已使它隨風而去，我的偉大在於我的法典，它將永遠庇護法蘭西的人民享受自由」，此言不算是自詡。法典對德國、西班牙、瑞士等國

的立法起到重要影響。在政變結束後三周拿破崙向人民發佈的公告中，他自豪地宣稱：「公民們，大革命已經回到它當初藉以發端的原則。大革命已經結束。」

此後，拿破崙不滿足於第一執政的地位，於 1802 年修改共和國憲法，成為終身執政。此後，又不滿足於終身執政的地位，兩年後再次修憲，宣佈法國為法蘭西帝國，自己為帝國皇帝，稱拿破崙一世。

拿破崙是大革命爛攤子的收拾者，也是大革命成果的繼承者，也自視為法國人民的保護者，但是當他想當皇帝，並認為帝制對法國更有利時，便毅然地把皇冠戴到了自己的頭上，絲毫也沒有遮遮掩掩。你可以批評他的野心，但你不能不讚賞他的坦率。

此後，法國政局數次更迭：拿破崙因其軍事上的失敗而退位下野，當年被大革命推翻的波旁王朝復辟。前王朝復辟不過一年，前皇帝又從厄爾巴島捲土重來。可前皇帝的復辟不過百日，波旁王朝又再次復辟。在復辟的王朝中路易十八當了不到十年國王，即被查理十世取代；查理十世當了幾年，七月革命爆發，前王朝再次被推翻，革命擁戴路易菲力浦登上王位。七月王朝維持了十八年，革命再次爆發，法蘭西第二共和國成立，拿破崙家族的路易波拿巴當選為總統。僅僅過了三年，這個有著前皇家血統的民選總統發動政變，改第二共和國為第二帝國，拿破崙這個姓氏再次成為法國皇帝。1870 年普法戰爭的失敗導導第二帝國垮臺，第三共和國成立，由此第四、第五，一直共和到了如今。

簡述這段歷史，是想說明這樣一個觀點：法國在那一階段雖然政局動盪政權更迭如花開花謝，但每個上臺的政體都是名實相符

的，王政就是王政，共和就是共和，帝制就是帝制，好在明處，壞也在明處，沒有似是而非之政。法國的政治人物，即便是野心家，態度也是實事求是的，是第一就稱第一，想終身就改終身，皇帝就是皇帝，總統就是總統。總統變成了獨裁的皇帝之後，決不繼續披著民選總統的外衣愚弄人民，也決不說些人民的利益高於一切這樣的虛情假話。這樣的政治傳統，你可以批評它是醜的、惡的，但你不能說它是假的。一個有醜有惡的成分在內的政治體制，同時有真實做為它的基礎，改造和改善起來力氣就可以用到實處。這就是經過了大革命的腥風血雨，經過了歷次大戰的社會動盪，法國的共和體制延續至今基本穩定的原因之一吧。當然，拿破崙法典的制定和被沿襲至今，也是其社會穩定的另一個重要原因。

　　反觀中國，辛亥革命推翻了帝制建立了民國，但並沒有推翻政治人物和民眾心裏的帝王情結。除了一個袁世凱想當皇帝就明說和明做了出來以外，其餘獨攬國家大權的政治人物無一不懷著當皇帝的願望，卻又無一不披著共和的外套。對於表裏如一想當皇帝的人，好對付，人民反對，社會不容，他就當不成了。對於實際上皇權在手，卻不肯脫下共和外套的人，就真的不好辦了，因為他所有的利己行為都堂而皇之地說成是為了人民。這樣挾人民而令諸侯，又挾諸侯而治人民的人，人民和諸侯都拿他沒有辦法。這就叫假作真時真亦假，真作假時假亦真。就像鬥牛和鬥牛士戰鬥，它的角永遠只衝著那塊虛假的紅布而去，卻不知真正能傷害它的並不是紅布，而是紅布後面的那個人和那把劍，這樣的戰鬥怎麼能取勝？彭德懷、劉少奇，以及歷次政治鬥爭中死傷於毛澤東劍下的人，不都是這樣的人嗎？

建立一個政體，卻沒有真實性做為基礎，這種政體的可信性就將大打折扣。經過大規模的革命和戰爭，中國人建立了一個人民共和國。但是在毛澤東時代的專權之下，人民與共和都是大打折扣的。和法國人名實相符的政權更替相比，中國的共和政體實在是名實不盡相符的。毛澤東的後半身在權力的舞弄上可謂為所欲為，他擁有的權力遠遠超過古代帝王，但他唯獨不敢像袁世凱那樣公然當皇帝，因為權力的來源他不敢得罪。他的權力來源不是人民，而是馬克思列寧和史達林主義。所以他可以得罪成千萬上億的人民，卻始終把主義的刀子拿在手上，雖然那主義已是幌子。

現在，在經過了三十年改革開放的中國，當年被毛澤東置於死地的市場經濟已經成了全國人民的生活方式，但政治體制改革卻舉步維艱，毛的頭像作為一種政治象徵依然高高懸掛著，因為政權是從毛那裏承襲下來的；但那頭像實際上也成了一個幌子，就看當政者是否有足夠的勇氣，在適當的時候摘下它了。

人民淡出人民幣

　　自中華人民共和國建國至今，中國政府一共發行了五套人幣。

　　人民幣上的圖案是一種符號。人民幣圖案的演變，在一定程度上反映了中國的某種現實狀況：即權力意志的日益強化，這種演變也許可以看成是一種人民幣上的人民悖論。

　　第一套人民幣的正面圖案全都是工人農民和生產場景。

　　如：工人和農民、工廠、牛羊、帆船、織工、木工、灌田、火車站、工人推車、農民打場、水車、割稻、起重機、收割機、耕地機、駱駝、雙馬耕地等。從圖案上看，人民幣確實是具有了人民的性質，和過去的舊貨幣袁大頭、孫大頭和各種大頭有著本質的區別。

　　第二套人民幣：十元的正面圖案是工人和農民；五元的正面圖案是各民族人民大團結。圖案上依然是人民當家做主，並且增加了各民族融合的因素。

　　但是第二套人民幣的二元正面圖案有了延安寶塔山，一元正面圖案有了北京天安門。延安保塔山是中共建政的象徵，天安門是中共立國的象徵，黨和國家政權的符號開始進入人民幣。

第三套人民幣的正面圖案：十元是人民代表；五元是煉鋼工人；二元是紡織女工；一元是開拖拉機的農村婦女。五角是工廠的生產場景；一角是農村的生產場景。根據面值大小的排列，似乎已經顯示出了社會的等級和城鄉差別。

第四套人民幣開始有了百元大鈔，其正面圖案是毛、周、劉、朱四位開國元勳的並排頭像。五十元正面圖案是工人農民再加上一個知識份子。十元正面圖案是兩個農民，五元、二元和一元和五角、二角、一角的正面圖案各是少數民族人物形象。作為四位開國元勳，把毛、周、劉、朱四頭並列似乎理所當然。但是當人們想到在殘酷的政治鬥爭中毛對另外三位的排擠、鬥爭和迫害，這樣和諧的四頭並列多少有些滑稽和荒誕。果不其然，到了下一套人民幣上，周、劉、朱三位元勳的頭像便從圖案上消失了，只剩下一顆大救星。

如果說上述各套人民幣是反映了其相應時代的政治特點的話，那麼第五套人民幣的氣魄實在令人驚訝：從百元大鈔到一元小票，正面圖案統統變成了毛澤東的一顆大頭，毛頭像一統錢幣，不知是否無意間暗合了以毛為象徵的政治權力對經濟領域的強力控制？象徵了毛澤東依然全面地統治著這個國家，只不過不是直接以權力的方式，而是以金錢的方式。

毛的頭像佔領了第五套人民幣的所有正面圖案，恰是當今中國問題的最好象徵：人民幣的人民性顯然已經減弱，而權錢合流成為社會大弊並無法得到有效遏制。現在普通人民手中當然比餽乏時代多了許多買吃買穿和用於日常消費的人民幣，但買房的錢則隨著房價虛高捉襟見肘，而大量不屬於平民百姓的人民幣掌握在政府和與政府合作的商人們囊中。在毛時代，權的影響是顯性的，社會矛盾

表現為權力的巨大極差。在現時代，錢的影響是顯性的，社會矛盾表現為有權階層和無權階層在經濟利益上的巨大落差和貧富懸殊的加劇！

人民幣圖案的演變過程，是否可以看成人民在幣面上的弱化過程呢？

又及——我手中有一張五十法郎的紙幣，雖然法郎已被歐元取代了，但我沒有去兌換，因為五十元法郎上的圖案是法國作家聖艾克絮佩里，他最重要的作品是毫無銅臭氣的《小王子》。把一個無權無勢的作家頭像印在鈔票上，這在中國的錢幣設計上是不可想像的，但是法國人喜歡，我也喜歡。

卷二

文論

思考伽俐略

　　在科學史上，伽利萊奧·伽利略無疑是為數不多的巨人之一。科學上的巨人，是傳記作家的好材料，卻未必能成為戲劇家的題材。但是伽利略不同，他不僅在科學技術上有著一大堆重要的發現和發明，還在人類思想史上的一個重要時刻，捲入了嚴酷的政治鬥爭。他先是用大量事實說明了地球圍繞太陽旋轉，否定了被教會奉為思想支柱的地心說；後來又在教會的巨大壓力下表示悔罪，違心地否定了由自己用科學方法證實了的真理。他的悔罪是在教會迫害下的無奈之舉，一則流傳甚廣的故事是這樣說的：當他跪下悔罪完了站起來的時候，嘴裏卻在輕聲地說著：「可是地球仍然在轉動！」

　　正是這樣一個矛盾的伽利略，引起了劇作家的興趣。於是在戲劇舞臺上，人們看到了兩個伽利略。一個是德國戲劇大師布萊希特作於 1938－1939 年間的《伽利略傳》。這部戲在八十年代曾由黃佐臨執導在國內上演過，戲劇結尾時那個伽利略啃吃燒鵝的情景給觀眾們留下了深刻的印象。但是引起我思考伽俐略的是我不久前才讀到的美國劇作家貝利·施大為（Barrie.Stavis）著於 1942 年的《午夜明燈》。這其實也是一部《伽利略傳》，只是劇名不同。作為施大

為的代表作，曾在東歐和前蘇聯等十個國家上演過，並在八十年代初拍成電視劇在美國上演。這兩個劇本，布萊希特著重表現的是伽利略面對一系列重大事件的人生狀態；而施大為著重表現的則是科學家與教會之間的思想交鋒。而這兩個戲劇的核心事件，都是伽利略的悔罪。戲劇是表現衝突的藝術，如果沒有宗教法庭對伽利略的審判，恐怕兩位戲劇家不會從眾多科學家中選出伽利略來作為他們劇本的題材。

兩位劇作家風格不同，這兩部戲寫法自然也不同。但兩部戲所選取的時間段卻完全相同。伽利略生於 1564 年，死於 1642 年，活了 78 歲。兩部戲劇都選擇了 1609 年到 1633 年這個時間段。這是伽利略生命中最為重要一段時間：從他意氣風發地把他最重要的發展現給世人始，到他痛苦地在宗教法庭上悔罪止。

1609 年，帕多瓦大學的數學教師和威尼斯大兵工廠的技術處長伽俐略，經過十七年的苦心研究，並從荷蘭人製造的光學儀器中受到啟發，向威尼斯共和國呈交了一項新發明——望遠鏡。這是歷史上第一架能放大 32 倍的望遠鏡。伽俐略借助望遠鏡，發現天空的若干現象可以證明哥白尼的宇宙說。他首先觀察的是離地球最近的天體月亮。他看到了月亮上的山脈，看到上升的太陽照著山峰，使它們變成金黃色，而周圍的山谷則一片黑暗；他接著看到了亮光從月亮上的山峰移到了山谷。在此之前的天文學告訴人們：地球是宇宙的中心，不是一顆星；而月亮只是一顆星，不可能是有山、有谷的地。而他所看到的和兩千年來天文學的全部見解背道而馳，但事實就是如此。伽利略告訴人們：地球和月亮一樣，只是一個普普

通通的天體，是數千個天體中的一個。從月亮上看地球，就跟從地球上看月亮一樣，在太陽的照耀下，地球也會像月亮那樣發光。

還不到十年以前，有一個人正是因為堅持這樣一種觀點。在羅馬被活活燒死，他的名字叫喬爾丹諾·布魯諾。

所不同的是，布魯諾並未親眼看到，而伽俐略用望遠鏡可以讓人們用自己的肉眼去證實。

從 1609 年到 1610 年，伽利略利用望遠鏡觀察天體，宣佈了一系列發現：銀河由大量恒星集合組成；木星有四個衛星；土星有光環圍繞；他還觀察到了金星的相位變化和太陽黑子。

望遠鏡的發明對人類的思想進步是一件極為重要的事情。人的思維是隨著眼界的打開而開闊的：只有當人們看見了原來看不見的東西，只有當人們看清了原來沒見過事實，他們的思想才會產生巨大的震盪，才會拆除那擋在視野邊緣的藩籬，走向更為廣闊的世界。這讓我想起了 1978 年到 1979 年的中國，1978 年前的中國人就相當於 1609 年前的歐洲人，他們沒有望遠鏡，他們思想的邊緣就是肉眼所及的邊緣。而隨著望遠鏡的出現，一切都改變了。中國人的望遠鏡就是打破了閉關鎖國政策的改革開放，從「改革開放」這架望遠鏡裏，他們才越過壁壘森嚴的高牆一下子看清楚了世界：原來我們蹩足了勁要去解放的世界上那三分之二的「受苦人」大都生活得比我們好！原來外面的世界那麼豐富那麼精彩！原來除了被我們奉為聖經的馬列主義和戰無不勝的毛澤東思想之外這世界上還生長著那麼多形態各異的思想，它們並不宣佈自己是唯一的真理，卻以這個大千世界的豐富性在不斷充實完善和修正著自己。「改

革開放」這架望遠鏡真是功不可沒，沒有它，中國人就看不明白世界風雲，也就走不出自己的「地心說」。

在施大維的《午夜明燈》中，他對當時人們在望遠鏡前的表現有著生動有趣的描寫——

有三位教授，一位數學教授，一位天文學教授，還有一位神學教授，在望遠鏡面前，他們的心靈和他們的眼睛產生了極為強烈的矛盾。他們心裏裝的是教會一直灌輸給他們的地心說，不僅僅是裝著，這個關於宇宙形象的理論已經和他們的血脈融為一體；而他們的眼睛卻在望遠鏡中看見了一個完全不同的宇宙。他們該相信哪一個呢？

神學教授說，在天上只有七顆行星！亞里斯多德是這麼說的，我可以給你看他的書上是怎麼說的。

數學教授說，七顆，就是七顆！不多也不少！世界是建立在七這個數之上的。

哲學教授說，亞里斯多德不會有錯。

伽利略說，你們那漂亮的邏輯推理會使我承認只可能有七顆行星存在。可一旦我親眼目睹這些行星，我想任何理論都沒有足夠的力量把它們掃出天外。當你們通過這架望遠鏡親眼看到了十一顆行星的時候，你們還有什麼好說的呢？

於是神學者說，那我就不會相信自己的眼睛。

數學教授說，有十一顆行星存在，這是和常識的原則矛盾的。

而哲學者教授說，亞里斯多德是我的生命——我在課堂上講授亞里斯多德的著作，你卻在要求我完全背叛我的整個生命。

伽利略說，那你們寧願要我毀掉望遠鏡羅？在太空那邊有不少荒原，而人的智力領域裏有不少荒原有待於我們去探索和征服。和我們一道來吧，我們是可以開闢新天地的。

但是教授們不能夠。他們或者拒絕觀看，或者視而不見。既便是從望遠鏡裏親眼看到了能夠證實日心說的天象，也仍然要堅守地心說的陣地。因為他們一貫的信仰，也因為他們要保有既得利益；而信仰和利益，有的時候在有些人那裏，其實是一個東西。

可伽利略對自己的望遠鏡充滿信心。他認為教會本身，紅衣主教們和主教們都會看到新的行星，金星的變象，月亮的山巒。他們將會給他蓋章批准，用他們的權威來支持他，他就可以打消保守的人們的疑慮。他相信邏輯與理性的力量，他認為他談出他的看法，羅馬會傾聽並理解的。於是他去了羅馬，讓更高一級的人物通過他的望遠鏡去觀看他發現的事實。

1616 年，梵蒂岡研究院羅馬學院承認伽利略的發現。羅馬學院的天文學權威克拉維烏斯長老和其他天文家們認真審核了伽利略的天文新發現，得出的結論是：符合事實。伽利略似乎已經贏得了勝利。

但差不多就在同時，羅馬教會宗教法庭卻把哥白尼的著作列為禁書。這意味著，從望遠鏡裏觀測到的事實並沒有打動教會。雖然他們的眼睛從望遠鏡裏看到了一個新的宇宙，但是他們的心靈依然固守著那個舊的宇宙。因為教會對人們心靈和對世俗事務的統治，是建立在舊的宇宙觀上面的。

在施大為的劇中，伽利略和宗教審判官紅衣主教貝拉明有這樣一場對話——

伽利略說：我所要求的是教會能夠正式親眼目睹一個科學證明。這又在什麼地方妨礙了我們的教會？

貝拉明說：從科學方面來考慮是次要的。你的學說正確與否我並不關心。我僅須提出一個問題：如果我們的天體說被推倒，而你的天體說得以建立，這將會給基督教義帶來什麼樣的後果？答案將是：基督教真理將會被毀掉！你將會使屬於整個宇宙的教會，變成無足掛齒污泥一塊的教會，使它消失在太空之中。你認為我在誇大其詞嗎？廣大的人民從小受到教會的薰陶，而你的學說會使他們感到受了欺騙‧貶低和玷污，他們的思想會發生激變，異教思想，背叛行為，無神論將普遍流行，你就會搞一場精神革命。

貝拉明的話對伽利略的震動並不亞於伽利略的發現對教會的震動，因為他是一個虔誠的天主教徒。他的內心裏掀起了一場激戰。

貝拉明問他：你更加珍視哪一個，是你暫時性的科學呢還是你那永恆的天主教靈魂？

伽利略說：不，要加以選擇的不該是這個。首先由教會承認這個觀念，這該是教會的永久光榮。亞里斯多德的體系是錯誤的，而我的體系才是正確的。

貝拉明的回答是：凡是與靈魂拯救有關的地方，教會都會教導說，在那兒沒有絕對真理。判斷某件事的真實程度要看它帶來的是好影響還是壞影響。不管怎麼樣，教會的長老要我們信奉亞里斯多德的天文學。如果我們現在加以改變，世界就會面臨混亂，所以說，不可能有改變。

在劇中，紅衣主教貝拉明帶著仁慈‧安慰的同情心對伽利略說：你聽過訓誡，你願意服從並放棄你的看法嗎？

　　貝拉明與伽利略的這次精神碰擊，是聖托馬斯・阿奎那以後最偉大的神學家和伊薩克・牛頓之前最偉大的科學家的一次重要交鋒。因為權力在貝拉明那一邊，伽利略做了妥協。因為真理在伽利略這一邊，貝拉明也網開一面，因為他畢竟從望遠鏡裏看到了真實的天象。他告訴伽利略：做為一個天主教徒，他發表意見的權利是有限度的，但在規定的條件之內尚有一定的自由。他給了伽利略一份備忘錄，裏面明確規定了伽利略什麼能做，什麼不能做。伽利略能做的，是可以把他的學說當做假設來提出，因為教會願意讓數學家和科學家在智力上有發明和創造；伽利略不能做的，是把這個學說做為事實向廣大的人民傳播，因為這將威脅到教會的統治。

　　1623 年，在沉默了八年之後，伽利略繼續進行他對禁區的研究。其原因之一是前宗教審判官紅衣主教貝拉明已經去世，而紅衣主教巴爾貝裏尼繼任為新教皇──烏爾班八世，這位新教皇既是伽利略的朋友，也是一位科學家。他曾經在伽利略的望遠鏡裏親眼見到過能夠證明日心說的天文景象。

　　隨後十年，伽利略的學說在民間得到傳播。1632 年狂歡節期間，義大利許多城市的同業公會甚至選擇天文學作為狂歡節遊行的主題。

　　但是，1633 年，宗教法庭下令召伽利略前往羅馬接受審判。而主使者就是伽利略的老朋友，數學家、前紅衣主教巴爾貝里尼，現任教皇烏爾班八世。

　　開始的時候，教會的皇帝和科學的大師還能夠心平氣和地探討問題。伽利略向他回憶起許多夜晚他們曾一起研究過天空，看到了那非凡的自然景象。

而教皇則說，我們怎麼懂得我們所看見的東西呢？人的智慧是有限的。表面現實常是幻覺。他還說，在信仰問題上，我們要求的是學習的人，而不是批評的人。你不可能在信仰問題上隨心所欲地思考或爭論。

雖然觀點不同，教皇起先並沒有對伽利略採取粗暴的做法。但是隨著伽利略的學說在民間有了越來越大的影響之後，烏爾班八世不得不動用羅馬宗教法庭來對付伽利略了。

在監獄裏被關了二十三天之後，這一年 6 月 22 日，伽利略在宗教法庭悔罪，宣佈放棄他的地動說。

布萊希特的《伽利略傳》中，沒有直接描寫伽利略怎樣在宗教法庭上悔罪，而是用他的學生和追隨者在等待他是否悔罪的消息來表現這一事件，那一場面寫得極為精彩和動人——

有一個消息傳來：伽利略先生將於五點鐘時在宗教法庭的一次會議上悔罪，宣佈放棄他的學說。對公眾宣佈伽利略何去何從的方式是聖·馬斯庫教堂的大鐘。如果鐘聲敲響，說明伽利略已經悔罪；如果鐘聲不響，則說明伽利略仍在堅持真理。他的學生和追隨者們心情極為矛盾地在等待那一時刻。如果伽利略不悔罪，他將被判刑，很可能要步布魯諾的後塵；而如果伽利略悔罪，他們心中信念的山峰將在導師的變節行為中轟然倒塌。

五點鐘過去了，鐘聲沒有響起。他的學生們互相擁抱，感到幸福無比：

他頂住了！

他不放棄他的學說！

這就是說，用暴力，不行！暴力不能解決一切問題！這就是說，愚蠢被戰勝了，它是不可侵犯的！這就是說：人不怕死！

要是他背棄他的學說，那麼早晨彷彿又要變成黑夜了。

只因為有一個人挺身而出，說「不！」就贏得這麼多的勝利！

但是，就在幾分鐘之後，聖‧馬庫斯教堂的鐘聲轟然鳴響，這意味著伽利略已經悔罪。他的悔罪辭是這樣的──

「我，伽利萊奧‧伽利略，佛羅倫斯的數學和物理教員，宣誓否定我曾經教過的、說太陽是世界的中心，在它的位置上靜止不動，地球不是世界的中心，不是靜止不動的等等觀點。我本著赤誠之心於純真的信仰，宣誓否定並詛咒所有這些謬誤和見解。」

伽利略悔罪的行為大大地傷了他的學生安德雷亞的心。他說出了一句話：

「沒有英雄的國家真不幸！」

但是伽利略也說了一句話：

「不，需要英雄的國家真不幸！」

這兩句臺詞，是布萊希特這部戲的最重要的臺詞。所含深意足夠讓觀眾久久咀嚼。是啊，一個人敢於用生命去捍衛真理，是人格的光輝；而一個國家如果硬逼著人不得不用生命去捍衛真理，則是這個國家政治的黑暗。

伽利略沒有布魯諾的勇氣。他的悔罪是違心的。他明知自己正確，卻要宣佈認錯。他為什麼悔罪呢？布萊希特的劇中給出的原因是恐懼，因為宗教法庭對這位七十歲的老人以刑具相威脅。但是後來，伽利略在對他悔罪行為的懺悔中，卻認為如果他堅持下去，教會未必會真的對他用刑。那麼除了對用刑的恐懼，還有其他原因

嗎？在施大為的劇中，還給出了一個在布萊希特的劇中被忽略了原因，那就是伽利略既是一個科學家，也是一個虔誠的教徒，他珍視自己的基督教靈魂，不願意看到自己被革出教門。他在回顧往事時這樣痛苦地表白：

「我一輩子需要的只有兩樣東西：一樣是我的《聖經》，一樣是我的望遠鏡。我把兩樣東西都給背叛了。我把手放在《聖經》之上——對我的科學發了假誓！」

正如伽利略的望遠鏡讓我想到 1978 年中國開始的改革開放；伽利略的悔罪也讓我想到 1986 年，中國改革開放的主要推動者之一胡耀邦的違心檢討。據有關史料記載，胡耀邦事後對他的這個檢討痛悔不已。明知自己是對的，卻要認錯，胡耀邦為什麼要這樣做呢？在他面前，雖然有著撤職的危險，卻顯然不存在刑具的威脅。以胡耀邦的大仁大勇，他怕什麼呢？我想，就像伽利略珍視自己的基督教靈魂一樣，胡耀邦也珍視自己的共產黨精神。他不怕死，也不怕下臺，他怕的其實是因為堅持自己的意見而造成黨的分裂，他怕的是因此被共產黨「革出教門」。「革出教門」這個詞用得也許很不恰當，因為共產黨不是教會，但卻找不出更為恰當的詞來形容。因為我想違心檢討的胡耀邦和違心悔罪的伽利略一樣，都有著那種不願被信奉了一生的信仰排除在外的複雜感情。

伽利略悔罪時的心情是極為痛苦的，他的心在呼號著：「主啊，求您聽我禱告，容我的呼求達到你面前。信仰與理性兩者之間的會合地點在哪裡？難道人的思想只能在信仰的前提下謙恭地接受已經啟示出來的真理，就不允許理解提出個為什麼嗎？我說，一個人如果抽去了理性，讓位給上天的啟示，那麼他便撲滅了二者的光

芒。幫助我，神啊，賜給我一個衡量真理的尺度吧……地球確實在運行！」

伽利略悔罪了。而地球在運行著。

在施大為的《午夜明燈》中，還有一個讓我感到震驚的事情，那就是在專治的宗教法庭對伽利略的審判中，竟還有著不同的意見和聲音。對於取材嚴謹的劇作家來說，我想這不是杜撰，而是有著史實依據的。

在由教皇親自主持，另有十二人組成的宗教法庭中，因為教皇本人沒有在判決書上簽字，竟然有三個人拒絕在判決書上簽字，其中包括教皇的侄子紅衣主教弗朗切斯科。當紅衣主教博爾吉亞問教皇：「陛下要我們簽字，伏望教皇陛下賜教您為何反而不簽？」

教皇是這樣回答的：「你們和我都同樣知道，如果我在上面簽了字，那就會使未來的天主教會權威處於嚴重的危險之中。我們已經宣佈地球運行說是錯誤的，而且是違背《聖經》的，目前這樣說是最好的。不過，羅馬教會不是一個隻存在一天或一個世紀的機構。可以設想，如果有朝一日伽利略被證明是正確的，那麼異教徒們便會指著我們的鼻子說：一個絕無錯誤，說話具有權威的教皇竟然在一份假文件上簽字。我們這批教會衛士必須把這一個未受損害的機構傳給我們的繼承人……然而，必須使伽利略沉默下去！這是宗教上的當務之急！假定僅只本法庭簽署的文件被證明有誤，而絕對無誤的教皇則不會牽連進去，羅馬天主教的後代會表明，是本法庭的人員犯了錯誤，但作為機構，卻沒有錯。」

　　對此，紅衣主教博爾吉亞說：「我們不是紅衣主教，我們只是僕從。您讓我們坐在這裏開會，只不過是希望我們為您掩蓋錯誤而已。」他折斷了羽毛筆。

　　紅衣主教弗朗切斯科說：「在這件事上，我要根據良心辦事。作為宗教法庭的一員，我對外將保持緘默——可是在這裏，我卻要發言。正如我們現今譴責蘇格拉底的法官那樣，我們的後代會譴責我們迫害伽利略。」他折斷了羽毛筆。

　　紅衣主教扎基亞說：「伽利略的作品將永存在下去。而譴責他作品的我們這些人卻永無光彩。」他也折斷了羽毛筆。

　　這讓我想起了文代大革命中中共九大對劉少奇的缺席審判，在舉手通過永遠開除劉少奇出黨的決議時，只有一個叫陳少敏的黨員沒有舉手。而在我一向認為是鐵板一塊的羅馬教會中，在一共由十三個人組成的宗教法庭中，包括教皇在內竟有四個人沒在對伽利略的判決書上簽字，這難道不令人驚訝嗎？

　　對於教皇烏爾班八世，你可以說他老奸巨滑，也可以說他深謀遠慮。如果站在他的立場上看，心裏明知伽利略的學說是正確的，卻要組織對它的審判，確實有著他的苦衷。在以真理衛士自居的教會那裏，他們衡量事物的標準並不是真理，而是權力。權力才是他們的真正上帝。

　　施大為在 1942 年寫《午夜明燈》時，顯然對歷史上教皇烏爾班八世對伽利略一案留下的那個活口給予了充分的注意。

　　1983 年，羅馬教會正式承認 350 年前宗教裁判所對伽利略的審判是錯誤的，正式為伽利略平了反。

　　這時候的羅馬教會，和那時候的羅馬教會已今非昔比，它的權力在世俗世界中已大為縮小。在後來數百年間被伽利略證實的學說已經成為世人的共識，但是地心說的被超越和望遠鏡倍數的一次又一擴大，並沒有導至基督教毀滅，只不過使它退回到了只管理人們心靈的領域。而且伽利略以後的大科學家如牛頓和愛因斯坦，依然還是虔誠的基督徒。這說明了什麼呢？無論如何，羅馬教會能夠正視它數百年前犯下的錯誤，總是值得稱道的。在人類思想的歷史上，權力對思想犯下的錯誤比比皆是，是不是都要等到三百五十年後才能改正呢？

毛澤東的「政治局」

　　這不是一篇立論嚴謹的政治學術論文，而是一個文人在閱讀了一些有關中共黨史的書籍和文章後的一種隨感。因為「政治局」這三個字，是這類書籍文章中出現頻率相當高的一個詞，見得多了，便不由得品嚐出了這個政治名詞裏裏外外的種種意味。

　　「局」，作為名詞，意為一個部分；最主要的用到之處是指機關組織系統中按業務劃分的單位，如教育局、文化局、鐵路局……當然，最最重要的局當屬黨的中樞系統──政治局。

一、政治局沿革簡考

　　政治局，是中國共產黨最為重要的核心領導機構。但我查了一下中國共產黨歷屆主要領導名單，一開始的中共中央領導機構並不叫政治局。如中共第一次全國代表大會鑒於當時黨員數量少，各地組織尚未健全，決定暫不成立中央委員會，由陳獨秀、張國燾、李達三人組成中央局，負責黨的領導工作。陳獨秀任書記。

在中共第二次黨代會上，黨的領導機構變成了中央執行委員會，陳獨秀、李大釗、蔡和森、張國燾、高君宇當選為中央委員。陳獨秀為中央執行委員會委員長。

中共第三次黨代會選出的領導機構依然叫中央執行委員會，陳獨秀依然是委員長。這時候毛澤東的名字第一次出現在中央執行委員會中，任委員會秘書。

中共第四屆黨代會選出的領導機構依然是中央執行委員會。黨的領袖陳獨秀的稱謂由委員長變成了總書記。這一屆中央執行委員和候補執行委員中沒有毛澤東。

中共中央政治局這個名稱的第一次出現，是在黨的第五屆全國代表大會上。由陳獨秀、張國燾、蔡和森、瞿秋白、李立三、李維漢、譚平山七人組成的中央領導機構名稱變成了政治局（從此政治局這個名稱便代替了過去的中央執行委員會）。前四人為政治局常委，陳獨秀繼續被選為總書記。周恩來的名字第一次出現在這個新的領導機構中，為政治局候補委員和秘書長。

分析這幾個名單我們至少可以看出這樣幾點：一、以黨的全國代表大會為標誌的黨的民主政治活動是基本正常的，從 1921 年中共成立到 1927 年共召開了五次，幾乎每年一次。二、黨的領導核心是相對穩定的，雖然其他人在領導圈中有進有退，但陳獨秀始終居於黨的領袖位置。三、這個時期中共的領導人，主要由知識份子組成。特別是陳獨秀、李大釗、瞿秋白、高君宇等有著鮮明的文人氣質。在 1927 年國、共決裂、中共擁有自己的軍隊之前，共產黨雖然宣傳勢頭猛烈、組織工作扎實，在相當大的程度上滲透到了國民黨的組織和軍隊之中，甚至表現出某種越俎代庖之勢，但它總體

上還是一個進行著和平政治活動的在野黨。在其中央領導機構中，作為領袖的陳獨秀，一方面受到共產國際指令的掣肘，另一方面和執行委員會或政治局中的其他領導人在觀念和立場上也存在著某些矛盾，但如後來那樣領導者之間的殘酷傾軋，還沒有形成黨內政治鬥爭的常態。

或許是由於你死我活的武裝鬥爭的開始，既改變了共產黨和國民黨爭奪國家領導權的方式，也改變了共產黨內部爭奪最高領導權的方式。從此以後，文人氣質的中共領導人如陳獨秀和瞿秋白等相繼退出和被擠出中共領導圈。中共黨內、特別是高層領導圈中的權力爭奪就開始變得越來越暗藏機鋒、越來越酷烈、越來越驚心動魄、越來越波詭雲譎。

1928 年，中共第六屆中央委員會在莫斯科召開，選舉產生了包括蘇兆徵、項英、周恩來、向忠發、瞿秋白、蔡和森、張國燾七名正式委員的中央政治局。這次中共中央領導成員變化的一個明顯特徵是工人成分的增加，工人出身的向忠發出任中共中央政治局主席兼中央常委主席。值得注意的是：向忠發後來當了叛徒；蘇兆徵於次年病逝；蔡和森和瞿秋白後來死於國民黨的捕殺；項英死於國共衝突中的皖南事變。存活到人生晚年的周恩來和張國燾，一個在黨內忍辱負重、鞠躬盡瘁，堅持到生命的最後一刻；另一個在政治鬥爭中敗北，先投靠國民黨，後流亡國外當寓公；無論他們兩個功過怎樣，榮辱如何，卻都飽受了黨內鬥爭的創傷。而瞿秋白和項英的死因，也或多或少地與黨內權力鬥爭有著間接的關係。

此後便是中共領導的武裝割據抵抗國民黨政府軍圍剿的艱苦戰爭，戰爭的非常狀態使中共相對正常的黨內民主生活，即在和平

時期原則上每年要舉行一次的全國代表大會產生了一個長長的斷裂——從 1928 年的六大到 1945 年的七大之間是十七年的漫長征程。這其間歷經了核心領導層的種種鬥爭，其鬥爭的激烈程度並不亞於共產黨和國民黨的鬥爭，以及共產黨領導下的軍隊和日本侵略軍的鬥爭。這一點從抗戰的最後兩年，國民黨軍隊在滇、緬戰場與日軍進行著最後的激戰；而中共軍隊的幾乎所有高級指揮員都集中在延安參加確立毛澤東在黨內絕對權威的整風運動這一點就可以看出。黨內鬥爭的最終勝利者及其盟友，組成了中國共產黨第七屆中央委員會的政治局名單：

毛澤東、朱德、劉少奇、周恩來、任弼時、陳雲、康生、高崗、彭真、董必武、林伯渠、張聞天、彭德懷。

前五人為書記處書記。毛澤東為中央委員會主席兼政治局、書記處主席。

毛澤東和朱德因其在指揮戰爭和創建軍隊中的威望排在第一和第二位是理所當然的。但在實際地位上排在第二號的人物應該是周恩來。值得注意的是劉少奇的名字第一次進入了由黨代會產生的政治局，並且赫然排在了資歷和威望都遠勝於他的周恩來前面。這其中大有原因，這原因就是毛澤東之所以能戰勝黨內其他對手，甚至把史達林欽定的中共領袖王明放置在極其尷尬的境地，劉少奇功居至偉。他先是在毛澤東戰勝張國燾的較量中奮不顧身地英勇護駕；然後又在毛澤東戰勝王明的鬥爭中祭出了一樣使毛澤東能夠戰無不勝的法寶，這個法寶就是由他提出的「毛澤東思想」。由於有了毛澤東思想，毛澤東就從中共集體領導中的一員脫穎而出成了集中國共產黨所有成功、所有智慧、所有正確路線和英明意見的當然

「法人」，這是一個相當有預見性的創造性提法，把毛澤東在共產主義世界中的地位提到了與馬、恩、列、斯同等的高度。隨後三年的國內戰爭中中共軍隊出乎許多人意料地戰勝了強大的國民黨軍隊並奪取了全國的政權，印證了劉少奇造神工作的成功。毛澤東這位中共之神不但在過去是將猶太人帶出苦難境地的摩西，而且正在成為全知全能地指揮全黨從勝利走向勝利的上帝。

從 1945 年的中共七大到 1956 年的中共八大，這其間又是漫長的十一年時間。前四年用於從國民黨手中奪取全國政權，後七年是一個新成立的共和國各項建設事業的開始。這期間經歷了兩場大的戰爭，與國民黨軍隊進行的解放戰爭和與以美國為首的聯合國軍進行的朝鮮戰爭。還經歷了一系列的為鞏固新政權而發動的政治運動。到了 1956 年，塵埃落定，中國共產黨第八屆全國代表大會終於召開。大會產生了新一屆的中央政治局。委員有：毛澤東、劉少奇、周恩來、朱德、陳雲、鄧小平、林彪、林伯渠、董必武等。

與中共七大產生的政治局成員相比，這個名單相對穩定，意外出局者只有病逝了的任弼時和在「高、饒事件」中自殺的高崗。張聞天和康生從政治局委員變為政治局候補委員，不算很大的變化。而進入政治局的新成員則有林彪、彭真、羅榮桓、陳毅、李富春、劉伯承、賀龍和李先念。在新的政治局成員中，林彪排在最前面，僅居於為毛、劉、周、朱、陳、鄧這六位政治局常委後的第七位。從後來所發生的事情看來，這是一個十分有意味的地位擢升。

分析一下這個名單，可以得出這樣的結論：一、所有政治局委員都是在黨內軍內資歷深厚功勳卓著的開國元勳。二、毛澤東的首要位置無可動搖；原來以其資歷和威望排在第二的軍隊創始人朱德

讓位給了毛澤東思想的發明者、並且在建國後的一系列工作中顯示了其卓越政治才能的劉少奇；周恩來位居第三，但在實際威望上，應該並不遜於排在第二的劉少奇；而隨著和平時期經濟工作和行政工作日益顯出其重要性，具體負責這兩項工作的陳雲和鄧小平攀升到了第五和第六的位置。

從大會的議程就可以看出這幾位新興政治人物在和平建國時期所負的重任。中共七大的政治報告是毛澤東所作的。而在八大上，代表七屆中央委員會向大會作政治報告的人變成了劉少奇。可以看出，由於毛澤東的信任和首肯，劉少奇的身份已由黨務工作者走向了國家政治的前臺；周恩來作《關於發展國民經濟的第二個五年計劃的建議的報告》自然符合他政務院總理的身份；而鄧小平作《關於黨的章程的報告》，和陳雲作《關於資本主義工商業改造高潮以後的新問題》的發言，表明他們在黨務和經濟領域中的領導地位。

中國共產黨對這次代表大會的評價是這樣的：「八大」是我們黨在建設社會主義歷史道路上一個光輝的里程碑，是黨的歷史上具有深遠歷史意義和重大現實意義的大會。確實，就這份政治局名單來看，長期以來為了建立一個國家而辛辛苦苦建功立業的開國元勳們，只要在過去的黨內鬥爭中沒有站錯隊，或者曾經站錯隊但被毛澤東原諒和容忍的，都在這次大會上得到了豐厚的回報。經過了半生艱苦卓絕的奮鬥，他們終於成功地擁有了一個國家，並且要在建設這個國家的過程中繼續增加他們的成就感。

但是，隨之而來的、愈來愈緊張並且愈來愈險惡的黨內政治鬥爭，一個一個地擊破了這些開國元勳們的幸福感。並且使他們完全無法把握自己的命運沉浮。

　　且不說中共「八大」以後的第二年，毛澤東就以其「陽謀」發動了「反右」運動，對黨外人士和知識份子大加殺伐。僅就黨內而言，先是劉伯承因所謂「軍事教條主義」受到嚴厲批判；然後便是曾經橫刀立馬，在中共戰爭史上數挽狂瀾的彭大將軍在盧山會議上慘然落馬。在中共「八大」以後的十餘年間，除了因病逝世的羅榮桓和林伯渠，這個政治局名單中的所有人，都在異常慘烈的黨內政治鬥爭中遭受重創，包括毛澤東自己。而受創最重、受辱最深、下場最慘的，當數風頭最健的劉少奇。

二、大人物掌中的牌局

　　如果把政治看作一個牌局的話，中共八大產生的政治局名單無疑是一副極好的牌。有大王，有小王，簇擁著大、小王的是一群2和A，這手牌中最小的牌都是老K的水準，起碼都具有共和國元帥的軍銜或相同的級別。並且每一張牌都對毛澤東這個大王共恭敬有加，心悅誠服。在史達林逝世以後的社會主義陣營中，握有這樣一手好牌的毛澤東該是多麼躊躇滿志，意氣風發。蘇聯雖然是第一個社會主義國家，但接替史達林出任蘇聯領袖的赫魯雪夫在共產主義運動中的資歷不但無法與老資格的革命家毛澤東相比，並且一上臺就開始偷偷摸摸地幹起了詆毀史達林的勾當。毛澤東不但已經成為中國共產黨內無可爭議的領袖，並且必將成為全世界共產黨所共同敬仰的領袖。他手中的這副好牌，應該就是他成為國際共產主義運動頭號人物的最好資本。

　　可是僅僅過了三年時間，毛澤東就開始洗牌了。第一張被清洗掉的牌就是在廬山會議上敢於放膽直言的彭德懷。

　　這次洗牌應該說是被迫的。

　　洗牌的原因首先在於他沒有把牌打好。

　　而沒有把牌打好的原因是他太想把牌打好了。

　　在戰爭年代，毛澤東是一個極其精明的牌手。他該出擊時出擊，該隱忍時隱忍，該吊主時果斷吊主，該押上時全力押上。以南昌起義和秋收起義起家的中共軍隊，在手裏握滿了王牌的蔣介石看來，無疑是一副提不起來的雜牌。但毛澤東硬是拿著這一手盡是些小三小四加五六七八的雜牌，憑藉難得的歷史機遇，一步步地打敗並吃掉了蔣介石的滿手王牌。毛澤東的戰爭牌確實打得太好了，中共領導的軍隊若不是靠著毛澤東的謀略走出死境並且不斷壯大，毛澤東就不可能成為黨內權力鬥爭的勝者，那頂毛澤東思想的燦爛冠冕也不可能眾望所歸地落在他的頭上。

　　但是情況變了，他現在面臨的是一個完全不同的牌局，有著完全不同的牌理。而他卻認為既然擁有了被全黨公認的戰無不勝的毛澤東思想，當然就會無往而不勝。遼瀋、平津、淮海三大戰役不都戰而勝之了嗎？那麼他新發動的總路線、大躍進和人民公社又豈有不勝之理？曾擁有八百萬軍隊的蔣介石不是被他趕到臺灣島上去了嗎？在世界上耀武揚威、連史達林也不敢直接去碰的美國人和聯合國軍，毛澤東卻在朝鮮迎頭上去碰了一下，以極為劣勢的裝備不也打了一個平手嗎？那麼，在國家工業化的經濟建設中，在爭奪共產主義世界領袖的競爭中，難道毛澤東就會輸給赫魯雪夫不成？

　　但他真的開始在他不擅長的領域裏打敗仗了。這個精明的統帥和勇敢的鬥士忽然間一下子就變成了一廂情願的堂‧吉珂德，在他那場企圖一步建成社會主義烏托邦的狂想式戰爭中，被社會規律和經濟規律這架巨大的風車打得一敗塗地。但他不是他所不屑的項羽，打了敗仗就無顏去見江東父老。他是大漢皇帝劉邦精神上的傳人，打了敗仗算什麼？只要權力牢牢地握在手裏就行，有了權力就有了一切。在廬山會議上，他的本意或許是適當地退卻、適當地承認某些戰略戰術上的失誤，來保住自己偉大統帥的面子。但是過於耿直的彭大將軍居然捅破了君王神聖的面子，使得龍顏大怒。於是這張不但在長期的國內戰爭中橫刀立馬，並且在對抗美國人的戰爭中獨當一面的老 K，就不得不從他的這手牌中被扔了出去。應該說，這張牌的被洗掉，實在是迫於無奈。

　　仗打輸了，牌洗掉了，君王的尊嚴保住了，但是領袖的威信也不可避免地開始流失。廬山會議的方向從糾「左」轉向反「右」，為民請願的彭德懷從功臣變成罪臣，但這不能改變打敗仗的後果。由毛澤東一手發動的「大躍進」和人民公社化運動造成了全國性的大饑荒，導致三千萬以上人口因饑餓而死亡。這是一種什麼樣的情景？拿中國歷代的統治者相比，如果說在奪取江山的過程中其智慧和成功無過於毛澤東者，那麼在治理國家的過程中其錯失和罪孽也無過於毛澤東者。同樣是導致人民死亡，侵略者殺死人民有罪，統治者餓死人民就無罪嗎？

　　毛澤東闖下大禍。他不能承認自己闖下大禍。但他又明明知道自己闖下大禍。如果是民選的總統，此時就應該引咎辭職。如果是封建帝王，良心未泯者也會下一道罪已詔來表示歉意。但是毛澤東

沒有，因為共產黨永遠是偉大、光榮、正確的。一向正確的共產黨的領袖是不能認錯的，因為一旦認錯就會危及共產主義的基業，並給國際上的修正主義思潮造成可乘之機。

可是既然禍事躺在那裏，就必須有人出來收拾局面。這個出來收拾局面的人非劉少奇莫屬。永遠英明的毛澤東此時以退為進，把中央分成一線、二線。自己退居幕後，把劉少奇推到一線，重整被他弄得一團糟的山河。

如果說劉少奇一生幫過毛澤東兩個大忙的話，創造性地提出「毛澤東思想」，確立毛澤東在黨內無可動搖的領袖地位是一個；在危難時刻挺身而出，努力修補毛澤東闖下的彌天大禍也應該算是一個。劉少奇並沒有像彭德懷那樣向他發難，而是以大局為重努力善後。毛澤東既然因為闖禍而退居二線，就應該既退之，則安之，享受著黨和國家領袖的榮譽以盡天年。因為在一個用槍桿子打出來的國家中，掌握著槍把子的國家元首是永遠也不會被廢黜的。如果他內心有所不安，也應該是為他闖下大禍卻沒有承擔起相應的責任而感到不安。

但毛澤東不這樣認為。

毛澤東認為劉少奇利用收拾困局的機會培植個人勢力，由此出現了「一國兩公」的局面。毛澤東認為他親自選定的接班人劉少奇在六十年代主持中央日常工作中採取的種種經濟調整措施，並不是在幫他渡過難關，而是在乘人之危，在否定那已被社會實踐所否定了的「三面紅旗」，在政治上與他唱對臺戲。劉少奇把並無天災完全是因為人禍造成的災難說成是「三分天災，七分人禍」，這也觸動了他那根極為敏感的政治神經。尤其是赫魯雪夫所作的那個揭露

史達林罪惡的秘密報告，成了他揮之不去的夢魘，他已經認定了劉少奇就會是那個在他身後否定他的人。於是，毛澤東下決心要重新洗牌了。他要洗掉這個已經跳到大王前面來了的小王，讓退居二線的大王重新回到權力中樞的位置上來。但是這次洗牌的難度卻遠遠大於打倒彭德懷的那次。在盧山上彭和毛發生意見衝突之前，毛澤東的威望正如日中天，十數年間從未遇到過挑戰。彭德懷對毛澤東所提出的意見，其對錯大多數與會者心中都明白。但毛澤東巧妙地移步換形，把彭德懷對大搞浮誇風的不滿變成要與他爭權、要分裂黨的陰謀；並且用封建帝王的威勢、用近乎無賴的語言把為民請命的彭德懷置於不義之地。在毛的反擊發言中這一段語言有著特別的殺傷力：「你們看，始作俑者，其無後乎。我無後乎，中國的習慣，男孩叫有後，女孩不算。我一個兒子打死了，一個兒子瘋了。我看是沒有後的。」眾所皆知毛澤東寄予厚望的兒子毛岸英死於抗美援朝戰爭中。如果不是因為這個意外的死亡，毛澤東傳位於其子，毛岸英也像金正日那樣繼承金日成的大統，很可能就是未來中國的政治局面。毛澤東在他的政策受到批評時，無比悲憤地祭出了毛岸英的亡靈，這就使得原本是抗美援朝最大功臣的彭德懷，此時卻成了要為毛岸英之死負責的歷史罪人。這是毛澤東相當流氓卻又相當成功地懾服了眾人包括彭德懷的一點。朝鮮戰爭的爆發是史達林為其抗衡美國的冷戰戰略硬拉中國下水的一著損棋，對於當時中國是否應該參戰，在多年以後看來顯然是一個值得討論的問題。當時中國的參戰由毛澤東力主，但他最心愛的將領林彪卻託病不肯領兵出戰，是彭德懷臨危受命擔起了重任。中國為此犧牲了數十萬英雄兒女，毛岸英不過是其中之一而已。可是時過境遷之後，毛澤東舉重

若輕的幾句話，就挑起眾人對他的無限同情和對彭德懷的憤怒。因為在與會的眾多共產黨幹部的潛意識中，毛澤東是開國帝王，毛岸英自然是王儲。作為一個共產黨員，指出領導人的錯誤本來是天經地義的事情；可是情勢一旦被納入帝王情結之中，對抗皇上、害死太子，便使得原本渾身是理的彭德懷不但在眾人看來是大逆不道，就連他自己也覺得情理有虧了。於是為了維護領袖至高無尚的威信，為了黨的團結和國家的利益，只能忍痛犧牲自己。在那時，敢於為彭德懷直言的只有張聞天、黃克誠等不多的幾人。絕大多數人都對彭德懷採取了牆倒眾人推的態度，這間中當然包括了毛澤東的堅定政治盟友和接班人劉少奇。

由於不聽彭德懷的警告，毛澤東的一意孤行造成國民經濟行將崩潰的危局和餓死三千萬以上人民的慘劇；而劉少奇所採取的調整措施在黨內外頗得人心，聲望與日俱增，受到人們的普遍擁戴。他在政治局中排在第二的位置已經不僅僅是由於毛澤東的擢拔，而更多地是靠他自己贏得的政治資本來支撐了。從他接替毛澤東擔任國家主席這一事情來看，他已經不但是實實在在的二號人物，而且有可能成為潛在的一號人物。而原來不可動搖的一號人物毛澤東則在和平年代的行政和經濟事務中被逐漸架空，成為只是名譽上的一號人物。為此，毛澤東必須把劉少奇這張小王從他手上的這把牌中清除出去。

我們看到了毛澤東換牌的兩種方式。

廬山會議上對付彭德懷，可以說是一場並無準備的遭遇戰。他以自己在政治權力上的巨大優勢，只需簡單地把彭德懷這張老 K

從一把牌中抽出來扔掉就可以了。雖然許多人對此不以為然，那也只能把疑惑和不滿藏於心底。

而對付劉少奇，則是一場處心積慮、曠日遲久、假道伐虢、聲東擊西、瞞天過海、暗渡陳倉、誘敵深入，最後聚而殲之的伏擊戰。但即便是動用了如此多的謀略與心機，他也不可能把劉少奇這張僅次於他的大牌順利地從這一把牌中抽出來撕掉。於是，在他為個人權力目的而發動的所謂無產階級文化大革命中，我們看到牌局大亂，牌理全無。有的只是漫天大火，火中取栗；一片渾水，水中摸魚；滿世皆昏，唯數人醒；舉國皆盲，只一人明。第八屆中央政治局這一把好牌，被毛澤東橫下心來打得四分五裂、七零八落，九死一生後，倖存者無幾。

讓我們回頭來看一下八屆中央政治局這一把好牌中各張牌的狀況——

毛澤東，這張大王經過一番天地翻覆的運動，終於又回到了權力的中心和政治的第一線。並經過林彪的再次造神運動，其個人形象的輝煌程度達到了無與倫比的地步，成為了偉大導師、偉大領袖、偉大統帥、偉大舵手。每天都承受著億萬民眾「萬壽無疆」的祝福。

而劉少奇，這位和毛澤東相比年輕有為、風華正茂的共和國主席、黨的副主席，成了黨內最大的走資本主義道路的當權派，被打翻在地，淪為階下囚，想帶著全家老小去當農民都不可能。他為其奮鬥了一生的共產黨對他最後的定性是：「叛徒、內奸和工賊」，他死的時候赤身裸體，連條褲頭都沒有，所有一切都被剝奪。他的死亡卡上這樣寫著：姓名：劉衛煌；職業：無。

　　周恩來，以他中庸的政治品格和在長期鬥爭中形成的政治經驗、黨內威望和個人魅力，勉力維持著國家的危局和自身的安全。在這種維持中無奈地傷害了一些人，也努力地保護了一批人。雖然屢經危險，但還是以隱忍痛苦為代價，成為政治鬥爭中的不倒翁；換一句更合適的話：一個還沒有來得及被毛澤東打倒、或者在毛澤東的有生之年已無力和無暇去打倒的人。

　　林彪，被毛澤東借重為打倒劉少奇這個「鬼」的「鍾魁」，因為他見風使舵投其所好的本領，得到了巨大的政治回報。就像在與王明的鬥爭中劉少奇給了毛澤東全力支持一樣，在與劉少奇的鬥爭中他也給了毛澤東不遺餘力的支持。他把由劉少奇提出的「毛澤東思想」提高到了一個前所未有的高度：「毛澤東同志是當代最偉大的馬克思列寧主義者，毛澤東同志天才地、創造性地發展了馬克思列寧主義……」（引自《毛主席語錄》再版前言）用以打倒對毛澤東本人產生了威脅的「毛澤東思想」專利發明人。他不但取代劉少奇成了黨內的第二號人物，並且僅次於毛澤東，每天享受著億萬軍民「永遠健康」的祝福，只是這種祝福並不能改善他的健康狀況。雖然他終其一生沒能像劉少奇那樣當上一回國家主席，但他在非常時期所受到的崇拜和榮耀，卻遠遠超過了政治常態下人民對劉主席的敬仰。

　　鄧小平，因為他在劉少奇執政格局中所擔任的重要角色，受到的懲罰也是相當沉重的，成為了黨內第二號走資派，被狠狠地打翻在地。所幸的是沒有被踏上一隻像「叛徒、內奸、工賊」那樣使之永世不得翻身的腳。毛澤東堅決頂住了黨內文革派的鼓噪，始終不同意將他開除出黨。因為在他的政治謀略和權力棋局中，還留有了

讓這個能幹的小個子翻身的後手，用以對付很可能由現在的盟友演變成的將來的敵人。

朱德、陳雲、董必武和劉伯承，當然也逃脫不了被衝擊的命運，但是因為他們的忠厚、謹慎和不露鋒芒，在毛與劉的權力角逐中介入較淺，在受害者中受害程度也相對較輕，但也從此遠離了權力中心，成了政治陳設品。

彭真，也是劉少奇政治格局中的重要人物，理所當然地要被狠狠地打倒。他的被打之狠，恐怕和他在七千人大會上那番指名道姓地對毛澤東的批評有直接關係：「如果毛主席百分之一、百分之十的錯誤不檢討，將給我們黨留下惡劣的影響。」按照毛澤東錙銖必較、秋後算賬的性格，他沒被整死，實屬幸事。

陳毅，被重重地火燒，若非周恩來拼命相保，幾乎被徹底燒焦。他在 1967 年所謂的「二月逆流」中，和譚震林、葉劍英、徐向前、聶榮臻等一批開國元勳們對文革曾奮力抗爭，先被毛澤東以威勢彈壓，後又被毛澤東施以懷柔之策，作為團結對象。1972 年病逝。

李富春，被打倒。所幸沒死。

彭德懷，被老賬新賬一起算，整死於文革中。

賀龍，與毛澤東本無恩怨，但作為政治籌碼轉讓給林彪，被整死於文革中。

李先念，被打倒，所幸被較早地解放與起用。在毛澤東逝世後解決「四人幫」問題中起過相當重要的作用，並在後毛澤東時代出任過國家主席。他應該是這一手牌中最幸運的一張。

三、勢成膠著的棋局

現在我們看到的是中共「九大」的中央政治局名單。

委員：毛澤東、林彪

（以下按姓氏筆劃為序）葉群、葉劍英、劉伯承、江青、朱德、許世友、陳伯達、陳錫聯、李先念、李作鵬、吳法憲、張春橋、邱會作、周恩來、姚文遠、康生、黃永勝、董必武、謝富治。

分析一下這個名單，有幾個值得注意的要點：

1、毛澤東和林彪，一位偉大統帥、一位英明副統帥高高在上，與其他政治局委員們之間劃出了一條尊卑有序的明顯界限。這在過去的政治局人員排名中是從未出現過的。這樣的排名固然是凸顯毛澤東至高無尚的權力地位，但是在凸顯毛澤東的同時，也把林彪抬到了可以與他相並伯仲的地位。好不容易洗掉了小王劉少奇這張牌，卻又無可奈何地收進了副統帥林彪這張牌。如果這張牌心存異志，將來豈不是還要換牌？這或許就是毛澤東那句話：「無產階級文化大革命，過七八年再來一次」的真實含意。

2、從上屆政治局成員中延續下來的人中，除了周恩來在亂世之間中流砥柱的作用無人可替代外，朱德、劉伯承和董必武都已對實際政治不起作用，成為名譽性的政治陳設。只有年輕力壯的李先念在輔佐周恩來做著保國安民的實際工作。

3、握有實權的元帥級的軍人基本出局，僅有葉劍英一人替代了原來的羅榮桓、陳毅、彭德懷、賀龍；其他代之以兩個上將級的軍人入局。毛澤東是靠軍隊起家的，他深知軍隊對於支撐政權的重要。同時他也知道軍方重臣對他本人忠誠的重要，他所選擇進入政治局的這兩元出自紅四方面軍的上將許世友和陳錫聯，無論是其資歷和他們所出的山頭都可以對來自林彪麾下的黃、吳、李、邱四員幹將形成牽制。特別是許世友，以對毛澤東的絕對忠誠而著稱於世。

4、兩個特殊女人的入局：江青和葉群。婦女解放雖然從來就是中國共產黨的奮鬥目標之一，但是在此之前即便是十分著名的婦女革命家，也從未進入過中共的政治局。但這次卻一下子進入了兩個，而且兩人都具有特殊身份：一個是毛澤東的老婆，一個是林彪的妻子。無論是按照她們的幹部級別、革命資歷和本人聲望，在過去都是絕無可能進入政治局這樣最高的政治殿堂的。但在史無前例的無產階級文化大革命中，她們卻跟著她們的丈夫堂而皇之地進來了。偉大統帥和副統帥在黨的最高領導機構中同時開起了夫妻店，這一點的確是史無前例的。

5、中共「九大」，號稱是團結勝利的大會。所謂勝利，無非是徹底剷除了劉少奇的「資產階級司令部」；所謂團結，指得是全黨一致團結在毛澤東的權力意志下。但是，這個政治局名單中的其他成員，卻明顯地分屬於江青和林彪兩個陣營。屬於江青陣營的有：康生、陳伯達、張春

橋、姚文元、謝富治；屬於林彪陣營的有：葉群、黃永
勝、吳法憲、李作鵬、邱會作。車馬炮士相（象），每方
五元大將。在打倒劉少奇司令部的戰役中，他們互相聯
手、共同作戰，在毛澤東的指揮下摧枯拉朽，大獲全勝。
但是勝利之後，在如何分配勝利成果的問題上，江派和
林派這兩個政治集團卻在打倒了共同的敵人之後，形成
了爭奪戰利品的對壘之勢。

一場充滿玄機與險著的政治對局就此開始。

較量的第一個回合是九大政治報告起草權的爭奪。在「九大」
召開之前，毛澤東提議九大的政治報告由林彪來作。但在由誰起草
的問題上發生了爭執。張春橋和陳伯達都要求擔當這個重任，而林
彪卻不想讓中央文革的人插手此事，準備自己動手，為此組織了一
個班子，由秘書、老婆和兒子參加。最後毛澤東指定由「黨內頭筆
桿子」陳伯達牽頭，張春橋和姚文元這兩個為發動文革衝鋒陷陣的
上海筆桿子參加，三人共同起草九大報告。陳伯達原是江青營壘中
人，他雖然名為中央文革小組組長，但是卻時常受到驕橫的江青和
毛、江的新寵張春橋和姚文元的侮慢與羞辱，於是陳伯達轉而投靠
林彪這座靠山。而林彪也為了挖江青的牆角有意接納了他。於是陳
伯達在領受了起草九大報告的任務後便撇開張、姚二人，只同林彪
商量如何寫法。在發動文革的問題上，林彪本來就是被毛澤東拉出
做為打擊並取代劉少奇之用的。林彪已經取代劉少奇當上了第二號
人物，當然就想見好就收，以結束文革來鞏固自己的地位。但這絕
不是毛澤東的想法，陳伯達與林彪的接近在兩方面觸怒了毛：一是
認為陳伯達改換門庭，在搞政治投機；更重要的一方面是對陳伯達

起草的稿子嚴重不滿，認為講恢復經濟太多，而對文革的偉大意義重要性突出不夠，犯了本末倒置的錯誤。於是毛澤東否定了陳伯達的稿子，決定由康生、張春橋和姚文元另起爐灶重新起草。江、康、張、姚等人自然對陳伯達的報告稿群起攻擊，貶斥為是鼓吹「唯生產力論」的報告。這種否定和貶斥自然也落到林彪身上，從而使得林彪與江、康、張、姚等人正式結怨。

較量的第二個回合是在九屆一中全會上，林彪私下串聯，佈置親信在選舉政治局委員的過程中做了手腳，把江青、張春橋的姚文元的選票壓了下來，使得文革旗手江青當眾出醜。江青雖然查無實據，但心知肚明這是林彪營壘在對自己還以顏色，自然記在心中，要尋機報這一箭之仇。

自此之後，林彪和江青兩大營壘之間明爭暗鬥，怨恨日深。但這種嫌隙的癥結，還在於毛澤東對林彪只是充分利用，而非真心信任。按理說，林彪傾盡全力幫助毛澤東除掉了劉少奇這個心腹大患，他所得到的政治回報也是豐厚的：毛澤東在八屆十一中全會上決定由林彪取代劉少奇作為接班人。這個接班人的位置甚至破天荒地寫進了新的中國共產黨章程。但是林彪很快就發現自己的「接班人」地位只是一個光榮的虛位。即便如此，他這個只有虛銜的「接班人」地位也不十分穩固，毛澤東下棋走一步看十步，林彪已經感覺到了自己被利用完了之後也很可能會被棄之如敝屣。《晚年周恩來》的作者高文謙先生，對毛、林交惡根由的分析是十分中肯的：「毛澤東並沒有真想把權交給林彪，選林彪作為接班人，不過是為了鬥倒劉少奇的權宜之計。九大後，林彪在政治上羽翼豐滿，尾大不掉，成為毛的一塊心病。」

在毛澤東看來，林彪正利用自己接班人的地位，在黨內和軍中拉幫結派，擴充勢力，許多軍中大員唯林彪馬首是瞻，林的權勢已經脹大到了成為又一個「獨立王國」，有再次把他架空的可能。

而在林彪看來，在毛澤東重新獨攬大權的情況下，他並不能像前任接班人劉少奇那樣握有實權，他的實際地位遠不如光芒內斂的周恩來。在新的黨內政治格局中，決策權在毛，執行權在周，而他不過是一具被架空的政治擺設，只是比朱德、董必武、劉伯承這些老擺設多了數層眩目的光環而已。

毛澤東開始用心機解決這個問題，他利用林彪與江青之間的矛盾，刻意扶值他認為真正能夠體會他思想的張春橋，造成與林彪爭鋒的權勢，以便日後取而代之。

而林彪也已明顯感到毛澤東有改變接班人的想法，他必須認真考慮如何才能保住他的接班人地位，並且為此付諸行動。

經過疾風暴雨式的文化大革命的衝擊，或者以當時的話叫做洗禮之後，九大的召開，中共黨組織的重建，象徵著全黨的團結勝利；而隨之而後將要召開的第四屆全國人民代表大會，則將意味著全國的天下大治，並從國家政權的層面上對毛澤東發動的無產階級文化大革命予以正式認可。但是這時候毛澤東遇到了一個難題：按照中華人民共和國憲法規定，國家必須有一個主席。這個國家主席最初是由毛澤東擔任的，後來讓位給了劉少奇，再後來劉少奇就在國家主席任上被打倒了，那麼現在由誰來擔任這個一國元首的位置呢？毛澤東當然可以再當，但他不想當了。一是他的詩人氣質和哲人性格使他不願將大量時間花在應付日常國事的瑣屑活動中，他還有更重要的事情要做，即思考世界革命的大局和如何實現他心中的共產

主義烏托邦；二是這個位置自己已經讓出了一次，重新再坐上去，總不是原來的滋味了，並且也會讓明眼人看出他發動文革的不可明說的個人動機。他自己不當，也不想把這個職務讓別人來擔當，特別是在林彪已經坐大的情況下，更不想讓林彪來當，以免那「一國雙公」的尷尬局面再次出現。於是毛澤東在提議召開四屆人大的同時，還提出了一項至關重要的意見：即修改憲法，不設國家主席。只可惜，他的這個深謀遠慮的想法，其重要性並不為大多數政治局成員理解，因為這個意見超出了正常人的理解力。

　　長期以來揣測毛澤東心理最為準確的林彪或許能夠理解，但是他顯然不能接受。投桃報李，乃人之常情。劉少奇當年在延安提出「毛澤東思想」，在政治上幫了毛澤東的大幫，毛回報他以黨內二號人物和國家主席。那麼林彪在打倒劉少奇這件事上對毛澤東所幫的忙可以說更大，得到相應的回報是理所當然的。他雖然已經得到了「接班人」的頭銜，但只要毛澤東在世一天，這個接班人就是個虛銜。而國家主席這一職位卻是實實在在的，而且如果毛本人不想當，由他來當是完全順理成章的。把「接班人」寫進黨章這樣有悖常理的事情都已經成為現實，由他來當國家主席豈不是更加合情合理。從林彪考慮，他必須用國家主席這一實際位置來進一步捍衛自己載入黨章的接班人地位。當然林彪首先不能表示自己想當，經過深思熟慮，他對毛的意見提出了自己的三點意見：第一、建議仍由毛澤東擔任國家主席，否則不適合人民的心理狀態；第二、至於國家副主席，則可設可不設；第三、他自己不宜擔任副主席的職務。

　　如果說前面的一些事件還只是他和江青、張春橋一夥在較量的話，這一次他則是在棋枰上直接與毛澤東手談了。其中「自己不宜擔任副主席」這一條，分明暗示了想當正主席的願望。毛澤東當然知道林彪勸進是假，自己想當是真。讓他惱怒的是林彪的態度直接指向了他深藏不露的心病。同時讓他不安的是林彪的提議得到了大多數政治局成員的贊成。真正懂得他心思的，只有一個身邊人江青。江青在政治局會上表示：毛主席還在，林彪如當國家主席也不好。這其實已經是在宣示毛澤東不想讓林彪來當的主張。而毛澤東更是明確表態：「我不能再作此事，此議不妥。」

　　因人設事，因人廢職。如果說，把當上了國家主席的劉少奇打倒還算是政治鬥爭範疇內的事；那麼，為了不讓自己潛在的政治對手當國家主席，專門為此而修憲，取消一個共和國必有的國家元首職務，這就完全是拿國家體制在當一家之兒戲了。

　　想當國家主席，林彪的權力慾望觸怒了毛澤東；堅決不讓林彪當，毛澤東的無情無義也得罪了林彪。事情至此，毛澤東和林彪的分歧已在政治局這個棋盤上公然擺了出來，雙方各自用力，誰也不肯讓步。而設不設國家主席的問題，只能暫時擱置起來。這就像在圍棋盤上，雙方各占一片大場，要爭勝負，只能從別處打劫了。

　　首先尋找到劫材的是林彪。在一次中央憲法修改小組會上，毛澤東的新寵張春橋大講毛澤東曾在一次會見外賓時講過：「赫魯雪夫天才地、創造性地發展了馬列主義，這是個諷刺。」這種對林彪發明的「天才論」的諷刺，其實是透露出了毛澤東已對林彪開始不滿。林彪本來就因毛澤東有意讓張春橋在政治上來取代他心存忿恨，這次見他竟敢公然挑釁，當眾否定由他定調的對毛澤東權威的

評價，更是怒不可遏，決心抓住這件事把張春橋從政治上搞垮。但是張春橋自有毛澤東為他撐腰，要搞垮他談何容易，事件只能以張春橋的示弱暫時平息。但林彪還對其保持著追剿之勢。

在中共九屆二中全會召開之前，林彪向他手下的幾員大將吹風：「這件事沒有完，到廬山會有大的鬥爭。不管出現什麼情況，要堅持兩點：一是設國家主席，一是堅持天才的觀點。」

於是在風景優美的避暑勝地廬山之上，又一場驚心動魄的政治交鋒開始了。

四、拼命一搏的賭局和兵不厭詐的騙局

毛澤東和林彪的鬥爭，關鍵在於國家主席！

不設國家主席，則林彪的政治地位如懸空中；

而設了國家主席，則毛澤東將再次大權旁落。

這是林彪出於政治安全的心理歸屬，也是毛澤東要防患於未然的難言之隱。

為此，毛澤東和林彪這一對師生和戰友幾乎徹底攤牌！

其實這一次上廬山開會，和上一次上廬山開會，毛澤東在政治上都是被動的。

上次的被動，是由他刮起的浮誇風已造成惡果，會議面臨的局面是糾「左」；而他卻力挽狂瀾，成功地把會議方向擰向了反「右」。

而這一次的被動，是他關於不設國家主席的提議在政治局內處於四比一的孤立狀態，除他本人外，其餘四位常委都異口同聲地勸說他出任國家主席。他進退兩難，內心煩惱。讓他為難的是：黨的

組織原則是少數服從多數，如果別的常委堅持意見，他就無法固執己見。而讓他惱火的是：正如他當初剪除劉少奇的目的無法明言，必須發動一場如此浩大的動亂才得以解決；而如今他不設國家主席的陰暗內心依然無法明言，卻又找不出更好的理由來說服眾人。為此他幾乎惱羞成怒地表示：「你們願意要主席，你們要好了，反正我不做。」並且放出話來威脅：「要把這次大會開成一個團結勝利的會，不要開成分裂的失敗的會。」這一次，他依然能夠變被動為主動，成為政治棋局上的不敗金身嗎？

試比較一下東方式的專制政治和西方式的民主政治的異同。相同處，政治家都需要爭權；不同處，是爭的性質。民主政治的爭是競爭，講的是規則，比的是政見，優勝劣汰。而專制政治的爭是鬥爭、甚至是戰爭，講的是權術，比的是勢力，強生弱死。所以在民主政治格局中，政治家所面臨的只是成敗進退；而在專制政治的格局中，政治家面臨的則是生死存亡。在專制的政治格局中，勝負成敗，往往與道理無關，只由權謀決定。所以民主體制下的政治活動像是一個競爭的賽道或選秀的場地；而專制體制下的政治活動則常常是一個生死賭局。

現在，1970 年 8 月 23 日，中共九屆二中全會開幕的日子，林彪面臨的就是這樣一個賭局。他有兩種選擇，一是進攻，是一撤退。如果撤退，那他就是付出巨大心血白白地幫助毛澤東打贏了一場文革戰役，眼看著國家主席這個誘人的戰利品放在面前，但是無法收取。如果進攻，就必須投入兵力，這兵力不但是他麾下的數員大將、是他那一個利益集團，甚至必須押上他的政治地位和榮譽。直到最後一刻，久經戰陣的林彪元帥才下決心進攻：首先拿張春橋開刀！

　　這個主攻方向是經過認真選擇的。因為看到毛澤東在設國家主席的問題上陷入窘境，幾近發作，林彪決定暫時放下這個問題，轉而在會上全力攻擊張春橋，迫使毛澤東在他本人和張春橋之間做出選擇，就像當年對羅瑞卿和賀龍等曾做過的一樣。在他看來，一人之下萬人之上的林副統帥與資歷淺薄的文人張春橋孰重孰輕是不言自明的。選擇這個從上海來的「小記者」作為打擊對象應該是穩操勝券的。既然當初毛澤東為了刻意拉攏他而不惜拋棄跟隨多年並且忠心耿耿的羅大將和賀元帥，當然也不會為了這個憑藉文革才剛剛發跡的小跟班得罪自己。可是林彪下錯了棋，因為局勢已經大為不同。當年毛澤東是為了剪除劉少奇才對他刻意籠絡恩惠有加，而現在他自己反而成了毛澤東權力的巨大隱患，正欲伺機剪除而不得，他怎麼可能再次得到毛澤東的支持？

　　林彪勇氣可嘉，但是下錯了賭注。

　　而毛澤東總是成竹在胸，後發制人。

　　和上一次廬山會議的較量幾乎一樣，毛澤東先是不露聲色地讓對手擺開陣勢，然後選擇最佳時間和地點，集中火力斷然反擊。兵道，詭也，毛澤東比林彪更會打仗，尤其是打這種兵不血刃的政治仗。

　　就像林彪先拿張春橋開刀來投石問路一樣，毛澤東也先拿陳伯達祭刀來敲山震虎。兩天之後，毛澤東緊急召開了有全會各大組召集人參加的政治局擴大會議，嚴厲批判陳伯達為林彪張目的發言，稱其違背了九大方針，把會議的方向搞偏了。在會上極富個人魅力和表演才能的毛澤東再次故伎重演，把當年在廬山上壓服彭德懷，和在懷仁堂中彈壓「二月逆流」的那一套使出來。只不過這次把當年以「我和林彪同志上井崗山打游擊」的危言要脅變成了：「你們

再繼續這樣搞下去，我就下山，讓你們去鬧，等你們鬧完了，我再上山，就不下去了。再不然，就辭掉黨中央的主席！」他乘著這個凌厲的攻勢，再次重申：「設國家主席的問題不要再提了。要我早點死，就讓我當國家主席！誰堅持設，誰就去當，反正我不當！」這已經是當著林彪的面，把話說絕了，徹底封上了林彪當國家主席的大門。

林彪想將毛澤東的軍沒將成，卻被毛澤東將軍反抽了一個車。經此戰役之後林彪元氣大傷，面臨的已不是進而封王，而是退而自保的問題了。為此只好丟車保帥，努力把自己與陳伯達之間的關係洗刷乾淨。至於對方的悍車張春橋，此時已不在他能夠殺傷的範圍之內。但毛澤東並沒有窮寇猛追，他還是很講戰略戰術的。為了穩住林彪，換取他對拋出陳伯達的支持，毛澤東在召開政治局常委擴大會前與林彪的單獨談話中，放出煙幕彈以麻痺對手，佯裝公允地對林、江雙方各打五十大板。說對張春橋、姚文元燒一燒可以，但不要燒焦。不僅如此，甚至還對林大加安撫、賜予一粒定心丸，當面向林彪做準備交班的表示：「張春橋這人再看他兩年，兩年以後我不幹了，把班交給你，由你來處理。」這和當年他著手對付劉少奇之前，聲稱讓劉出來掛帥的那一老招何其相似！

但是毛澤東總是成功者。

當年他誘騙心無芥蒂的劉少奇成功了；現在他矇騙內心忐忑的林彪依然成功。

1959 年在廬山上面對彭德懷的批評他變被動為主動大獲全勝。1970 年在廬山上他面對林彪的進攻同樣變被動為主動大獲全勝。

而在廬山這同一個戰場，當年作為一支重要的援軍幫助毛澤東把彭德懷打翻在馬下的地方，林彪這個戰場上的常勝將軍，卻恥辱地經歷了自己在政治戰役上的滑鐵盧。

在廬山會議上，林彪一賭失敗，他押上並輸掉的是他的政治前途。他知道這只是丟掉政治權力的第一步，接下來毛澤東必將拿掉他的接班人地位。雖然這一點已經寫進黨章，但是既然中華人民共和國的憲法保護不了國家主席劉少奇，中國共產黨的章程就一定能保護得了「接班人」林彪嗎？於是當一年後毛澤東突然南巡，在眾多黨政要員們面前做出了與林彪決裂之舉，不服輸的林彪只能選擇再賭一次，只是這次押上的不僅是他的政治榮譽和政治前途，還有他整個家族的身家性命。最後落得一個折戟沉沙的下場和萬年遺臭的罵名。

關於林彪在廬山會議上的講話，長期以來在對林彪的批判中一直被說成是「突然襲擊」。這是從毛澤東在一年後的南巡講話中所說：「林彪同志那個講話，沒有同我商量」的說法中而來。但經高文謙在《晚年周恩來》一書中多方採證，這並非歷史真相。真實情形是林彪在講話前曾專門請示過毛澤東，是經過毛澤東的同意後才敢放膽發言的。在這一點上，毛澤東出爾反爾，對世人撒了一個彌天大謊。而這一點，和毛澤東在文革初期對劉少奇和鄧小平虛以委蛇，故意讓他們派工作組四下撲火，然後再縱起更大的火勢把他們焚於其中何其相似。所以從這一點上看來，無論是在金錢賭局還是在政治賭局中，光有敢於一搏的膽量是不夠的，只有會耍老千、能以詐術掌控局面的人才能成為最後和最大的贏家。

但是毛澤東真的贏了嗎？

五、從封閉的局到開放的場：中國政治的未來走向

從歷史的觀點看，毛澤東時代的這種互相殘殺的政治鬥爭其實是沒有勝利者的。而同屬同室操戈，美國南北戰爭那樣的結局，卻是沒有失敗者的。無論是勝方的統帥格蘭特還是敗軍之將羅伯特‧李，在歷史上，在其本國人民心目中都是英雄。

即便是從當時看，毛澤東勝了，毛澤東也敗了。

毛澤東又一次成功地剪除了一個政治對手。但是毛澤東是以反修防修的堂皇理由發動文大革命的，是以林彪為其推進文化大革命最堅定盟友的，是被林彪推上了至高無尚的革命神壇的，是以徹底打倒劉少奇集團來宣告無產階級文化大革命的偉大勝利的；但是在宣佈這個偉大勝利僅僅兩年之後，他又翻過手來消滅了他親自選定的親密戰友和接班人，並且這個受到全黨全軍全國人民每天敬祝「永遠健康」的副統帥竟然是摔死於逃往頭號敵國、修正主義大本營蘇聯的途中，那麼，由他親自發動的、被他視為一輩子隻做了兩件大事的無產階級文化大革命，究竟是勝利了還是失敗了呢？

在毛澤東時代的政治鬥爭中，究竟有沒有勝利者呢？

毛澤東曾經是勝利者。他從政治局中投票決策的一員變成了一個可以對政治局、對中央委員會、對全黨、對全國人民中的任何人都擁有生殺予奪大權的新時代皇帝，成為中國帝王統治術的集大成者。但最後，卻落得一個內心悲涼的孤家寡人。

　　劉少奇曾經也是勝利者。他因鑄造「毛澤東思想」這柄利劍有功，幫助毛澤東戰勝政治對手王明而崛起；但也因為把這柄利劍的劍柄交到了毛澤東手裏，當被毛打殺時便無從還手。

　　林彪也曾經獲得過輝煌的勝利。他獲勝的法寶和劉少奇相似，大樹特樹「毛澤東思想」和毛澤東的絕對權威，在大搞對毛的個人崇拜時把自己也抬到嚇人的高度，但也因為同樣原因被毛澤東打殺，試圖還手，但不是對手。

　　周恩來能算一個勝利者嗎？恐怕只能算沒有失敗而已。他因其善良的本性、恪守中庸之道與君臣之分，得以善終，但其代價卻是委曲求全的內心痛苦。

　　後毛澤東時代的鄧小平應該是一個勝利者，他堅持著、隱忍著，懂得韜晦之策，懷有憂國之心，終於在兩度被打倒後東山再起，笑到最後，並成為笑得最好的政治人物。他打開了被毛澤東封閉的思想鐵幕，使中國人得以呼吸到在世界上自由流動的空氣。但他由於歷史局限，不敢拋棄毛澤東的旗幟，無法完全脫離「毛澤東思想」的窠臼，對於胡耀邦這樣最優秀的共產黨人開始信任重用，繼而猜忌和打壓，終於青史鑄錯。事後學毛南巡，但其意相反，部分挽回了改革開放的大好局面。

　　在此文將要結束時，再讓我們來看一下「局」這個詞的各種含意。

　　作為名詞的詞組有：局面；局勢；局限……

　　而作為動詞的片語則有：作局，即設一個圈套讓別人往裏鑽。

　　作為現代中國最大災難的文大革命開始至今已整整四十周年了，我想，毛澤東的那套政治遺產，是應該提到徹底清算的議事日

程上來了。由少數人操縱的種種政治牌局、棋局、賭局、騙局，都應該徹底退出中國的政治舞臺了。

當然，只要執政黨存在，政治局這個機構還將繼續存在。我們應該相信並希望這個機構的工作職能將越來越進步，越來越完善，越來越近接廣大黨員和全體國民的要求。

如果還以前述各種「局」作為比喻的話——

政治如果是牌局，則重新洗牌必須要有光明磊落和正當的理由；重新洗牌的合法性也應由全體黨員和人民認可。

政治如果是棋局，則對弈雙方的政治家應以政治智慧和執政理念的先進性比勝負、爭輸贏；而不應以權術和陰謀來詐取勝利。

政治競爭如果依然還存有部分賭局的性質，那麼參賭者的賭本只應是自己的個人榮辱和政治前途，不應該以生命的代價參賭，更不能押上國家和民族的興衰存亡。

政治不應該是一個封閉的局，更不應該是一個封閉的騙局。

隨著政治改革和民主化進程的推進，政治應該越來越成為一個相對開放的場——有著公平、公正、公開的遊戲規則，大多數人都能夠參與其間，並且不受暴力威脅的公民廣場。

最為重要的是，政治不應該成為一種局限，人民不應該成為政治的局外人。

參考文獻：
《中共歷史轉折關頭：關鍵會議親歷實錄》，李劍主編，中共中央黨校版社。
《廬山會議實錄》，李銳著，河南人民出版社。
《晚年周恩來》，高文謙著，明鏡出版社。

帝制後的「帝制」，和後帝制之後

開會開出來的國家和打仗打出來的國家

近讀易中天所著《美國憲法的誕生和我們的反思》，感慨良多。

其實這本書的書名只叫《美國憲法的誕生》就可以了，因為它只是以簡單通俗的語言介紹和描述了 1787 年 5 月 25 日到 9 月 17 日在費城召開的制憲會議：從大英帝國統制下獨立出來的十三個邦的代表通過既艱難又堅持不懈的爭辯和討論，終於形成了一部《聯邦憲法》，並由此催生了美利堅合眾國。但是易先生為何要在書名上加上「我們的反思」這樣幾個字呢？

我想我大既然能明白作者的意思：我們的反思應該是在這本書所敘述的內容之外，在於結合我們自己國家的歷史和現狀，來思考我們的立國方式和他們的立國方式有何不同。想來想去，最本質的不同只有一個：

人家的國家，是開會開出來的；而我們的國家，是打仗打出來的。

　　會議的重點在於「議」，各講各的理，各種觀點不同甚至立場完全相反的意見在商議中妥協，達成一個各方都能接受的結果。

　　而戰爭則不講道理，完全以力相爭，成者王侯敗者賊。

　　一件事物建立時的性質，對它後來的走向起著決定性的作用。如果一個君王在絕對權力的獲取過程中充滿了陰謀、狠毒與血腥，那麼在絕對權力的使用中又怎能避免血腥、狠毒與陰謀？同樣的，一個用武力奪取的國家政權，使用武力來對待反對者在它看來是理所當然。

　　權力的獲得方式決定了權力的使用方式。

　　美國人也打仗，他們通過戰爭的方式從大英帝國的統制下贏得了獨立；但在如何建國的問題上，政見不同的各方君子卻動口不動手，哪怕談到了山窮水盡的地步，坐爛了屁股也還是要鍥而不捨地談，最終談出了一個容不得暴君和專制的開明國體。雖然它因為極其強大，對外時不時地要耍一耍帝國主義的威風；但在對待國內人民的態度上，恐怕人們不得不承認這是目前人類所能選擇的制度中最不壞的一種。

　　中國人也談判，但是只在打不順手的時候拿談判做權宜之計，一旦到了能打倒對手的時候，就堅決打倒，「宜將剩勇追窮寇」，決不「沽名學霸王」。就算是在坐定了天下之後所開的會議上，也還是採取打仗的方式，強權說話，別人閉嘴。所謂會議，其實是只「會」不「議」。大家在最高權威者召集下會個面，上面說什麼，大家舉手通過照辦就是了。如果有誰不識抬舉地真想表達自己的意見「議」點什麼，那麼梁漱溟、馬寅初、儲安平這樣的知識份子的下場就是前車之鑒。

　　所以我曾經寫下這樣一段有點文字遊戲意味，但絕非文字遊戲的文字：

　　美國是一個既民主又霸道的國家；

　　中國是一個既霸道又民主的國家。

　　所不同的是——

　　美國對內民主，對外霸道；

　　中國對內霸道，對外民主。

　　美國政府對待外國人就像中國政府對待中國人；

　　中國政府對待中國人就像美國政府對待外國人。

　　如果美國政府像中國政府對待外國人那樣對待外國人；

　　如果中國政府像美國政府對待美國人那樣對待中國人，

　　則天下太平矣！

　　但是天下太平似乎永遠是一種奢望。我們還是暫不談論美國這個民主國家對外的某些帝國主義行為，先來反思一下我們自己這個國家建立的方式。我們這個靠槍桿子打出來的政權，靠武裝鬥爭建立的人民共和國，究竟在多大程度上像它的名號一樣是屬於人民的和共和制度的？又在多大程度上遺留了兩千多年的帝制傳統，雖然這種遺留是隱形的。

兩場革命和兩個皇帝

　　1776 年的美國獨立戰爭，革掉了大英帝國在北美洲統治的命。這次革命是如此幸運，由革命催生的憲法和政體，幾乎是一以貫之地延續和維護到了現在，依然看不出有衰朽的跡象。二百多年

來，美國沒有大的社會和政治動亂；僅有的一次兄弟間的內戰——南北戰爭，也以和解和寬容的方式結束。沒有給這個國家留下很深的、難以癒合的傷痕。

1789 年的法國大革命，革掉了法國王室的命。法王路易十六和王后安東奈特的頭顱從斷頭機上滾了下來，但從斷頭機上滾下來的更多的腦袋卻是發起和參加了這場革命的革命者的。大革命造成的恐怖和混亂最終為法國人呼喚出了一個皇帝：拿破崙。而拿破崙的失敗又使法國人在君主制和共和制之間反反覆覆。以至於現在知道法國是一個共和國的人很多，知道它究竟是第幾共和國的人卻很少。

1911 年，中國爆發了辛亥革命。被一代又一代皇帝統治了兩千多年的中國人終於不再能忍受壓在他們頭上的最後一個王朝了，尤其是，這個清王朝是外族人靠野蠻征服在中華大地上建立起來的。這從孫中山號召人民起來革命的口號就可以看出：「驅除韃虜，恢復中華！」一場反對帝制的革命，使用的卻是一個趕走外族統治者的口號。如果當時的皇帝和王朝不是滿族人的，而是漢族人的，那麼這場反帝運動的力量還會有那麼大嗎？而且，滿清王朝的最終垮臺，主要是因為它自己的積弱積弊和後繼無人，如果此時掌政的不是一個無能的太后和弱小的皇帝，而是一個像康熙、乾隆那樣的有為皇帝和他們的時代，那麼中國人能否發起這樣一次反對帝制的運動，或者這次反對帝制的運動能否成功，是很值得懷疑的。

二十世紀初中國人反對清朝皇帝的情緒，其實更深處的情結是為了救中華民族之亡。由此可見，辛亥革命反對帝制的意識是不徹底的，大多數民眾反對的只是帝制的外在形象：滿清的辮子和皇帝的衣冠。只要滿清垮臺、辮子剪去、皇袍廢棄，人民就已經滿意。

　　1912 年，中華民國成立。中國的皇帝政體正式退出了歷史舞臺。但實際上，在中國延續了兩千多年的帝制傳統，還在整個民族的肌體上延續著，起碼一直延續到了二十世紀七十年代。

　　辛亥革命，打倒了一個滿清王朝，但很快又站起來了一個漢人皇帝袁世凱。只是這個皇帝立的迅速倒得快，只做了短短八十三天皇帝就一命嗚呼了。袁世凱稱帝失敗這件事給了人們一個極大的錯覺：似乎中國人已經徹底刨掉了帝制的根子，任何人再想在中國當皇帝都是不得人心的。其實大謬！

　　我曾在一首詩中表達過這樣的意思：中國人自以為已經把垂在背後的那根辮子剪掉了，的確，有形的辮子是被辛亥革命剪掉了，但是皇帝情結這根無形的辮子，卻早已藏入皮膚和肌肉，和他們的脊骨合為一體。相對於剪掉的辮子，剛剛推翻帝制的人民確實在社會意識上已不能像過去那樣再接受一位穿著龍袍的皇帝；但在潛意識中，他們依然需要一個皇帝式的權威人物來凌駕於一切之上。

　　袁世凱以他當時的政治實力，已經成為了這樣一個人物。但他想讓人民在認同他權威的時候也認同已被歷史拋棄了的皇袍，正是在這一點上，他失敗了。

　　孫中山在還沒有成為這樣一個掌權人物的時候逝世了。但他的革命威望卻使他的衣服成為一個新世紀中掌權者應有的衣冠形象；他理想中的社會也成為這個社會的理想。

　　蔣介石幾乎成為了這樣一個人物———一個繼承了孫中山衣缽的立國者。但他本應達到的歷史地位被日寇的入侵和受到蘇聯支持的中國共產黨領導的社會革命摧毀，只能在他最後佔據的臺灣島上延續他蔣家王朝的統治。

　　而毛澤東則成功地成為了一個新時代和一個新國家的開國「皇帝」（只是皇帝的名稱變了，叫做主席）。他成功地利用了一切他所能利用的社會資源：

一、中國人數千年來根深蒂固的皇帝意識。只要聽到由他本人親自擬定的那條「毛主席萬歲！」的口號被億萬人無比順嘴地喊了出來，就知道他對這種集體意識或集體無意識的利用是多麼成功。

二、以把土地分給農民換取中國最廣大的人群對他政權的支持；雖然在大權在握時，又以天下大同為由收回了分到農民手中的土地。

三、從偉大的革命先行者孫中山那裏借來的衣冠形象：中山裝——即由辛亥革命建立起來的近代民主意識的象徵，雖然到了最後，這種近代民主意識的象徵完全成了一人獨裁和一黨專權的裝飾。而在他穿了幾十年之後，這種服飾也成了他的政權的象徵——毛式服裝。

四、由中國共產黨在長期的戰爭中賦予他的權力。這種權力使他在奪取政權的戰爭中取得了輝煌的軍事勝利；也使他在經濟建設中遭遇了徹底的失敗。但他一旦獲取了這個權力，就再也沒有鬆過手，並把所有敢於挑戰他權力的人統統打翻在地。

　　辛亥革命推翻了滿清王朝，但被革命推舉出來的總統袁世凱，很快便又皇袍加身。他幹得太明目張膽，把剛剛宣佈為民國的這個國家又變回為帝國，他的竊國之舉觸犯了士怒民怨，導致眾叛親離。在臨死時他終於明白：「這個事我做錯了。」

　　其實現在看來，他想當皇帝的念頭並沒有太大的錯，他固然有竊國之私心，但在某種程度上他也真誠地相信只有實行帝制才能使這個國家穩定。再說，袁世凱不是華盛頓，中國人不是美國人，哪

一個大權在握的中國人不想當一回皇帝？他的失敗在於他暴露了想當皇帝的真實意圖。我想他的後繼者一定會拿他的迂腐來竊笑：這傢伙並不用像我這樣苦苦地奮鬥就已經有了皇帝之實，又何苦急不可耐地去要那個惹來麻煩的皇帝之名呢？

他真正的錯誤在於穿錯了衣服——他選擇了舊時的皇袍，而沒有另穿一件時髦的、革命的、代表人民的衣服，諸如總統、總理、總裁，或者委員長、主席之類。

接下來的共產革命則推翻了蔣家王朝，造就了一個無皇帝之名卻行皇帝之實的「真命天子」毛澤東。這樣的說法當然會遭到官方指責，但是在中國的老百姓潛意識裏，甚至在中國共產黨高級幹部的內心深處，恐怕沒有幾個人能否定他實際上的皇帝地位，否則就不會把他從「萬歲！」一直喊到「萬壽無疆！」而他那些禍國殃民的個人意志執行起來也不會那樣暢通無阻。

一個皇袍加身的皇帝失敗了。

一個穿中山裝的皇帝成功了。

你必須意識到中山裝的重要，這是一個極其重要的社會認同。但是中國人民在認同代表著革命和現代的中山裝的同時，也認同了一個光著身子或者穿著皇袍時人們都不肯認同的實際上的皇帝。這可真是只認衣冠不認人。

這就是中國近現代革命史給我們開的巨大玩笑。

還是讓我來說明一下我認為毛澤東和某些其他國家共產黨領袖實際上是皇帝的理由。眾所周知，帝制最重要的特徵就是國家私有，王位世襲：皇帝或國王是要傳位於子的。無子則捨而求其次，由家族中其他人來繼承，可以是弟，可以是妻，反正權力的這汪肥

水決不肯流到他人的田裏。比如朝鮮的金日成，窮兵黷武，把國家搞得民不聊生。傳位於兒子金正日，依然窮兵黷武，民不聊生。再比如古巴的菲得爾‧卡斯楚，已經老到了力不勝任依然不肯交權，實在撐不住病體時也只把權力交給弟弟勞爾‧卡斯楚，不肯交給其他同志。

不講外國的事，講中國。毛澤東把他的政敵蔣介石的統治叫做蔣家王朝，沒錯，蔣介石確實按照封建王朝權力世襲的規矩做了，把位置傳給了蔣經國。說是蔣家王朝並不冤枉他。但蔣經國終止了這樣的傳承方式，只有在這時候，臺灣才真正地成為一個「民國」。

毛澤東自然也想傳位於子的。但是他唯一可以繼承大統的兒子毛岸英不幸死於朝鮮戰爭，這或許是他內心深處的最大傷痛。在盧山會議上，本來理屈的毛澤東對居功至偉直言相諫的彭德懷最致命的一擊，就是將喪失王儲的罪過巧妙地推給了他，不但博取了眾多的同情，就連彭德懷也因此而心中內疚無力反擊。(參見李銳著《盧山會議實錄》)因為在那麼多共產黨高幹們的潛意識中，毛澤東實際上就是一個皇帝！在打倒了彭德懷之後，他又用非常手段發動文革，至使共和國的國家機器癱瘓。他打倒了共和國的主席劉少奇——他的黨主席順理成章的接班人；又打倒了中國共產黨黨章規定了的他的接班人——中國共產黨副主席林彪。在黨內不滿、民怨沸騰的情形下，甚至仍想把位子傳給那位極不得人心的妻子江青，只是不敢做得太露骨而已。(參見姚文元《回顧與反思》)這一切都說明，這個「人民共和國」在他心目中既不姓「人」，也不姓「共」，而是姓毛。

　　1912 年，清王朝被中華民國取代。1949 年，中華民國在中國大陸的統治被中華人民共和國取代。但中華民國從一開始就不是一個民有的國家（現在的臺灣除外，它在人民真正有了選舉領導人的權利，並且可以公開自由地表達對現任領導人的不滿時，才可以說具有了民國的性質）；而中華人民共和國也不是一個真正意義上的共和國。它們的本質，都是中華帝國改頭換面的延續：一個是執政者有所顧忌的蔣家帝國（因為它畢竟還有一個從軍政、訓政到憲政的歸政於民的設計）；一個是掌權者無所顧忌的毛家帝國，從天下大治到天下大亂，全由一個人說了算。並且在和平時期因政策失誤餓死三千萬農民，竟然無人對此負責。

　　這種國家體制上的名實不符，導致了全社會的意識錯位。

　　比如：人民是國家的主人。採用共和國體制，就意味著國家領導人應由全體人民選舉產生，但實際上，中國人民從來就沒有得到用選票來表達自己意願的權利。人民這個至高無尚的群體名詞對人民中的每一單個份子沒有任何意義，他們並不是民主制度或憲政體制中的公民，依然只是聽憑皇權擺佈的臣民，甚至稍不留意，就可淪為被無產階級專政打翻在地並踏上一隻腳的賤民。

　　比如：黨領導一切。在毛澤東時代，其實是掌握最高權力者通過黨來領導一切，黨只不過是最高領袖個人領導一切的工具。一旦這個工具用起來不順手了，他就可以把它砸個稀巴爛，自己另起爐灶，扶植起一批親信和造反派，當然，最後開會確定這些親信和造反派的地位時，還是要堂而皇之地用黨的名義。

　　比如：階級鬥爭的理論和階級的劃分。掌握了國家機器的當權者先是沒收了地主的土地分給農民，然後剝奪工商業者的財產，最

後又將分到農民手中的土地全部收歸國有。擁有國家財產支配權的幹部和享有國家固定工資的工人被稱作無產階級,而失去土地的地主和失去財產的工商業者卻被指認為資產階級,在政治運動中遭到一次又一次的窮追猛打。其實這時候在農村,生產隊、生產大隊和人民公社的三級幹部已經取代了過去地主的社會地位;在城市,各級單位的領導幹部們也取代了過去資本家的社會地位。國家成了最大的地主和最大的資本家。真正的社會差異和階級矛盾已經變成由戶口制度造成的城鄉差異和由享受權利和福利不同而形成的幹群矛盾。而這些,都被掩蓋在人為造成的極其殘酷的「階級鬥爭」的行為之下。

比如這個新國家和新社會的金字招牌:為人民服務。不可否認,這場共產主義革命的領袖和廣大參與者顯然是抱著這個美好的初衷發起和投身革命的。可是當革命成功,新國建立,領袖們變成元勳,參與者變成幹部,利益取代犧牲,欲望消磨理想之後,在他們的意識和行為中,為人民服務的實際成分越來越少,而讓人民為其服務的成分卻越來越多,應該是一個不爭的事實。

如此等等。

後「帝制」時代

像我這個年紀的人,應該對 1976 年發生在中國的幾件大事難以忘懷。

先是 1 月 8 日周恩來的逝世。這一個被人民寄與希望的國家總理的離去,引發了廣大群眾壓抑以久的悲情和不滿。人民的懷念和

怨憤在清明節的天安門廣場達到了高潮，這股情緒表面上是對著禍國殃民的「四人幫」的，實際上是指向了人們不敢明指的後臺老闆毛澤東。在利害攸關的時刻，一直以人民利益代言人自詡、以從來和人民群眾站在一起自居的毛澤東，終於撕破臉皮對這場真正的群眾運動痛下殺手。這一事件使得被殘踏在地的群眾的心和他那顆孤懸在中南海裏的老人的心都倍受傷害。此後不到半年，這個身心俱疲的老皇帝便轟然駕崩。在他生命的最後時光裏，雖然還有親信和近寵們在陪伴著他，但他明白他再也不是過去那個億萬民眾真心誠意無條件擁戴的人民領袖了。此時的他一定是飽嘗了孤家寡人那種高處不勝寒的滋味。這種滋味應該和當年袁世凱稱帝失敗之後眾叛親離的慘狀有幾分相似。

4月5日，是天安門廣場上群眾被鎮壓的日子，後來被稱為「丙辰清明」。

9月9日，毛澤東逝世。許多年之後，在讀到有關袁世凱的那段歷史時，我忽然意識到：袁世凱稱帝失敗並黯然死去的那一年也是一個丙辰年。從1916到1976，這兩個丙辰年間隔整整一個甲子。歷史走了六十年，又落回原處。

兩個中國農曆的丙辰年，中國最後兩個皇帝的最後時刻。

在生命的最後時刻，袁世凱意識到自己稱帝是錯了；而毛澤東卻依然希望他為了保住自己的皇權而發動的所謂「無產階級文化大革命」能夠彪炳青史。

所幸歷史沒有按照他的願望發展，否則的話，他的未亡人江青就將成為中國歷史上的又一個呂后、武則天和慈禧。而我們現在，可能仍是毛氏王朝的臣民。

　　然後是：10 月 6 日，「四人幫」倒臺。「四人幫」的被逮捕雖然是一次宮庭政變，但它迎合了當時中國最廣大人民的意願。從某種意義上說，這也是被毛澤東所發動的文革砸爛了的中國共產黨對毛氏親信集團的一次「資本主義復辟」。雖然當時的人們還認識不到這一點，還按照原來的慣性對資本主義大加撻伐。但是不用多久，人們就發現，在高唱了二十年「社會主義好」的新中國，「資本主義又夾著皮包回來了」。應該說，資本主義的回來，才是中國帝制的真正結束。因為共產主義的實踐無論在中國還是在世界上其他國家都難以為繼，無論你是否喜歡資本主義，都得在古老的帝制和現代的資本主義制度中二者選其一。兩害相權取其輕，人們還是只能接受資本主義。雖然為了區別於歐美憲政國家的資本主義，也為了不讓人認為是對社會主義的背叛，它被稱作是有中國特色的社會主義。

　　中國真正的「後帝制時代」，在臺灣是開始於蔣經國時代，在大陸是開始於毛澤東逝世後的七十年代末。這一時代是在「黨」的基礎上由和毛氏王朝鬥爭的殘存者和最後勝利者鄧小平和胡耀邦等人開創的。從這時候開始，束縛著中國人的三種桎梏被打開了兩種（或者說三座大山被掀翻了兩座）：經濟桎梏和資訊桎梏。人民終於有了在經濟事務中自理其事的自由，也終於可以大致得知世界上的真實情形，特別是西方資本主義世界的發展和東方專制政權鄰國的黑幕。

　　但是黨的領導，即一黨專制這一權力桎梏，還依然如故。

　　鄧小平成功地拋棄掉了半個毛澤東，但也遺憾地還留下了半個，這或許就是他的歷史局限。在毛澤東留下的政治遺產中，他拋

棄了毛澤東在建國後確定的個人獨裁，卻保留了毛澤東和共產黨在奪取國家政權的過程中所形成的一黨專制。即便是對於毛澤東的個人獨裁，他在國家體制上拋棄了：比如廢除領導幹部終身制，自己主動退休。但在個人意識中並未完全拋棄：比如對於胡耀邦和趙紫陽等繼任者的不滿，終因這種個人內心的不平衡而導致「六、四」悲劇的發生。

　　作為一個久經考驗的共產黨領袖，他不能背叛共產黨的事業；作為一個忠誠的共產黨人，他也無法拋棄他的共產黨情結。可惜的是，在黨的利益和人民的利益發生衝突的時候，他把執政黨的利益置於了人民的利益之上。

　　對於二十世紀後半期的中國來說，七十年代末是一個關口，八十年代末又是一個關口。七十年代末這個關口，思想解放運動使中國成功地告別了最後的帝制。在此後的十年裏，中國人猛補了此前七十年裏關於現代化與民主政治的課程。但到了八十年代末這個關口，中國卻遭受了巨大的挫折。也許是中國人補課補得太急了，也許是知識份子們要求政治民主化的心情太迫切了，也許是習慣了大權獨攬的執政集團還沒有做好逐步把權力轉讓給人民的心理準備，本來被胡耀邦和趙紫陽等開明領導人接受和倡導的政治體制改革，被一場不期而遇的衝突攔腰折斷。任何時候想起來，都讓人扼腕歎息。

　　回顧一下從二十世紀八十年代末到到二十一世紀初這二十多年的中國現狀吧。

　　執政者會為中國保持了穩定而慶倖，用當下的穩定來證明當時採取的斷然措施是正確的。但是這種穩定卻隱藏和積蓄了大量的社

會矛盾，一旦這些社會矛盾到了總爆發的時候，恐怕前面的穩定不夠支付動亂的代價。這並不是聳人聽聞的說法，現在的當政者之所以要大力提倡「和諧社會」，顯然是意識到了被掩蓋在穩定之下的不穩因素。

在社會轉型期發了財的企業家和商人自然會為他們幸運地發了財而感到某種滿足，但他們只要不是僅僅發了財就滿足的人，就顯然會意識到，他們得到的這批財富，也是以自然生態的惡化和社會生態的惡化為代價的。他們應該在自己發財的同時，也為這個社會和這個環境做點什麼。

大批工人下崗，只以微薄的收入維持清貧的生活。大批農民在全國大開發的熱潮中失去土地，而依然保有土地的農民中又有相當大的一部分僅靠種地不夠維持生活。他們變成了實際上的「無產階級」。只是時代不同了，改革開放前的無產階級是領導階級，而當今社會的「無產階級」有另外一個名稱：弱勢群體。試想一下，一個國家中數量巨大的老百姓成了弱勢群體，對這個國家來說意味著什麼？在示威遊行、罷工靜坐、上訪請願這些憲法上規定了的權力實際上卻難以實行的情況下，他們用他們的心情和語言來屈解「三個代表」理論也就是可以理解的了：「毛澤東是代表大官的；鄧小平是代表大款的；江澤民是代表大腕的。」只是不知道誰來代表他們。

那麼知識份子呢？分成了兩類人。一類本來就無所謂理想，或者曾經有過但在嚴酷的現實面無奈地放棄，成為有權者或者有錢人的附庸。因為他們看出了，執政黨本身已經沒有理想，所謂理想，僅僅是保持統治而已。許多官員和商人也無所謂理想，努力追求的僅僅是升官發財而已。在此情形下，他們除了利用自己的知識和技

能為自己謀一分利益之外還能有何作為？能夠利己不損人最好，不得已時，恐怕也會幹一些於社會有損而於己有利的事情。另一類知識份子，還依然保留著他們的理想、保留著自己的批判意識和對兩極分化與社會不公的憂慮。只是他們的聲音與黨和政府強大的宣傳機器相比太小太弱，並且被排斥在社會的主流媒體之外。

其實真正應該感到憂慮的，當是共產黨中的有識之士。

就像本文上一章中列舉的由於國家名義上的共和制和實際上的帝制名實不符，導致了全社會的意識錯位一樣，在中國告別了毛澤東的帝制時代之後，這些錯位現象依然存在。其中最大的兩個概念錯位是：

一、國家的名稱與實際不符。這個毛氏帝國之後的國家與其說是中華人民共和國，不如說是中華人民共黨國。因為它的一切，從憲法制定到政府組成，從意識形態到人事安排，從政策實行到利益分配，全都在中國共產黨這個唯一的並且似乎是不可替換和變更的執政黨的控制之下。人民實際上不具有選舉國家領導人的權利，其他黨派參政議政的實際作用也極其有限。（其實「六、四」衝突最根本的原因就是因為這種意識錯位：學生和群眾認為這個國家是屬於人民的，他們有權向政府請願並要求撤換領導人；而黨和政府則認為國家是屬於黨的，所以視學生的請願和市民的支持為刁民造反，認為一旦妥協必然造成亡黨亡國的嚴重後果。這種意識錯位使得人民和政府兩敗俱傷，並造成了民族心理上的巨大創痛！）

二、中國共產黨的地位經過了從革命黨到執政黨的轉變，它的原有
　理想和現實任務、它的過去性質和現在性質都已發生了相當大
　的改變。

　　比如它的立黨宗旨是消滅資本主義，建設共產主義；可是改革
開放本身就是引進資本主義的經濟制度，修正原來目標中不切實際
的東西。

　　比如它黨章中明文規定自身的性質是無產階級的先鋒隊，但在
「三個代表」理論之後卻明確鼓勵資本家入黨。

　　比如它原來的戰鬥精神來源於消滅私有制的革命激情，而它現
在的成員卻無不是在努力積累自己的私產。

　　比如它建立新中國的初衷是要在中華大地上消滅貧富差別和
兩極分化，可是現在社會上的貧富差距和兩極分化遠比它推翻了的
那個舊中國還要大。它當年奪權成功在很大程度上是因為國民黨政
權的腐敗，可它現在面臨的腐敗現象比之垮臺前的國民黨政權有過
之而無不及，但卻依然堅挺著並不垮臺。

　　問題究竟出在哪裡？

　　共產黨人，在當初鬧革命的時候以消滅拜金主義為己任，以取
消貨幣為最終理想。在奪得政權的開始，以權力取代金錢來統治社
會。在造成諸種弊端社會活力枯竭時，發現還是資本主義市場經濟
才能還社會以活力，而一當市場開放經濟搞活之後，許多掌握和控
制社會資源的共產黨官員卻一頭鑽進錢眼，比資本原始積累時期的
資本家們更無所顧忌地對社會巧取豪奪，腐敗由此滋生，無法制
止。貪官越打越多，前赴後繼。

在真正資本主義的國家，雖然金錢萬能，但掌權者的權力卻是受到種種限制的。看一看美國《聯邦憲法》和它的誕生過程就知道，人家是防政府越權如防火，防官員越軌如防賊。既然掌權者的權力受到限制，就說明金錢還不是萬能的，因為它不能使權力為所欲為。

而當社會主義只剩下一黨專政這一個所謂中國特色，其他都已全盤資本主義化時，卻有了金錢和權力聯手稱雄的雙重弊病：有權者可以憑藉權力得到金錢，有錢者可以依仗金錢支配權力。而原來推翻舊政權的革命主體工人和農民，卻落入社會最底層。其實工人和農民從來就不是革命的主體，只是被革命利用完了又拋掉的巨大力量和包袱而已。無產階級革命的真正主體，只是那些意在推翻舊政權由自己取而代之的職業革命家。

現在，這些職業革命家的繼承者們成了這個國家的執政黨。它現在確實也只是一個執政黨，因為現在的中國共產黨其實已經沒有理想，它已經成為世界上最大的一個實用主義利益集團。對它來說，理想、方針、政策、敵人、盟友、自身形象……什麼都可以變，只有奪權、掌權和保權這樣一個一以貫之的目的沒有變。它一向宣稱它自身是「偉大的、光榮的、正確的！」難道僅僅是因為打下江山，所以偉大？因為一黨獨尊，所以光榮？因為不許別人說壞話，並且犯了錯誤從不向人民道歉，所以正確？它製造出的最重要的、卻不能被人充分信服的論據：就是只有中國共產黨掌權，國家才能平安，社會才能進步，人民才能幸福。所以它絕不肯交出已經得到的權力；在它掌控的國家政體下，又沒有一個反對黨可以與它競爭權力；而且在目前階段，也看不出它會採取一種平穩有秩的方式逐步把國家權力過渡給全體公民，讓全體公民來選擇國家的管理者。

出路何在？

我一直在思考和耽憂這樣一個問題：如果上述觀點不被逐步修正，上述現實得不到改觀，就從根本上擋住了中國的民主進程和憲政之路。

還可能再發生一次 1976 年的高層政變以推動歷史前進嗎？不可能也沒有必要。因為現在的中國畢竟已經走出了帝制，形成了共產黨最高權力機構的集體領導。

還可能再生一次 1989 年的示威請願讓政府來順應民眾的要求嗎？不可能也經不起了，已經經歷了一次巨大創痛的政府和人民都不想再一次遭受重創。

那麼中國政治改革的出路在哪裡？又將如何找出一個解決之道呢？

問題又回到了本文開頭。開會開出來的國家，有問題可以商量，哪怕雙方意見似乎水火不容，經過努力終能達成不錯的妥協。而打仗打出來的國家，雖有問題，但政府不願和你商量。你如果只是說說而已，現在的政府尚能容忍；如果你得理不饒人地硬要商量，就有搶班奪權之嫌，就會激起當權者動用硬的一手來對付你。

如此看來，我們所能做的只是提醒。提醒共產黨內、特別是共產黨高層的有識之士和希望對國家和民族有所作為之士：中國的政治體制，終究是應該有所變革的。任何事情都是有開始也有終結的。現在的執政黨，未必就是永遠的執政黨。人無萬歲，朝無萬代，一個皇族的統治和一個政黨的統治或許性質不同，但都不會無限期

地延續。中國首先是一個文明古國，其次是各民族人民的共同家園。中國已被專制帝制統治了兩千多年，其中最長的兩漢王朝統治期是四百年。中國共產黨誕生至今不到一個世紀，執政至今剛過半個世紀，其間已經錯誤數出，荒謬歷現，它還能夠繼續執政四百年嗎？中國人民還願意接受一黨統治四百年嗎？請認真思考一下中國共產黨的歷史使命究竟是什麼？何時才算完成，何時能夠完成？是否共產主義不實現，共產黨就要一直執政下去？如果共產主義實際上不可能實現，是否應該重新考慮和設定自己的歷史使命？在實際上的歷史使命已經完成的情況下，是趁著功成名就光榮引退，還是堅持到底直至另一場革命將其推翻？以人生為例，壽終正寢是比死於非命更好的選擇。那麼一個政黨為什麼不可以擇善而從？我想，未來的人們評價中國共產黨的統治不會看它統治時間的長與短，而是會看它統治理念和統治效果的好與差。在我看來，中國共產黨在當時的歷史條件下已經完成了挾民奪政的歷史任務；在新的歷史條件下，應該主動地、穩步地實行釋政於民（這樣說或許比歸政於民或還政於民更合適，因為中國人民從來也沒有得到過那些權利），以此來完成它全新的政治形象，為中華民族的後代子孫留下一份不太難接受的歷史遺產。

當然，能夠這樣做的領袖人物是要有政治抱負、政治智慧和政治勇氣的。有舍才能有取。鄧小平捨棄了毛澤東的皇帝式統治，取得了改革開放的巨大成果；胡耀邦捨棄了僵化的階級鬥爭理論，取得了人性化的社會主義形象；趙紫陽捨棄了中共中央總書記的地位，取得了人民和知識份子的認同和尊敬；江澤民捨棄了中國共產黨原先理念中一些與時代不相合的東西，「與時俱進」地創立了「三個代表」理論；

現任的中共最高領導人胡錦濤不失時機地提出要創建「和諧社會」，必然也要捨棄掉部分既得利益者已得或將得的利益。

這樣做是應該的也是必須的，因為他們沒有必要把前幾代領導人所犯錯誤的政治包袱背在自己這一代領導身上不放。鄧小平部分否定毛澤東，是他不必對文革動亂負責；胡耀邦以辭職維護黨內團結，是他不願意像鄧小平那樣對知識份子採取強硬手段；同樣，趙紫陽以辭職結束政治生涯，是不願承擔動用軍隊鎮壓民眾的歷史責任。那麼，現在的中共領導人並不是 1989 年的責任人，似乎也沒有必要將「六、四」事件當作一條不可逾越的界限。美國的南北戰爭能夠以兄弟和解的姿態結束；臺灣的「二‧二八」事件幾十年後政府可以屈尊向人民道歉；那麼十幾年之後或者幾十年之後，是否可以用一種更加人性化和中性化的態度來對待這道中華民族肌體上的傷口呢？事實上，從政府把對這一事件的定性用詞「反革命暴亂」改變為「政治風波」來看，事情已經在悄然地起著變化，只是這種變化跟不上人民的期望。是人民的期望過高過急了嗎？

從歷史上看，中國共產黨有成就也有錯誤。就它目前在中國執政的現狀來看，要打倒它是不現實的，它自身不改變也是不現實的。無論你喜歡它與否，它目前正對中國進行著無可替代的統治是一個不得不接受的現實。還有一個現實是：缺乏有效的監督固然使它體內藏匿了為數眾多的貪腐份子；但社會黨和全民黨的性質也決定了它最大程度地吸納了在中國大陸生活的精英份子和優秀人物，這些人物應該在推動中國走向民主和憲政的道路上發揮出他們的作用和力量。

　　縱觀世界，專制君主制已被大多數國家和民族拋棄了；君主立憲制還在穩定地發揮著它的作用；民主立憲制也許不是最好的制度，但目前人們似乎還沒有找到比它更好的制度。我們已經告別了一君專制的帝制，我們正在經歷一黨專政的歷史過程，我想無論是對於執政的中國產黨，還是對於被治理的中國民眾來說，在不算太遠的將來，讓共產黨這個龐大的組織，讓這個組織所包含的精英份子和優秀人物，和平穩妥地融合在全民族的肌體之中，讓政府官員們完成從為黨治國到為民執政的轉變，讓人華人民共和國這個國家真正地名實相符，應該是所有中國人的福祉。

讀一個崇毛者的崇毛文

　　前不久在網上看到了一篇被轉貼了好幾次的懷念毛澤東的文章，標題如下：

　　珍惜毛澤東就是珍惜我們的未來！（紀念毛澤東逝世三十周年）

　　作者在文章結尾署名為周昇華，在標題下的筆名卻是「紅色宇宙」，可以猜想這是一位至今仍懷著紅衛兵的熱血和文革激情的「憤青」，或者是「憤中」、「憤老」也未可知。文章的主題顯然易見，是因為對現實不滿而懷念毛澤東，或者是因為對毛澤東時代的懷念而對現實不滿。對於一個曾經也熱愛、崇拜、信仰過毛澤東，後來經過理性思維終於認清了此公真面目的人，對於此類崇毛文章的正常反應是不屑於一讀，因為實在沒有可讀的價值。但是對於這一篇文章，我先是粗掃了一眼，然後仔細讀了一遍，再然後把它剪貼下來，最終決定應該對它進行一個回應。倒不是因為這篇文章有什麼學術價值和新的觀點，而是因為它代表了相當一批人對毛澤東的認識。如果是過去毛氏革命的既得利益者還虛假地舉著毛的旗幟，我想這並不可怕。可怕的是這樣一批似乎具有正義感和心中還懷有理

想的人，在現今的時代還依然把毛澤東當做自己的偶像和理想。自從完成了對毛澤東這個人和以他為代表的政治現象從崇拜到懷疑、再到批判的過程之後，我就認為，包括中國共產黨在內的中國人民如果不能對毛澤東進行實事求是的評價，如果在中國的政治運作中不能徹底地清算並拋棄毛澤東的政治遺產，中國就將繼續在他的陰影中徘徊，而無法走上憲政、民主與法制的道路。所以，對這篇文章，我將以我的認識進行批判和反駁。為了不曲解這位作者的意思，我把他的全文用楷體照錄，並在每一個段落之後寫出我的看法。是為文。

> 「抬頭望見北斗星，心中想念毛澤東」，這本是一首老歌的歌詞，未料到卻成為本人近來心境的一個寫照。在北斗高懸的美國阿拉斯加，接觸了這裏不少印第安人的生活，我對那句「阿拉伯人現在還在尋找自己的毛澤東，而印第安人則已經永遠找不到他們的毛澤東了」的名言深有感觸。城邊一個小咖啡屋的牆上，貼著一位印第安政治人物的畫像，朋友們告訴我，那就是他們的領袖。許多年前他為爭取阿拉斯加二十多個部落的印第安人權益而鬥爭被當局以其他罪名送入監獄，現仍在押。但是已經沒有多少印第安人還記得要去為他的被釋放而努力了。

正如他們也已不記得要為那些曾經失去的土地而吶喊了一樣。

從對阿拉伯人和印地安的人關心來說，似乎你是一位思考者。但是你以「抬頭望見北斗星，心中想念毛澤東」這樣一種盲從者的心態來思考，除了回味毛澤東教義的灌輸以外，是得不出思想的果實的。

阿拉伯人沒有他們的毛澤東嗎？以宗教的權力論，霍梅尼就是毛澤東；以世俗的權力論，薩達姆也就是毛澤東。印地安人確實沒有他們的毛澤東，我想這不是他們的不幸，而是他們的幸運。他們的弱勢者地位固然需要通過努力的爭取來改善，但決不能把希望寄託在一個毛澤東式的大人物身上。毛澤東帶給中國人民的，到底多少是福，多少是禍？這正是一個需要中國人不斷深入去認識的問題。

> 一個民族的偉人就是這個民族的脊樑。毛澤東就是我們中華民族的脊樑。鄧小平喜歡說：天塌下來有長漢頂著。在二十世紀，毛澤東這個長漢，為中華民族撐起了腰杆，為全世界受到不公平對待的被壓迫民族和人民撐起了一片藍藍的天。

毛澤東到底是為中華民族撐起了腰桿，還是利用中國人民的民族解放運動為自己撐起了腰桿？這是一個問題。太多的中國人因為中華人民共和國成立所帶來的民族自豪感而感謝和懷念毛澤東，因為他在作為開國大典的政治協商會議上說出了那句話：「中國人民從此站立起來了！」但是他們從來沒有認真想過，中國人民真正站立起來了嗎？是從經濟地位上站起來了還是從政治權利上站起來了？而且他們還忘記了，在辛亥革命廢除帝制建立中華民國三十多年之後，萬歲這樣一個對專制皇帝的呼喊聲又堂而皇之地在中國復活。而親筆把這樣一條口號選入共和國開國慶典所用口號標語中的，正是毛澤東本人。

> 毛澤東是一位敢於藐視任何強權、敢於挑戰帝國主義的壓迫的中國人裏的英雄漢。他曾經說過，魯迅的骨頭是最硬的。

其實他自己骨頭的硬度不亞於他所讚揚的魯迅的骨頭。讓大多數窮苦的中國人翻了身，讓他們在中國當時那樣的生產力條件下避免淪為外來壟斷資本的奴隸，毛厥功至偉。毛的出現有歷史的必然性，他是我中華幾千年古國文化所產生的一粒「蒸不爛、煮不透、響噹噹、硬梆梆」（見我族元人關漢卿詞）的堅硬正義的種子，生逢其時，就必然要開花結果，形成氣候。

毛澤東確實是一位敢於藐視和挑戰強權的人物。但是切不要以為他對魯迅的讚揚是對像魯迅那樣沒有媚骨的知識份子的尊敬。相反，他倒有點像魯迅所鄙視的那種一闊臉就變的人物。馬寅初的骨頭不硬嗎？梁漱溟的骨頭不硬嗎？毛澤東是怎麼對待這些當年新民主主義革命的盟友的？魯迅如果能活到解放後，其下場也決不會比以上兩位好到哪裡去。毛澤東自己就說了：「要麼被關在牢裏繼續寫他的，要麼是一句話也不說。」毛澤東確實沒有讓大多數窮苦的中國人淪為外來壟斷資本的奴隸，但是他們卻淪為了國家資本的奴隸。為了他迫切需要與別國爭雄的工業化，不惜犧牲最廣大的農民的最根本利益。他確實是讓大多數窮苦的中國人翻了一個身，不僅把剛剛分給農民的土地收歸國有，而且用戶口制度把中國農民牢牢地釘在了他們並不能自由耕作的土地上。中國農民在人民公社時期所受到的國家剝奪，遠勝於過去的歷朝歷代，對於那段歷史的研究已證明那是一個不爭的事實。毛的出現確實有其歷史的必然性，他是中華民族幾千年專制皇權傳統所產生的一粒「蒸不爛、煮不

透、響噹噹、硬梆梆」的種子，生逢其時，就必然要開花結果，形成氣候。而中國人民也必然要食其苦果，受其災害。

> 我們有自己的毛澤東，應該珍惜，而非貶低。為了理想，雖千萬人吾往矣，雖泰山崩於前，而面不改色，這就是我們的毛澤東。毛是一位偉人，是那些由於遺傳漂變而在人類中永遠會存在的卑俗畏縮的小人們永遠無法理解的偉人。

人當然應該有理想。但執政者不應該為了所謂理想不擇手段地毀壞人民當下的生活。更不應該為了理想中未來人民的幸福，把現在活生生的人民推入水深火熱之中。況且，當一個絕對的統治者權欲無限膨脹之後，理想便成了行使獨裁的最佳藉口。毛是一位偉人嗎？許多人都認為是，包括對他有所批評的人。但我不這樣認為。我認為他和列寧和史達林一樣，堪稱巨人。因為他所擁有的政治力量和對社會的影響力確實巨大。但真正的偉人不能只以力量而論，除影響社會的巨大力量而外，還要具有引導人類走向善境的良心和良知。所以我認為，以世界論，拿破崙是巨人，而華盛頓是偉人。以中國論，蔣介石和毛澤東是巨人，而孫中山、胡耀邦和蔣經國才是偉人。已經得到了巨大的權力，而為了人民的利益可以無私地放棄這種權力的人才是偉人。如果僅以政治鐵腕來論偉人，那麼希特勒不也可以稱為偉人了嗎？紅色宇宙先生，你對偉人能理解多少？

> 毛不是不知道後來乃至今天國家所不得不使用的那些刺激經濟發展的辦法，他是根本上就不屑於採用那些方法。他只看到了市場經濟的負面效應，不願他和戰友們奮鬥多年建立

的新型國家最後成為追求物欲的大市場。他認為那與他的理
想相背，因而不願做絲毫的妥協。

他堅信他所奔赴的方向是帶領他的人民達到天堂的唯一正確
的道路。他熱切地希望帶領人民跑步進入理想中的幸福天堂。

毛對經濟根本就是一竅不通，卻一廂情願地依仗權勢揮舞起了
「總路線、大躍進和人民公社」這三面紅旗，揮舞的直接後果就是
造成全國性的大饑荒，餓死了三千萬農民。這是任何一個封建皇帝
都沒有幹過的蠢事和惡事。他為此道歉了嗎？他為此內疚了嗎？他
為此把國家交給比他懂經濟的人去管理了嗎？他確實為此而退居
二線了一段時間，但仍把權力牢牢地握在自己手中。而所有為他犯
下的巨大錯誤（甚至可以說是瀆職罪）勉力彌補的黨和國家幹部，
都成為他下一輪政治報復的犧牲品。紅色宇宙先生，你不覺得你時
至今日還在表揚和欽羨他這種一意孤行的個人意志和烏托邦理想
是可恥的嗎？在你的心中，數千萬的死難者是不具分量的嗎？一個
數億人口國家的領袖難道只要相信他能夠帶領人民跑步進入理想
中的幸福天堂就可以了嗎？問題是他有沒有帶領人民跑進天堂？
按照他的方法能不能帶人民跑進天堂？無情的歷史已經做出了回
答。而你還在據此對他進行讚揚，你不覺得這種文字寫得荒唐嗎？

我始終不願意對他發動文化大革命的動機，作出像今天一些
無聊之人所作的那般低下的揣測。我願意揣測的是，在發動
那場革命的前夜，他一定會想到他年青時的朋友蔡和森被那
些愚昧而變態的敵人們活活釘死在監獄牆上的時候所堅持
的那種理想，他一定會想到他的親人和諸多的戰友們為之欣

然赴死的那個理想。當他認為國家和黨的狀況和那個理想漸行漸遠的時候，他要不惜一切代價去阻止。他發現了問題，他在探索解決問題的方法。

我本來是以一種平靜說理的心態來寫這篇文章的，但寫到這裏，卻多少有些抑制不住情緒的憤怒。紅色宇宙先生，你既然能夠好心地替毛澤東揣測他年輕時的朋友蔡和森被那些愚昧而變態的敵人們活活釘死在監獄牆上，那麼我請問：劉少奇難道不是毛澤東的同志和戰友嗎？劉少奇所堅持的難道不是蔡和森為之犧牲的那種理想嗎？身為中華人民共和國主席的劉少奇在他和毛澤東等人親手開創的國家中被以那樣一種非人的方式折磨至死，他在心理和生理上的痛苦難道不比當年的烈士蔡和森深重得多嗎？蔡和森雖然慘死，但起碼還有一種為了理想當烈士的自豪。你既然那麼會揣測，那麼就請你揣測一下蔡和森如果活到了建國後，並且當上了國家主席，他的下場將會如何？他的心情又會怎樣？毛澤東是一個能向自己的同志認錯的人嗎？毛澤東是一個能和他的同志們合理合法地分享權力的人嗎？如果不是，那麼蔡和森當年死在國民黨的監獄裏實在是一件莫大的幸事！當然你這樣的寫法除了不加思索之外，還有另一種可能性：你和毛澤東還有「四人幫」一樣，至今還咬定劉少奇就是一個十惡不赦的叛徒、內奸和工賊，所以死有餘辜，毫不為你所同情和憐憫，因而對那段慘痛的歷史也無需反思。那麼你是一個什麼樣的人，讀者也就清楚了。

一個民族，一個國家，對於造成自己現狀的原因的分析應當避免情緒化，多一些冷靜的思考。膚淺的咒罵解決不了問

題。有的人到了美國，或接觸到發達國家的現狀，感受到了中國社會在很多方面的巨大差距，便心情惡劣，開始怨恨起某某領導人所犯的過失，有的不顧事實胡罵一氣，語言下流惡毒之至。卑俗的心理導致卑俗的語言。如果我們能夠對很多人和事歷史地看待，心態便會健康得多。我不能說那些胡說八道的人一定就是壞人，但是我敢說他們肯定不是好漢。

雖然有了上面對你質問時的憤怒，我也不能說像你這樣胡說八道的人就一定是壞人，但我敢肯定地說你是一個喝了太多的毛氏迷魂湯沒能充分排毒，至今還不具有自己真正靈魂的糊塗人。

在我們即將與外來壟斷資本大交鋒的前夜，毛澤東的教導也值得我們重溫：「誰是我們的敵人，誰是我們的朋友，這個問題是革命的首要問題」以及「凡是敵人反對的我們就一定要堅持」、「任何群體都有左、中、右之分」（原話大致如此，實際是一條生態學的種群內個體多樣性原理）。美國各界確有不少講求公平正義的正直之士，但是也有相當一部分壟斷資本的代言人，他們都似乎很願意評論中國這個崛起的大國。但話要看是從誰的嘴裏說出來的，要看是從誰的立場、從誰的利益出發，那些當年資本強盜的子孫要你講人權，不說滑稽也多少值得警惕。一些政客所聒噪的人類友善共處的「地球村」的時代還遠遠沒有到來，美國的 TMD 和 NMD 計畫就說明了一切。我永遠也不相信資本會改變它自己追求利潤的本性。壟斷資本是披著羊皮的狼。它精於剝奪的藝術，它本能地要盡可能地剝奪被雇傭者，但它也懂得給你一

些甜頭或如胡蘿蔔之類，以便可持續地利用你剝奪你的道
理，最終目的是追求最大限度的利潤。有點像人把羊群養得
膘肥體壯但最後還是為了割毛擠奶吃肉一樣。我們絕對不能
因為那些過期的胡蘿蔔就忘記了狼性難改。

那些過時的毛語錄就不要再說了吧。我只想改寫你關於資本的
那段話：「我永遠也不相信權力會改變它自己追求統治的本性。以
理想裝飾的壟斷權力是披著馬皮的狼。它精於剝奪的藝術（有些人
認為這是政治智慧），它本能地要盡可能地剝奪被統治者，但它也
懂得給你一些改善的許諾，以便可以持續地利用你統治你，最終目
的是希望能夠永遠統治你。」

你對所謂壟斷資本憤憤不平，卻對絕對權力青睞有加，你的思
想意識還完全沒有走出毛時代。

狼來了，這是我們必須面對的另一種形式的戰鬥，中國武術
中有借力打力的道理。我們一定要多多承繼毛澤東為我們傳
下的氣場，把骨氣真氣正氣運足了，自己硬起來，反制對手，
借助狼力，為我所用，堅持我們的信仰，最終讓公平與正義
在宇宙間飛揚。

像你這類人最多也只能寫出像《中國可以說不》那種東西，你
離那本書的水平都差得太遠。

「沒有偉大人物的民族是可悲的，有了偉大人物而不知珍惜
的民族是沒有希望的奴隸之邦」。中國人永遠應當珍惜毛澤
東，因為他的精神已經不可避免地融入了我們民族的靈魂，

他代了我們民族之魂中剛硬的屬性，而一個民族是不能沒有剛硬的靈魂的。

你的這種腔調，太像一個失去了奴隸主的奴隸。一個民族如果真要有靈魂的話，首先每一個人都得有自己獨立的靈魂，而不是按照偽救世主的要求來改造自己的靈魂。

今天的中國尤其需要毛澤東靈魂的回歸。如果今天毛澤東如耶穌般復活，如果他能夠繼續堅持信念而又頭腦清醒切實做到「一切從實際出發」，我相信會有許多人願肝腦塗地，至死追隨。如果毛澤東一聲號令要那些應以敵我矛盾論處的腐敗份子們統統人頭落地，也會有包括我在內的許多人立刻報名去參加他的懲腐大軍。

糊塗至極，我對讓你清醒幾乎不抱希望。但我認為你本質上還是一個好人，因為你還願意反腐。反腐的願望當然是好的，但是跟著毛澤東去反腐就太可笑了。你如果認認真真地從根子上想一想就會明白，今天的腐敗，其實正是毛澤東的專制統治埋下的種子。現在官員的腐敗無非是撈票子，搞房子。這在毛澤東時代不就開始了嗎？當然毛澤東無需自己撈票子，因為整個國家都是他的，他可以為所欲為。「竊鈎者賊，竊國者侯。」古人早就懂了這個道理，你卻不懂。再說別墅吧，現今哪一個貪官的別墅有毛澤東的別墅多？也許你認為毛澤東作為國家領導人就應該擁有那麼多別墅。那麼請問，在你認為是萬惡的資本主義國家裏，有哪一個國家領導人可以合理合法地擁有全國各地那麼多別墅？

現今對於民主理念稍有瞭解的人都知道，中國這種制度性的腐敗根源有兩條：一是不受社會制約的官員權力，一是沒有妥善管理的公有財產。二者缺一，腐敗就搞不起來。沒有權力，就無法靠尋租獲取好處；　而沒有公有財產，掌權者就無從尋租。如果利用權力對私有財產打家劫舍，那就不叫腐敗，而叫搶劫了。

所幸現在腐敗者的腐敗行為和毛澤東的禍國殃民比起來只是小巫見大巫。你居然要跟著大巫去懲治小巫，豈非滑天下之大稽。

> 等到中國人人見歡樂、笑聲笑面伴黃河的那一天，等到剛烈公義、正直誠實和嫉惡如仇成為每一個中國人的天然屬性的時候，等到我們能夠毫無愧色地面對列祖列宗的那個日子，回顧往昔中國人，一定會更加深刻地理解毛澤東。

劣質的思想者，也只能寫出這種劣質的文字。

> 縝密地思考，拼命地扛活，少些非理性的牢騷，少些不負責任的罵，學習一點毛澤東的精神，做條漢子，那一天就一定會到來。

你的思考縝密嗎？你扛的活對路嗎？你的牢騷是理性的嗎？你的指責是負責任的嗎？還是學一點馬克思的精神，以批判的思維對待資本主義，同樣也要以批判的思維對待社會主義和共產主義。雖然馬克思所給出的答案許多已被歷史證明是錯誤的，但他作為一個思想者是永遠值得尊敬的。

　　馬克思自認為是資本主義的掘墓人，但因他受惠者恰恰是資本主義。資本主義在反對者的批判中不斷改良，已經越來越走進了社會主義。

　　馬克思被無產階級尊為導師，但因他受害者恰恰是社會主義。使勁地反對資本主義，拼命地維護社會主義，把批評者當做不共戴天的敵人必欲消滅而後快，這就是社會主義終於搞到搞不下去地步的根本原因。好不容易有了一個鄧小平否定掉了半個毛澤東，學習了一些資本主義的皮毛，我們才搞出了一個社會主義的初級階段。讓我們珍惜這個來之不易的初級階段吧！我們還得繼續往前走，倒退是沒有出路的。

　　所以，希望毛澤東捲土重來的人是可恥的！

原作者：周昇華　2006-4-19 22：39

批駁者：鄧海南　2007－5－2 日

從「無罪推定」想到「無敵推定」

從 1848 年馬克思和恩格斯發表了《共產黨宣言》，並認為這個宣言是敲響了資本主義制度的喪鐘至今，一百五十多年過去了，資本主義制度並沒有像兩位革命導師預言的那樣走向沒落和崩潰。

按照《共產黨宣言》所指明的方向，1917 年以列寧為首的布爾什維克黨開創了世界上第一個無產階級專政的社會主義國家蘇聯。但是這第一個社會主義國家，在僅僅運行了七十二年之後，像一個泥足巨人一樣轟然到塌。一個巨大的社會主義實驗宣告失敗。

1949 年，以毛澤東為首的中國共產黨人建立了堪與蘇聯相形見巨的第二個社會主義大國，在國土面積上小於它，在人口數量上大於它。當時以這兩個大國為代表的社會陣營，幾乎佔據了地球上政治勢力的半壁江山，引起了西方資本主義世界的巨大恐慌，並直接導致了冷戰的格局。但是毛澤東的社會主義，只走了短短三十年的路程就到了窮途末路。拯救了毛的社會主義並使它延續至今的，是被毛認為是走資本主義道路當權派的鄧小平；拯救的方法是切除毛主義的部分病灶，並且輸入一些資本主義的血液。現在世界上還自稱堅持社會主義制度的國家，只剩下了中國、朝鮮、越南和古巴。

朝鮮民不聊生，國際形象極差；越南正在努力地進行類似中國的改革；古巴我對它不夠瞭解，不便過多置評，但僅從它的領導人已經老病到了站立不穩的地步，還占著權位不放手這一點，就不能對它評價太高；而中國，雖然還被認為是社會主義國家，但除了共產黨的領導和無產階級專政這兩條還沒有改變以外，其他已是面目全非。正如毛澤東所耽心的那樣，雖不是全面，但也是大面積地復辟了資本主義。其實說復辟並不準確，因為中國從來就沒有完全資本主義化過。

按照實踐是檢驗真理的唯一標準，從社會主義實踐的全面失敗，應該得出馬克思主義理論是錯誤的這一結論；而如果依然承認馬克思主義是正確的，或者承認其有著相當多的合理部分，那麼就需要對社會主義實踐的不成功做出解釋。這是一個需要認真思考的問題。不想清楚這個問題，現在依然還在堅持著的社會主義實驗恐怕也不會得到樂觀的結果。

問題究竟出在哪裡？

我忽然想到了司法領域的「無罪推定」和「有罪推定」問題。如果把它引伸到社會制度層面上來，或許可以對資本主義和社會主義的興衰問題做出一個解釋。

無罪推定原則是現代法治的基本原則，也是國際社會公認的一項基本人權。在本質上，無罪推定是一項憲法原則。它彰顯了現代刑事訴訟制度所蘊含的人權精神。它的表述方式為：任何人在未經證實和判決有罪之前應把其當成無罪的人對待。如果審判中不能證明其有罪，就應推定其無罪。

而與其相反的「有罪推定」則為：一個人一旦被控犯有某種罪行，在未經法院確定有罪之前，便先入為主地被認為是罪犯。然後圍繞「犯罪」的定論尋找法律和事實依據，即使法律與事實均無直接的依據，也要通過類推的方式來追究一個人的刑事責任。若不認罪，就招致殘酷刑訊。這種思想在司法活動中的體現就是：除非一個人有證據證明自己無罪，否則就是有罪！這是集權專制國家刑事訴訟的重要原則，是權力專橫擅斷的標誌。

想到這裏，我有豁然開朗之感。從社會制度的層面上思考，我想可以得出這樣的結論：

資本主義雖有許多與生俱來的弊端，但大多數資本主義國家實行的民主制度與憲政理念，實際上是一種「無敵推定」：即在這個社會中，政府不存在政治上的敵人。需要被法律制裁的僅僅是殺人、縱火、搶劫、販毒等刑事罪犯。而思想是可以自由表達的，與政府不同的政治見解不被認為是犯罪。

社會主義雖然一開始就以實現社會公正為已任，以解放全人類為理想，但是社會主義制度的當權者們無一不把無產階級專政當成自己的工具和手段。為了更順利地達到目的，他們把一切與自己不同的思想視為異端，把一切與自己政見不同者視為敵人，不惜從思想上壓制甚至從肉體上消滅。這可以視為一種「有敵推定」。手段被強權扭曲，公正的目的自然也就無法達到了。

馬克思一生以資本主義為敵，創立了一整套消滅資本主義的理論。然而受馬克思思想之惠最大的恰恰是資本主義的民主制度，因為它沒有把馬克思當作敵人來消滅，而是把敵對的批判，變成了改善自己制度缺陷的有利因素。

　　馬克思一生為無產階級尋求福祉，為無產階級的解放設計了從社會主義走向共產主義的道路。然而受馬克思主義之害最烈的恰恰是無產階級革命成功了的社會主義制度。它因為馬克思對資本主義的批判，防資本主義如洪水猛獸，拒絕一切資本主義的東西。並且在馬克思所提出的無產階級專政體制下無一例外地走向領導人專權，無一例外在社會內部尋找、製造和消滅敵人，因而也無一例外地扼殺了社會的活力，從而導致僵化和封閉。於是理想成為遙不可及的天國，而現實則成為難以走出的藩籬。

　　馬克思主義的理論核心是：私有制是萬惡之源。

　　但他沒有來得及看到的是：公有制同樣也可能是萬惡之源。

　　其實人類社會本身就是萬惡之源！想一勞永逸地剷除惡只能使惡更加氾濫；切合實際地限制惡才是當務之急。而且對於惡，用善的方式來消除遠比用惡的辦法來改變更有效。這就是：除了把那些殺人放火強姦等等用暴力剝奪別人生命、財產和尊嚴的刑事重犯看成是全社會的敵人以外，任何異端思想和不同政見都不是敵人。

　　可以設想，如果資本主義的德國和英國把馬克思和恩格斯當作階級敵人予以消滅的話，那麼後來資本主義制度的許多改進都失去了依據。沙皇俄國似乎做得差些，把列寧和史達林等人當作政治犯予以流放，但畢竟還沒有剝奪他們的生命。倒是列寧在革命成功後毅然決然地槍斃了沙皇和他的全家，開了無產階級專政從肉體上消滅政敵的頭。可後來在史達林統治下死於這個專政的大多數人並不是資產階級份子，而是無產階級自己。

　　毛澤東的中國革命，從一開始，對外部敵人的戰鬥和對內部敵人的整肅就在同時進行著。紅軍初創時期就對所謂「AB團」大肆

捕殺，理由是：他們是藏在革命隊伍內部的階級敵人；共和國建立之初的鎮壓反革命運動殺了一百多萬人，理由是：他們是舊政權留下來的階級敵人；一九五七年反右運動一下子將數十萬知識份子打成右派，理由是：他們是思想上的階級敵人；一九五九年的廬山會議將開國元勳彭德懷打落馬下，理由是：他是黨的敵人—反黨集團的頭目；此後的所謂無產階級文化大革命將以劉少奇為代表的整個黨政系統完全打了個稀巴爛，並且消滅了其中無數人的生命，理由是：他們是走資本主義道路的當權派——是整個無產階級和社會主義制度的敵人。現在想一下，在這種制度層面上「有敵推定」思想的指導下，有多少無產階級的精英份子和無辜的人慘遭冤假錯案的迫害和枉殺！所以中國進行改革開放的最初標誌，就是胡耀邦大舉平反冤假錯案！

在任何實行資本主義民主制度的國家中，你見過如此大規模的冤假錯案嗎？沒有。讓許多人感到憤憤不平的倒是：連犯罪嫌疑極大的辛普森最終都沒有被當作罪犯對待。更不用說因為思想出格就被判刑甚至在槍決之前割斷喉管的了。

在一直被無產階級革命理論家批評為虛偽的資本主義民主制度下，持有不同政見和批評政府的言論是每個公民的天賦權利。從這一點上說，資本主義制度是沒有敵人的。而無產階級專政似乎是對付資產階級的，其實是對付全社會的，這種專政最大的受害者恰恰是無產階級自己！

無產階級專政從來都自封神聖，而自封神聖是最可怕的。它從來都把對政權的批評當成是惡毒攻擊，於是便理所當然地用惡毒的手段去對付。它一向以人民的代言人自居，卻不許民間發出不同的

聲音。它聲稱它的目的是要解放全人類，卻堅持不懈地在人民的隊
伍中判定敵人。政府即法庭，執政黨即法官。敵人的名稱有很多種：
地主、富農、反革命份子（分歷史和現行）、壞份子、右派份子、
當然還有資本家、叛徒、階級異己份子、野心家、陰謀家等等不一
而足。認定敵人的指示在很長一段時期內隨著政治需要在百分之五
的比例數上上下浮動，最多時達到百分之十甚至更多，最少時恐怕
也沒有少於過百分之一。以我們這樣一個大國十億人口的基數來
算，無論是百分之十還是百分之一，都是一個大的可怕的數字。

一個政權為什麼需要這麼多敵人？

我想這就是癥結所在！

還是再回到司法上的「無罪推定」來說幾句吧，在現代社會，
懲罰一個人的依據不在於其事實上實施了犯罪，而在於是否有充分
的證據和合法的審判。在此意義上，無罪推定猶如一道屏障，杜絕
了國家權力對公民施以武斷、任意的制裁。

在實行細則上，相當重要的一條是：「被告人有證明自己無罪
的權利，但不負有證明自己有罪的義務。」

而在過去，所有被無產階級專政判定為敵人的人，都沒有證明
自己無罪的權利（那樣做的結果只能是罪加一等），而只有違心承
認自己有罪的義務。這是多麼荒唐的法則，我們卻被這樣的法則禁
錮了太長的時間。

在現代西方國家，無罪推定原則被視為法治國家的內在要求之
一，被確定為「人之所以為人而應當享有的一項基本人權」。應該
感到慶幸的是，我們國家現在已經在司法層面上接受了無罪推定的
原則，並且在國際人權宣言上簽了字，這是一個了不起的歷史進步。

　　作為一種常識，我們知道在一些君主立憲國家，君位是虛的。

　　相反，在實行無產階級專政的國家，人民卻是虛的。人民當家作主的地位是虛的，人民受憲法保護的權利也是虛的。人民中的每一個份子，都有被強權的領袖和政府宣佈為人民公敵的可能。這就是在我們國家內部為什麼會有那麼多敵人的原因。如果不改變這一「虛民」狀態，人民共和國的名稱就不是名至實歸的。

　　無產階級專政，這樣一種妨礙社會主義制度健康發展的桎梏是到了應該解除的時候了。

八個人的司令部

　　近讀陳小津的回憶錄《我經歷的十年「文革」歲月》，因為作者是文革前上海市委第一書記陳丕顯的長子，是上海所謂「一月革命風暴」中許多事件的親歷者，他的敘述能夠帶我們更貼近更真實地回顧那段歷史。

　　其中關於馬天水是如何上了「四人幫」賊船的一段，是頗耐人尋味的。

　　當時，馬天水還未上「四人幫」的賊船，尚未淪為他們的死黨。在代表上海參加中央召開的工交企業文化革命座談會前，馬天水曾專門到我父親住處彙報上海市工業生產情況，請示在中央座談會上如何發言。他對張春橋在上海支持「工總司」搞亂了全市的做法很有意見。馬天水講：「陳伯達、張春橋這些中央文革秀才們根本脫離實際，根本不懂生產，這樣子搞下去我不幹了，讓他們來管上海的生產吧。」在去北京前，馬天水還專搜集了上海工人中成立各種組織的情

況，準備會上與「中央文革」爭辯，並且說：「我要組織幾個人批鬥陳伯達。」

這次中央政治局擴大會議召開之初，馬天水根據上海的情況，向「中央文革」提了意見，決心把「官司打到底」。會後，張春橋認為馬天水的態度很壞，狠狠批了他一通。馬天水也看清了「風頭不對」，嚇得膽戰心驚，立即檢討，表示自己「犯了路線錯誤，」要求「改正」。

據馬天水在粉碎「四人幫」後交待，他在中央政治局擴大會議後，臨回上海前又找了張春橋，張春橋對他進行了三點「路線交底」：第一，文化革命就是改朝換代；第二，無產階級司令部到姚文元為止，只有八個人；第三，出修正主義主要在中央和省、市的主要負責人。張春橋要馬天水「趕快回到造反派一邊」，「揭發陳丕顯、曹荻秋」。感恩戴德的馬天水就是這樣一頭栽進了江青、張春橋等人的懷抱。

馬天水從抗爭到賣身投靠，從老幹部到造反派，這個轉變的關鍵一點，是張春橋對馬的「路線交底」起了決定性的作用。這個「路線交底」是意味深長的。如果說對文革這個錯綜複雜的大事件的理解至今在許多人的心目中還是一個迷宮的話，那麼張春橋的這三點交底可以看成是破解迷宮之迷的鑰匙。如果說對文革這一場中華民族的十年沉痾至今仍讓許多人找不准病因的話，那麼張春橋的這三點路線交底可以看成是搭准文革脈象的「寸、關、尺」。

　　首先來看第一點：「文化革命就是改朝換代」。這話乍聽起來非常荒唐，毛澤東領導中國共產黨推翻國民黨的統治建立起新中國剛剛十七年，他發動文革的目的居然是要改朝換代？改誰的朝？換誰的代？難道是毛主席黨中央要改自己的朝？換自己的代？難怪從中央到地方的黨和政府的各級幹部都想不通，搞不懂。不知道為什麼要搞文革？也不知道怎樣搞文革？更不知道文革要什麼樣子才算勝利結束？他們搞不懂，因為他們身在廬山中，所以不識廬山真面目。他們理所當然地認為毛就是黨，黨就是毛。說到毛主席，他們認為他就代表了黨中央；說到黨中央，他們認為那實際上就是毛主席。在他們的心目中，黨和毛渾然一體。他們從未想到黨和毛會分裂，而毛也會從黨裏面異化出來。即便是在國家主席劉少奇為了困難時期餓死數千萬農民不得不站出來承擔責任時，他想得更多的也是替毛受過而不是向毛叫板。為了國計民生，他和他的同僚們不能按照毛的那一套空想和妄想去治國，卻又不得不把作為領袖的毛高高在上地供起來。他們從沒想過要改毛的朝，換毛的代。但毛不是這樣。他可以對數以千萬計的農民被餓死無動於衷，卻不能容忍大權旁落，哪怕是當太上皇的日子也是如坐針氈。所以他要改朝換代了，當然不是改他自己的朝，換他自己的代；而是改現有的中國共產黨組織之朝，換中華人民共和國的國家機構之代。要說反黨份子，毛澤東才是最大的反黨份子！要說顛覆國家罪，毛澤東當是這一罪名之下最大罪人。

　　當然，改朝換代這句私房話是不能向全黨說的，也是不能向全國人民說的。他冠冕堂皇地告訴全黨和全國人民：為了黨和國家的利益，他要搞文化大革命了。而這場誰也不知底細的「偉大革命」

的最終目的，他只能向幾個家丁做交底：即改朝換代！那麼他信得過的親信一共有幾位呢？這就是張春橋向馬天水做「路線交底」的第二點：「無產階級司令部到姚文元為止，只有八個人。」

　　當毛澤東以非常手段貼出他那張「炮打司令部」的大字報後，以劉少奇和鄧小平為首的那個「資產階級司令部」就敗局已定了。他們敗就敗在知己而不知彼。只知道自己對毛忠心耿耿，決無反骨；卻不知毛把他們看作貳臣逆子，必欲除之而後快。他們敗就敗在只能被動挨打、束手就擒；卻不敢越雷池一步，與以還擊。如果以法律制度這塊大平原為戰場，而不是走上了承認毛澤東的個人權威凌駕在黨紀國法之上這條馬陵道，他們決無落敗之理。如果在1959年的廬山之上，大多數與會者認同的是意見對錯而不是權威的高低的話，那麼落敗者也將是毛而不是彭。真理是一把刀，他們早就將刀柄授予了毛，於是自己就只有挨宰割的份了。這個司令部的成員可謂多矣，從中央到地方，被造反派毛家軍打倒的幹部不下數十百萬。如果算上黨和政府的基層幹部，當在千萬以上。而毛澤東所謂無產階級司令部裏的核心成員居然只有八個！這才是毛澤東一生戰鬥中真正以少勝多的典範。但是這能算是一場戰爭嗎？說是一次大規模的政治屠殺更為合乎實情。博弈二字，各有所重。戰爭是生死之博，而政治本該是政見之弈。毛澤東把戰爭的詭道用到了政治的棋盤上，焉有不勝之理？毛澤東的這種勝利，是以兵不厭詐的戰爭之道來玩政治，是以消滅其有生力量的對敵之道來對同志。此種勝利，是一個古典權術家對現代政治的勝利。這是他個人的悲劇，也是民族和國家的悲劇。

　　當我們今天為上到劉少奇、鄧小平，下到一個小單位的廠長和書記蒙冤受難而感慨時，也不得不對那「八個」無產階級司令部的人表示出強烈的興趣。這八個人到底是誰？憑什麼、或者為什麼？這區區八個人就能把堂堂八億人折騰了整整十年！而且這十年的後遺症恐怕還遠遠非三個五個十年所能消除。作為紅司令，毛澤東當然是第一個。緊跟在他身後高舉紅寶書的林副統帥是第二個。王、張、江、姚「四人幫」中，王洪文當時尚未入閣，不能算，二加三，是五個。剩下三個是誰？中央文革顧問、陰險毒辣的康生應該算一個；那時風頭正健尚未倒楣的中央文革小組組長陳伯達也應該算一個；這就七個了。最後一個席位歸誰呢？周恩來？在當時的黨員幹部和人民群眾心目中，德高望重的周總理無論如何都應該是毛主席司令部裏的人；只怕毛澤東和他司令部裏的其他人並不這樣認為。那麼剩下的一個是誰呢？也許是葉群？既然統帥之妻江青有一席位，副統帥之妻也應該有一席位；也許是謝富治？因為他對文革不遺餘力。也許是別人？這已不重要，重要的只有一點，那就是：他是個只聽毛個人話的人、以毛的權位和個進退為重，而不是一個遵守黨紀國法，以國家和民族為重的真正共產黨人。

　　對於文革，至今有許多人仍抱有糊塗觀念，依然相信毛澤東當年告訴人們的那些冠冕堂皇的革命理由：所謂反修防修、反對官僚主義之類，試圖從一堆血肉與污泥中打撈出一點閃光的東西來給毛貼金。其實文革的實質在現在看來非常簡單，只不過需要有正視它的勇氣：那就是毛澤東為了保住個人至高無上的權力，不惜親手（並借助於那幾位最得力的親信和幹將之手）以悍然破壞黨紀國法的方式打碎了始終奉他為領袖的中國共產黨，和中華人民共和國的政府

機構。這就是張春橋對馬天水「路線交底」的第三點：「修正主義主要在中央和省、市的主要負責人。」再說得清楚些，從中央到地方，所有在主要負責人位置上的黨和國家的幹部都在打倒之列。極少數沒有被打倒的，除了像馬天水這樣迅速轉了彎賣身投靠的，還有就是一些出於權宜之計而保留著維持局面的。

出於思維慣性，許多人、特別是老一輩的共產黨人對於毛澤東反對共產黨這一說法難以認同。因為毛澤東雖然打碎了共產黨的組織，卻還在當著中國共產黨的中央主席，還在使用著黨中央這一名稱號令全國，還要召開黨的第九次代表大會對文革作一個階段性勝利的認定。那麼請問：黨中央是什麼？是一個機構還是一個人？如果承認黨中央是一個機構，那麼由黨的第八屆中央委員會選出的這個核心領導機構在毛的打倒下還有幾人倖存？同樣還有一問：黨是什麼？是一小撮人還是一大群人？如果承認黨是由全體黨員所組成，由中央委員會為權力機構的話，那麼由黨的八大選出的這個中央委員會的成員到九大召開前沒被打倒的還有多少？如果不是毛澤東為了臉面臨時抱佛腳解放了一批老幹部讓他們來為九大捧場的話，這個所謂的代表大會連上一屆的半數中央委員都湊不齊。這還不能說明問題嗎？

對於那段災難歷史的扣問，是需要不斷深入的。深入和深刻地反思文革，最大的敵人是掩飾和遺忘。因此，文革中當事人留下來的親歷見證就顯得猶為重要，因為那是我們全民族認真反思的依據。如果文革的親歷者們不留下他們的真實回憶，另一方面仍試圖把毛澤東立為這個民族虛偽偶像的人們刻意地掩飾和塗抹，那麼當

上一代人和我們這一代人離去之後，後代的中國人還能夠真正認識到那場所謂「史無前例的無產階級文化大革命」嗎？

用理性之光去照亮那些暗淡的歲月

最近讀到一本薄薄的小冊子，題為《遠去的歲月》。這是一個七十六歲的老人，忍受著癌症手術後的痛苦，想著自己已經來日無多，躺在病床上，對自己一生經歷的回顧，對已逝去歲月的梳理。人之將死，其言也善，這是許多人都能夠做到的。但是人之將死，其言不僅善，而且理性、深刻、睿智，超出自己生命被限定在其中的那個窠臼，就不是每個人都能做到的了。有許多老人，在生命即將離去時，不是變得更加明智、更加超脫，而是變得更加糊塗、更加世俗了。因此，我對這位老人存有一分深深的敬意。願意把老人在對自己生命的回顧中，引起我共鳴的那些思考，介紹給未讀到這本小冊子的人，與之分享。

老人的身份是一名中共黨員、黨的中層領導幹部，又是一個高等院校的政治教員、一個社會科學研究者。有許多黨員幹部，一輩子習慣了以黨的方針政策作為自己的思想；也有許多社會科學研究者，一輩子研究的範圍從不敢越出馬列主義和毛澤東思想的雷池半步。但是這位老人使我敬佩的地方，在於他生命的晚年，七十六歲風燭殘年之際，因為思想的豁然開朗，忽然達到了一種光明通透的

境界。而這種光明通透的境界，肯定不是在病痛之後一步抵達，而是大半生在暗淡的生命歷程中苦苦思索後的結果。一個沒有在煉獄中反復掙扎的靈魂，就不會窺見天堂門縫裏透出的光亮。

一個畢生接受馬列主義教育並且教授馬列主義的人，最終認識到了馬列主義存在的問題：「對於馬列主義的研究，只有一個方法：按照毛澤東思想去理解馬列主義。對於馬列主義的最高解釋權在毛澤東思想。」

於是馬列主義的中國式解釋取代了馬克思主義和列寧主義本身：

「馬列主義的『國家學說』就是『無產階級暴力革命』加『無產階級專政』。馬列主義的哲學就是鬥爭的哲學。『八億人口，不鬥行嗎？』」（順便說一句，這句文理不通的話居然在相當長的段時間裏成了在中國人人都要信奉的真理。八億人口和「不鬥行嗎？」之間毫無邏輯關係可言？如果人口和鬥爭有其因果關係的話，那麼幾億人口不鬥就行了呢？）

以自己教政治的經歷，老人寫道：

> 向學生講授中國革命史、中國共產黨黨史，這段歷史卻不能考證，不容許考證。高等學校研究歷史的學者、講授歷史的教員無權考證這段歷史，也無從知道這段歷史的真實。對於提供的教學版本是不能質疑的。於是馬恩列斯毛的著作成了無產階級革命的《聖經》。把共產主義從一個學術理論、一個設想，變成一個革命的紅色目標、紅色理想、紅色口號，變成一個誓言、一個信仰。通過一次又一次政治運動，把革命領袖一步一步擁上紅色聖壇，變成革命神壇上活著的

神……從而把國家權力和領袖權力合二為一，把領袖權力和
紅色宗教合二為一。在那段時期，紅色宗教是一種強迫信
仰。世界上只有兩種人，革命的或反革命的。在講授《共產
黨宣言》時，沒有人敢質疑，一無所有的無產階級失去的是
怎樣的鎖鏈，得到的又是一個怎樣的世界？無產階級是否在
得到社會財富的同時，也得到了精神枷鎖？況且，中國沒有
完整的資本主義階段，沒有成熟的資產階級，哪來的那麼多
無產階級？哪來的如此廣泛的無產階級和資產階級的鬥
爭？公私合營之後，生產資料基本歸屬國有和集體，資產階
級變成了被剝奪、被打倒的階級，以經濟地位劃分階級，沒
有了資產階級，哪來的無產階級？黨內有一個資產階級，社
會制度又是公有制，種種困惑都是不能質疑的，不能提問
的。……

那個時候，這些問題確實是不能提問的，誰問出口，誰就成了
階級敵人。現在想來，一個不允許質疑和提問的社會是多麼可怕，
它廢除了大多數人大腦的思考功能，把社會變成了一個畜牧場。只
有一個牧人能發號施令，只有貫徹牧人意圖的牧羊犬才有資格發出
吠聲。所幸的是，還有一些不甘讓大腦退化成胃的人在默默地思考
著。如果沒有這些思考者，中國將永遠也無法迎來思想解放的春天。

從 1949 年到 1976 年，在歷次政治鬥爭的風吹雨打之下，他的
生命無疑是暗淡的。但是從 1976 年 10 月至 1991 年，作者說，這
個十五年在他生命中是倉促的、短暫的、珍貴的，也是艱難的。珍

貴在於他終於能夠部分地說出自己的質疑和思考；艱難在於，這種
質疑和思考依然處於政治權力的打壓之下：

> 1949 年的解放，中國獲得了國家主權和領土的完整，中國
> 知識份子卻喪失了獨立思想的自由，中國農民卻在「農業合
> 作化」和「人民公社」化的運動中再次喪失了土地，戶籍制
> 度讓中國人喪失了遷徙自由、居住自由。至今我都找不到一
> 個恰當的辭彙來替代和說明中國式對人職業選擇的限制。什
> 麼是「解放」？是解放還是禁錮，要看這個「解放」的內涵
> 是什麼，而不是僅看寫在標籤上的「解放」兩個字。幾十年
> 來「左」的精神枷鎖鎖住了人們思想的方方面面，這個枷鎖
> 還通過組織手段、經濟手段、戶籍手段鎖住了幾代中國人生
> 活的方方面面。別說大的解放，就是小解放也相當不易。對
> 當代中國社會問題的研究，對於中國政治體制現狀的研究，
> 對於黨在各個歷史階段的政治運動、經濟政策的研究，至今
> 都是有禁區的。打破思想枷鎖，並非那麼容易，這是一個為
> 誰所用的打破。
> 1978 年 5 月 11 日《光明日報》發表了特約員文章《實踐是
> 檢驗真理的唯一標準》。中國理論界開始了「真理標準大討
> 論」。當時人們並不知道這次真理大討論是胡耀邦同志發動
> 的，也不知道這篇文章的發表是為了確立鄧小平同志為黨的
> 總書記和一些領導同志的複出掃清思想障礙和組織障礙。

老人當時在南京大學哲學系工作，而這篇文章的作者胡福明當
時是南京大學哲學系的教師，所以這件事對於他有著特別的意義。

這篇文章發表後受到的政治壓力非常大，畢竟這是在「太歲」頭上動土。但是擔任哲學系黨總支書記的他十 分明確地在系裏表態：無論出現什麼樣的情況都堅決支援胡福明同志，同他站在一起。在那段時期，老人自己也寫了《關於無產階級文化大革命的十個問題》和《七十年代的造神運動》等文章。後一篇文章新華日報已出了校樣，卻又被迫停發。

> 1978 年 11 月中共中央召開了十一屆三中全會，否定了華國鋒的兩個「凡是」，推翻、改正了毛澤東晚年對鄧小平等一些老同志的錯誤定論。確立了鄧小平為黨的最高領導人。「撥亂反正，解放思想」取得了實質性的成果。1978 年 11 月至 1979 年 3 月中國的理論界和文化界非常之活躍，這是對全民思想「撥亂反正」的啟蒙。這是中國的解凍時期，是 1949 年後中國思想界、文藝界最鮮活的時期。但是，這個解凍時期是短暫的。
>
> 1979 年 3 月 30 日鄧小平在北京「政治工作務虛會議」上提出：堅持「四項基本原則」，反對資產階級自由化。

（看到這裏我猛然醒悟到：從發表《實踐是檢驗真理的唯一標準》到提出堅持「四項基本原則」，只有短短十個月時間。這前後的變化，是多麼令人慨歎）

> 此時，「實踐是檢驗真理的唯一標準」基本完成其歷史使命。「四個堅持」和「反對資產階級自由化」，如同五根雞肋卡住了民主之聲的喉管。這意味著中國不可能實行制度改革，

更不可能實行政治民主化。「實踐是檢驗真理的唯一標準」不能檢驗中國的社會主義道路，不能檢驗馬列主義，不能檢驗中國的無產階級專政和中國共產黨的領導。一切研究、探討、試圖改革，都是資產階級自由化。資產階級自由化是一頂大帽子，誰要發出不同的聲音，就把這頂大帽子戴在誰的頭上。中國已實行無產階級專政三十年，連私營經濟都不存在，卻存在一個資產階級，存在資產階級在黨內的代表。反對「資產階級自由化」就是除中央幾個人的聲音而外，不容許有別的不同聲音存在。用「反對資產階級自由化」來限制中國知識份子對中國當代社會、對中國現狀、中國政體的研究；限制對中國共產黨的歷次政治運動、經濟政策以及當代中國經濟結構、社會結構等等的獨立研究；限制對中國當代亞文化的探討；限制對中國新聞傳媒體制的探討；限制對「權力與法律」的探討，限制對人道主義的深入討論。限制、一再限制這些方面的論文和文章的發表。

毛澤東時代過去了，但是毛澤東時代的思維方式、工作方式存在於這個國家體制和運行機制中。當年挨批判、挨整、受到過殘酷鬥爭無情打擊的人，曾經被戴上「走資派」帽子的人，一旦復位、一經掌權。照樣批人、整人，毫不手軟，照樣把「資產階級自由化」的帽子往別人頭上戴。無論文化大革命前還是文化大革命後，這個帽子總是自上往下戴。

「無產階級革命的根本問題是政權問題。」這句精闢論述足以闡述中國無產階級革命、無產階級政黨、無產階級專政的性質和目標，一語道出了「堅持四項基本原則」的緣由。中

國的改革，必須在中國共產黨的領導之下，按照中國共產黨
最高領導人的設計藍圖進行。上面劃個圈，下面就在圈裏
改。這個圈的擴大和縮小，都在於總設計師的手裏。當今的
政權是通過殘酷的暴力革命和戰爭奪取的，是用無數戰士的
青春生命和青春熱血換來的。我是過來人，我還是要說：那
些倒下去的戰士，那些倒下去的熱血青年，他們期盼的是自
由、民主、富裕的中國。人們啊，總是在各種振奮的口號和
美好的企盼中忘卻和忽略了中國革命的性質和目標。

既然政治研究有禁區，在整個八十年代，這位回顧者在教學上
開設了「西方行為科學研究」的課程，開展「中國私營經濟研究」。
行為科學是一門人性化的管理科學，是以人為本的管理方法。從理
解人、理解人的生理需求和心理需求，從而進行尊重人、給人以尊
嚴的管理方法。建立新型的人際關係，充分調動人的潛在能力，讓
人發揮最大的創造力。

但是西方管理科學救不了八十年代中國國營企業的命。操縱
中國經濟體制改革有兩隻手：一隻是沒有任何監督和制約的
權力之手；還有市場經濟那隻「看不見的手」；兩隻手親密
地握在一起就無所不能。公有制企業的廠長一手變賣破產的
企業，一手買進破產的企業，搖身一變，成為二十一世紀中
國的「先進生產力」，公有制企業的下崗職工成為二十一世
紀沒有名份的「無產者」，弱勢階層。
行為科學對於八十年代中國的意義只在於啟蒙，在於把「政
治人」轉變成「社會人」。西方把「經濟人」變成「社會人」

花了幾十年的時間，中國把「政治人」變成「社會人」恐怕也需要幾十年的時間，或者更長的時間。

這就是這位七十六歲，自知生命已不久於己的老人在忍受著病痛時的思考。我想，在他對自己生命中那些政治高壓下心靈掙扎的回顧，其痛感一定不會輕於癌症給他帶來的身體折磨。因為思考，他的生命會比許多與他同齡的老人痛苦得多，因為別人的痛苦已經過去了，而他還在反芻著生命中的那些痛苦。但是同樣因為思考，我想他也會比許多與他同齡的老人多一分欣慰和幸福，因為畢竟在生命即將謝幕的時候，他完成了從一個「政治人」到一個「社會人」的轉變；從一個思想被灌輸者變成了一個獨立思想者。就像一個人穿越了漫長的昏暗的隧道，終於走進了隧道盡頭的光明。因為自己最終站在了理性的陽光之中，使得過去那些蒙昧的歲月在理性的光照之下也具有了可供思考的意義。

文中的黑體字部分，是我引用的這位老人的思考精華。他在南京大學的政治系、哲學系和經濟系工作過，老人的名字叫葛林。

病與藥

──對左派時文的點評和由此引起的思考

　　最近，在網上看到這樣幾篇文章：

　　七月十二日，十七名原部長及高級將領連署致函胡錦濤及政治局各委員，並于七月十四日，在《毛澤東旗幟網》發表，題為〈十七位老部長、老同志建言十七大〉。該信長達七千多字，痛陳改革以來出現的種種弊端，詳述當前各種黑暗現象及黨內外的怨憤。

　　七月十五日，二十八名已離退休黨政軍高幹連署致函胡錦濤及中央政治局，題為〈我們的責任和憂患〉，該信全文五千多字，從現行路線上、方針政策上、列出了政治上、制度上、經濟上、社會上、對外路線上、對臺灣方針上，六個方面已經背離了社會主義制度和共產主義理想。信中還列出了十五個方面的危機、憂患，如：「已形成了官僚有產特權階層，導致整個社會制度變質；社會主義制度的社會基礎已經基本瓦解，導致政治危機隨時會發生爆炸；政治上的權力、經濟上的剝削和壓榨，造成了矛盾激化，導致黨和群眾關係發生了質的變化；社會上貧富懸殊造成兩極化，導致社會上各種形式各種訴求的抗爭活動，正向政治層面轉化；國有資產被官僚侵吞，數以千萬億計的資金外流；社會道德、文化日益沒落，危

害中華優秀文化的同時，對子孫下一代影響將積重難返；黨組織墮落變色、領導幹部嚴重腐敗變質，喪失了領導權和凝聚力；幫派和各種山頭主義活動，以各種藉口向中央要權、要錢、要鬧分治⋯⋯」

此外，還有內容相同的《170位革命家對黨的十七大的獻言書》等。為了簡單方便起見，在這裏，我拿《十七位老部長、老同志建言十七大》的文本來做一個分析和評論。在這些向最高領導人的建言文章中，他們所看到的社會病相和人民大眾所看到的病相是一樣的：「現在，貧富反差之大，已達世界前列。據世界銀行最近測算，我國基尼係數為 0.469，已經超過了印度、印尼、埃及，也超過了日本、英國、美國！」

但是他們開出的藥方，我認為卻和人民大眾的意願相去甚遠甚至是背道而馳。這源于他們的思維方法已經形成一種左的意識形態固化，他們在文中說：「鄧小平同志曾經說過，我們的改革開放如果導致兩極分化，那就說明我們走上了邪路。邪路，無非就是錯誤、邪惡之路，資本主義之路。」

他們的認識在這裏出現了問題。什麼是邪路，這是一個需要認真分析思考的問題。一說到資本主義就認為是邪路，這是一種社會主義的自聖思維。在他們的思維定式中：社會主義是正道，資本主義是邪路，馬列主義毛澤東思想是絕對真理，無產階級專政是社會主義的法寶，民主憲政那套玩藝都是屬於資產階級的，與無產階級無緣。而且這一切都是理所當然，不需要實踐檢驗，不需要客觀證明，不需要民眾擁護，也不需要當今世界的普世價值觀來認同。

但是認真務實地看一看當今世界的大多數國家，走得都是一條經濟上自由競爭，政治上憲政民主的道路。恰恰是政治上憲政與民

主的道路，把原始積累時期顯得相當邪惡的資本主義之路走到了現今的福利社會之境，那些所謂資本主義國家中的社會主義成分實際上比我們這個號稱為社會主義的國家還要多。而我們國家恰恰是拒絕走向憲政與民主的政治體制改革，只在經濟領域裏進行改革，這種改革才不可能不受權力尋租的影響，以至於把社會主義的道路走到了資本主義的原始積累階段。這究竟是經濟制度的問題，還是政治體制的問題？其實廣大的知識份子和人民群眾，要比這些身居高位、曾經享受著權力的好處，如今又忍受著權力失落之痛的部長和高幹們明白得多。

這十七位老部長要求：「從政治思想路線上、建國方略上做出符合馬列主義毛澤東思想的、符合廣大人民需求的正確的決定。」

這裏又出現了一個問題：他們憑什麼認為符合馬列主義澤東思想的，就是符合廣大人民需求的？在過去那種馬列主義毛澤東思想的統治下，人民群眾從來就沒有得到過自己需求的東西。倒是改革開放後的社會局面，才多少開始滿足了一部分人民群眾的需求。

他們「建議在十六屆七中全會和十七大召開之前，掀起一個學習馬克思主義理論的熱潮。由中央決定選擇馬列主義毛澤東思想中的一些重要文獻，如《共產黨宣言》、《反杜林論》《國家與革命》、《帝國主義是資本主義的最高階段》等文獻中的經典論述，以及《為人民服務》、《愚公移山》、《紀念白求恩》、《反對自由主義》、《正確處理人民內部矛盾》等毛主席著作……」

這種建議實在是幼稚可笑。這些著作解決了中國社會過去的問題嗎？並且能夠解決中國社會現在和將來的問題嗎？已經被實踐檢驗過了的現實是：馬列主義的經典著作針對的是當時資本主義社

會的一些現象，難以解決一百多年後社會主義發展的現實問題。社會主義道路正是因為走不順了，走不通了，才需要改革開放。從這個意義上說，「與時俱進」這一理念對的。無論是在理論上，還是在實踐上，我們都需要與時俱進。否定改革開放，回到毛澤東時代才是一條邪路。我倒是認為，作為當政者多讀一讀政治上反對派的文章，要比死讀馬列重要得多。馬列主義的自聖系統，已經把它的信奉者帶入一個自我封閉的思想系統，沉溺於它誕生時的那種道德優越感，無視社會的變化與時代的發展。面對一個日新月異的世界，面對民主與憲政的世界潮流，這些老部長、老幹部們依然要祭起馬列主義毛澤東思想的大旗來做克敵制勝的法寶，這就像義和團用大刀長矛和符咒去對付洋槍大炮一樣可笑。義和團雖然勇氣可嘉，有著國家興亡匹夫有責的一面；但它畢竟是專制王朝的工具，其本身也不乏愚昧和殘酷的一面。

他們認為：「總之，對於一切反馬克思主義的錯誤思想，必須徹底批判，撥亂反正，確保馬克思主義的指導地位。」

誰都知道，馬克思主義的理論汗牛充棟，他們上面所提及的那幾本書只是這個主義的九牛一毛。那麼又由誰來詮釋馬克思主義，來當他們所認為的真理的掌門人呢？過去在蘇聯是史達林，在中國是毛澤東，我們都知道這兩個掌門人利用他們詮釋真理的權力給這兩個國家的人民帶來了巨大的災難。我們難道還需要一個產生於一百多年前並且不容修正不容置疑的理論來徹底規定我們現在的生活和未來的發展嗎？

他們寫道：「現在真可以說，民憤告急，黨和人民政府嚴重脫離群眾，社會主義岌岌可危！中華民族到了最危險的時候！」

　　確實是民憤告急。但是和過去不同的是，告急的民憤，多少可以通過已經鬆動的輿論控制表達出來了。而過去的民憤告急，都被輿論控制所壓制。這正是改革開放帶給人民群眾同時也帶給這些老部長、老幹部們的一些表達意見的空間。如果是在毛澤東時代，像這樣的聯名上書豈不早就被打成了反黨集團？他們有這種連名上書的自由和勇氣，也全憑改革開放所賜。這些下臺幹部們能公開表達自己的意見當然是一件好事，但是我想問一句：他們在臺上時是否曾允許別人作這樣公開地與己不同的表達？並且他們對目前的這些黨內腐敗與社會不公，是否完全不負有責任？

　　「黨和人民政府嚴重脫離群眾」，確實如此。但這絕不只是今天才發生的事。它當年違背廣大農民的意願硬搞土地歸公的人民公社和脫離實際的大躍進，直至發生餓死數千萬農民這樣的嚴重後果時，它不脫離群眾嗎？它當年為了某位領袖的一己私利，把全國人民甚至黨和政府都帶入文革十年災難時，它難道不脫離群眾嗎？人民群眾確實想要一個不脫離自己的黨和政府，但是我相信他們中的大多數絕對不想再回到改革開放前的那個黨和政府的懷抱之中去。人民想要的並不是一個空頭的社會主義，而是自己實際的利益和正當的權利。他們為什麼不明白這一點或者故意無視這一點。

　　他們警告道：「如果十七大還是這樣堅定不移地、毫不動搖地走下去，葉利欽式的人物就一定會出現，亡黨亡國的悲慘局面馬上就會到來。」

　　以蘇聯和東歐的變化為鑒，耽心亡黨亡國，實在是可笑、可悲亦可鄙。為什麼非要一廂情願地認為蘇聯和東歐的變化是悲劇，而不肯承認他們眼中的悲劇恰是他國人民參與上演的正劇或喜劇

呢？在那裏，共產黨結束了使命，這是蘇聯和東歐各國人民的選擇。某個黨消亡了，但是國家和民族不但沒有亡，反而煥發了生機。你們為什麼卻如喪考妣呢？蘇聯和東歐的變色易幟是耶非耶福兮禍兮，應該問問如今的俄國和東歐各國人民，他們是否願意再回到舊日那種共產主義的旗幟和體制之下？被你們談虎色變的葉利欽，在俄國人民眼中究竟是英雄還是罪人？否則，拿蘇聯東歐的亡黨亡國說事，就像當年世界上最苦的人卻大言不慚地要去解放世界上三分之二的受苦人一樣可笑！

但是面對當前社會的種種問題，他們這些醫生下診斷了：「根本問題出在哪里？就出在 20 多年以來，我們執行的是一條錯誤的理論和錯誤的思想為指導思想的錯誤路線。」

那麼請問：二十多年以前我們執行的難道是一條正確的路線嗎？我們是要回到華國鋒兩個「凡是」統領一切的路線上去？還是要回到由毛澤東授意和支持的禍國殃民的「四人幫」的路線上去？

他們這些醫生開出的藥方是：「面對如此嚴峻的形勢，在這極為重大的歷史關頭，我們還建議中央常委和政治局考慮最佳方案，從根本上消除各種消極因素，克服與改變當前不利的局面。中央政治局應向全黨發出號召，聯繫實際、聯繫馬列主義毛澤東思想的關於無產階級革命和無產階級專政的學說……」

夠了！不正是馬列主義毛澤東思想中關於無產階級革命和無產階級專政的學說，才把中國人民帶到十年動亂之中，才把國民經濟帶到了瀕臨崩潰的邊緣，才把社會主義搞到了岌岌可危的地步，才要靠改革開放來挽救中國的命運。回到改革開放前的中國，只能是死路一條！改革開放二十多年來之所以不夠理想，就在於只在經

濟上放開了對人民的束縛，而沒有在政治上逐步賦予人民相應的權利。錯的不是改革開放，而是某些共產黨人在改革開放的過程絲毫也不想放棄已經獲得的特權。現在社會的腐敗與不公平並不是所謂資本主義復辟帶來的，而是沒有民主監督、沒有憲政制衡所造成的。這是權力之錯、之亂，不能不分青紅皂白歸罪於市場經濟。人民想要的局面，是穩妥地進行政治體制改革，而不是放棄經濟上的改革，交還支配自己財產和經濟活動的權利。

在看到這幾篇老幹部的文章的同時，我還在網上看到一篇中央民族大學教授、證券研究所主任張宏良談《從證券監管與金融安全看宏觀調控的失敗》的講稿，說的似乎是證券監管和金融安全的問題，卻醉翁之意不在酒。把不受制約的權力之過統統歸結給所謂的社會精英。他也是由黑磚窯事件入題，大放厥詞：「這反映什麼問題呢？這反映了中國的所謂民主法制道路走錯了，走上了一條精英民主、精英立法的道路，其實質就是精英專制，精英專制是比奴隸主專制、比封建皇權專制更加野蠻殘暴的專制政治模式。在奴隸社會，奴隸是奴隸主的個人財產，不會被隨便虐殺，如同農民不會隨便虐殺自己的牲口一樣；封建社會，百姓是皇帝的子民，即便有生殺予奪大權，也不會隨便虐殺；只有在精英專制條件下才會隨便虐殺百姓。」

對於這一位先生，我實在忍不住要罵一句：真是放屁！不要轉移目標，把什麼都往精英專制上扯。當今中國到底是什麼專制，大家都清楚得很。

他說道「可以說，今天中國倫理道德的喪失，人類文明底線的突破，就是實行精英民主精英法制的結果。本來一個好端端的中國……」

我要問一句：在你的心目中，什麼時候的中國是一個好端端的中國？反右時的中國是好端端的嗎？大躍進時的中國是好端端的嗎？文革十年的中國是好端端的嗎？中國的問題到底出在民主法制，還是某種專制？中國社會的民主法制雖然舉步維艱，但在改革開放的推動下畢竟還是在一點點前進著。否認這種法制上的進步，不知他意欲何為？

他說：「中華民族能夠墮落到今天這個程度確實難以想像，一個擁有六千年文明的偉大民族，居然不到 30 年的獸性訓練，就出現了一座座人間地獄，甚至其殘暴程度超過了關於地獄的最恐怖描述。所以今天大家再回顧當初姓資姓社的爭論就會感覺到那不再是毫無意義的爭論了，放棄社會主義不再是解放思想了，現在才真正理解了馬克思那句名言『資本從來到世間，從頭到腳都滴著血和骯髒的東西。』」

我要再問一句：權力來到人間，難道不是從頭到尾都滴著血和骯髒的東西？你為什麼只批資本主義，不批專制主義？只看經濟活動中的錯誤，不看政治壓迫下的罪惡？「不到 30 年的獸性訓練」，還有什麼樣的「獸性訓練」能超過人與人之間殘酷鬥殺的文革？現在的社會不公確實造成了許多殘暴的現象，但是其殘暴程度比起文革中那種人為的階級鬥爭，恐怕還是小巫見大巫吧？如果有獸性訓練，那也不是改革開放後開始的。一個中國人可以用這樣的仇視態度來看待改革開放，在現實生活中還真是所見不多。

他振振有詞道：「可惜已經太晚了，兩次大討論（第一次是姓資姓社的討論，第二次是姓公姓私的討論）讓中國老百姓丟掉了一切，幾十萬個國有企業丟了，一百多萬集體企業丟了，上億畝土地因被圈佔也丟了……『不准罷工』的憲法條款又緊緊捆住了工人反抗資本的手腳……最為可悲的是，中國人民經歷的這個『血和骯髒』的原始積累過程，並不是不可避免的自然歷史進程，而完全是人為的選擇……是經過一次次大討論經過一次次解放思想，排除阻力人為選擇的結果……」

把國家權力之過錯歸罪於思想解放，其用心又是多麼卑鄙！

他說道：「是用國家政權的力量，強制性讓中國人民重新經歷了一次原始資本積累過程，重新經歷了一次販奴運動。」

但這是資本主義的問題？還是政治體制的問題？他為什麼要在這裏故意攪渾水？這樣殘酷的資本原始積累在實行憲政制度的民主國家裏可能進行嗎？

他說：「現在大家應該看到資本主義的血腥了，應該明白為什麼不能走資本主義道路了吧？」

他為什麼不說：現在大家應該看到權力尋租的血腥了，應該明白為什麼要進行政治體制的改革了吧？

在大談了一番政治之後，這位證券研究所主任終於來談經濟了：

「外資摘桃子砍樹引發了中國改革以來的第三次爭論：姓中姓外的爭論。中國改革以來左派右派共有三次大規模華山論劍，第一次是姓資姓社的爭論，第二次是姓公姓私的爭論，目前是第三次。三次華山論劍左派輸掉二場，目前是這第三場也是最後一場。如果

說左派輸掉第一場是中華民族災難的開始，那麼如果再輸掉這第三場，則有可能是中華民族的徹底終結。」

原來在他的心目中，中華民族的福祉全都寄託在左派身上。左派輸了是中華民族的災難？可我們這個民族的受難史告訴我們，中國人民所承受的最大災難，全都是由左派的勝利所賜！

他說：「目前外資對中國產業和金融的掃蕩，就其對中華民族的威脅來將，完全是瓜分中國的第二次鴉片戰爭，只是第一次是領土瓜分，這第二次是經濟瓜分；第一次是用鴉片摧毀了我們民族的精神，把中國人變成了一盤散沙，這第二次是用非毛化的唯利是圖摧毀了我們民族的精神。」

他對外資進入中國的耽憂或許並非沒有道理，但是毛的精神就是中國人的精神嗎？還有誰比毛的個人自聖精神更無情地摧毀了我們民族的精神？毛是說過中國人民從此站立起來了這樣的話，但實際上呢？趾高氣揚地站起來了的只是他一人而已，其他所有的中國人在精神上都是跪在他這個現代皇帝面前的臣民。

他說中華民族的確到了最危險的時候。這也許也沒有錯。但責任歸誰？是精英集團誤導中國改革，還是執政黨遲遲沒能有效推進政治體制改革從而阻礙中國改革？他卻一直在打馬虎眼。

他說：「美國的幸運，在於它有一個維護國家利益的精英集團；中國的不幸，同樣在於有一個出賣國家利益的精英集團。」

他繞來繞去的把改革開放以來的所有罪責都歸罪於這個精英集團，卻不明言這個精英集團到底是什麼？得出的結論和我前面所引述的那些老部長、老幹部的言論如出一轍：就是以不能走資本主義道路為理由，否定經濟改革，否定思想解放，要把中國引回到改

革開放前的老路上去。這就是他們這些左派為當前的社會病所開出的藥方。還是那付老藥：馬列主義毛澤東思想加無產階級專政。

左派們總嫌共產主義的旗幟舉得不夠高。可說到底，這個社會的主要問題恰恰是這面旗幟帶來的！因為這面紅色的旗幟不允許有著其他各種美麗顏色的旗幟插上自己的國土。他們從不這樣想：國土是屬於人民的，而不是屬於旗幟的。應該是人民決定自己舉什麼樣旗幟，而不是某一種旗幟決定人民的意願。應該是大多數公民來決定執政者的進退，而不是由一個不肯退位的執政者來決定國家和民族的命運。為什麼非得把一個早已聲名狼藉的共產主義和中國人的命運捆在一起？中國人沒有共產主義就不能活嗎？

我想，人類社會好比一台電腦，根本的意義在於其本體，而不是為其服務的外來程序。原本的程式不夠用了，就要安裝新的程式。已裝上的程式不合適了，就應該卸載掉。沒有任何一套程式的價值大於這台電腦本身，也不應該有一套程式宣佈自己就是終極程式，一旦佔領了這台電腦就決不肯再退出，並且拒絕其他更新、更合理、更好使用的程式進入。共產主義的思想和體制，應該是可供這台電腦選擇安裝並適時卸載的眾多程式之一，而不應該是一個裝上了就不能卸載的不可逆程式，直到整個系統崩潰為止。

新中國這台電腦的問題，就在於從建國之始就被強行安裝上這這樣一套排他性的程式，一開始運行還算正常，但很快就出了各種錯亂的毛病，直到十年文革已經把國家這台電腦搞到了崩潰的邊緣。改革開放的偉大意義，就在於適時地為這台瀕臨癱瘓的電腦引進了一些新的程式。這些新的程式為這台電腦的起死回生起到了相當大的作用，這些新程式在運行過程中與占統治地位的舊有主程序

發生矛盾和衝突是必然的。現在這個社會的種種亂相，正是這種程式衝突的反映。

在種種亂相之中，大家都看到了社會不公。但是社會不公的根源何在？治療不公的藥方又是什麼？卻在認識上的差距極大。左派們希望的是黨中央擁有決定性的一鍵恢復功能，要將國家這台電腦徹底回到改革開放前鐵板無縫的無產階級專政，回到僵死的馬列主義毛澤東思想統治之下，認為這就能解決當今中國的種種問題，實在是癡人說夢。

許多有識之士早就對當今社會之病有了更理性的診斷：社會的腐敗、混亂與不公，罪不在改革開放，而在於政治權力的不開放。由歷史積累下來的專制集權之錯，不能懲罰到自由經濟身上去！他們開出的藥方是：社會腐敗之病，不能用專制權力的藥來治！而應該用憲政民主的藥來治。當然，用藥宜緩，在權力的釋放與轉移過程中應該有一個柔性的緩衝，以免激起大的動盪，平穩地過渡到一個真正的和諧社會。諱疾忌醫，在政治體制上維持現狀，中國是沒有出路的。

什麼是和諧社會？只有政府權力和公民權利的平衡，資本家和勞動者權益平衡，才能達到社會的和諧。有一個高高在上的不受監督和制約的執政權力，有一面一旦插上了就再也不允許別的旗幟迎風招展的獨門大旗，社會就不可能達到真正的和諧。

自聖體系是如何形成的？

記得當年看阿爾巴尼亞電影《寧死不屈》，對其中一句臺詞印象深刻：「莫索里尼，總是有理，現在有理，而且永遠有理！」那是對專制的諷刺。可是回過頭來看看中國的國情，許多自認為堅定信仰共產主義的左派們又何嘗不是如此？無論社會實踐如何，實際情況怎樣，始終僵化地堅持馬列主義的教條，認為那就是人類社會發展的終極真理，不需要實踐的檢驗，也不允許人民對其質疑。這可以看成是一種自聖情結。

馬克思列寧主義，這個思想上和政治上的自聖體系是如何形成的？這有兩方面的原因：即思想上的和政治操作上的原因。

思想上的原因：它只是一個社會學的理論，卻自動承攬了宗教的功能，許給人民一個天堂：共產主義社會。為了實現這個崇高理想和終極目的，便給它的實踐者們開了不顧忌手段的方便之門。於是一切當世人們的具體權利和利益都被這台開向未來的巨大革命壓路機碾壓在下面。可是，當現世人們具體而細小的權利都被碾碎了，未來的幸福又在哪裡？其實天堂只是一個理由，過去的人們、特別是共產黨員們相信，為此赴湯蹈火，犧牲個人與現世利益；而

現在的人們不信了，連共產黨員也不相了，對此虛以委迤，只顧撈取實際利益。是理想的熱情讓過去的人們相信這個理由，但這種相信終被殘酷的現實所擊碎。是應該怪人們沒有信仰了呢，還是應該怪信仰的失信與民？其實別的社會理論都是關於現世生活的道德準則與法律規範的，特別是關於自由、憲政與民主的理論。即：個人的自由，不應妨礙他人的自由；政府的權力，不應大到足以傷害個人的權利；當人們意見相左時，遵從多數人的意見，並尊重少數人的意見。並為此建立並逐步完善著一套政治體制與法律制度。在這種理論指導下的社會實踐中，任何強力的個人和強力的社會集團都不能非法侵害個人權利和財產。在這種社會體制下，人們也許沒有一個未來的天堂，但可以擁有一個和諧而有保障的現世。（其實他們也可以有天堂，那就是到宗教中去找精神寄託。）

而政治上的原因，是因為革命者堅信共產主義理想的神聖性，為此不惜以非法律和非道德的手段來強制進行對這座理想大廈的建造。理論缺陷是馬克思主義原來存在的，而在實際政治操作中犯規，是從列寧所建立的蘇維埃政權開始的。但並不是始於人們耳熟能詳的「十月革命一聲炮響」，即西曆 1917 年 11 月 7 日那場所謂的「十月革命」；而是始於次年一月布爾什維克黨對議會選舉的野蠻踐踏和血腥壓。

> 發動「十月革命」時的布爾什維克，作為鬥爭策略，並非始終主張「一切權力歸蘇維埃」，而只是推動「立憲會議」儘快召開。而在前一天的共和國預備會議上，由社會主義者提出的議案已獲通過，這相當於通過了對「臨時政府」的「不

信任案」，這意味著即使不發動當夜的「冬宮政變」，也將會出現一個「清一色的社會主義者政府」。應當特別指出的是，作為這次革命推翻對象的「蘇聯時期被描繪為連續體的『資產階級臨時政府』其實並不存在」，「這天晚上奪權與被奪權的雙方多是社會主義陣營中的『黨內同志』——社會民主黨與社會革命黨人」（被奪權的最後一屆臨時政府成員多為社會民主黨孟什維克派和主流派社會革命黨，而奪權的是社會民主黨布爾什維克派和左派社會革命黨）。而發出「一聲炮響」的「『阿芙樂爾號』巡洋艦當時正在彼得堡造船廠大修，處在不下水狀態，沒有艦長、武器、裝備、彈藥。」當夜，這艘軍艦只是「在彼得保羅要塞打出信號彈之後發射了幾發空彈」。由於起義「未流一滴血就取得了勝利」（列寧稱之為「罕見的不流血和異常的順利」），不光這艘軍艦沒有發揮什麼作用，而且，這場所謂「震撼世界」的偉大革命，其實一點兒都不「震撼」。2007 年 6 月 18 日中共中央黨校《學習時報》也有文章稱，「《列寧在十月》是經過史達林意識形態加工和渲染的影片，……並不是 1917 年 11 月 7 日實際發生過的那一切。」

兩個月之後的「革命立憲」倒真正震撼了世界。布爾什維克認為，當自己大權在握的情況下，由其掌控的臨時政府召開立憲會議，實現民主立憲，建立民主共和國，是不會有什麼問題的。然而，事態的發展完全出乎他們的意料之外。同年 11 月中旬舉行選舉，選舉結果在翌年之初揭曉，總共 707 個席位，布爾什維克只得到 175 席。儘管「冬宮政變」前該

黨公開承諾在先,「即使布爾什維克在選舉中失敗,他們也將服從『人民群眾』的選擇。」然而,當其預感失敗之「狼」真正來臨之際,布爾什維克這個似乎天生迷戀暴力、天性抵制民主的政黨當即食言,並通過「暫停選舉」、「組織改選」、「推遲會期」等手段,試圖擺脫窘境,並進而作出決定,「用武力更正票箱」。1 月 5 日,蘇維埃政府隨即調集「親軍」,實施戒嚴,使用暴力驅散抗議代表,並於當天解散了立憲會議。一些抗議示威者遭到鎮壓,其「當選代表或被捕被殺,或逃亡」。同日,除了布爾什維克以外的各社會主義黨派聯合發表傳單指出:「1905 年 1 月 9 日,(沙皇)尼古拉·羅曼諾夫和特列波夫槍殺過要求召開立憲會議的工人。今天,當勞動人民經過 12 年鬥爭之後,立憲會議已由人民選舉產生,而彼得格勒的工人又一次為立憲會議而遭到自稱是工人階級代表的那些人的槍殺!」(以上引自安立志文:《我看十月革命一聲炮響》)

於是從此開始,信奉共產主義的革命家們不但擁有了世界上最崇高的人類理想,而且還擁有了在某一國家和地區不受任何法律條文和道德規範約約的實際政治權力。在內部和外部任何質疑和反對這種革命政權的思想和行為,都被歸入階級敵人之列。作為一個思想體系,它從此失去了從內部自省的機制。而作為一個政治實體,它又充滿了對外部世界的擴張性,比如自說自話地要去解放全人類的輸出革命的行為,就是這種自聖性的外揚。所以和它不同政治體

制的另一個世界對它採取警惕、防範和制約，並希望它能夠在和平演變中被弱化和被同化，也就是可以理解的事了。

列寧不是暴徒，列寧是有理想有情操的革命者。但是正因為有了理想這個正當理由，一系列不正當的暴力與欺騙行為就此開了頭。在個人道德水準較高的列寧掌權時期，這種權力的危害還有所限制；而到了完全沒有道德底線的史達林統治時期，這種思想體系和政治體系的危害便擴大到了無以復加的地步。而且，在這樣一種自聖的政治體制中，沒有道德底線的人物最容易贏得權力鬥爭。

> 俄國革命的實踐表明，凡是那些關心道德操守，認為任何政治鬥爭行為都應該具有道德底線的人，都被認為是「書呆子氣」，這也是區分政治激進派與其他社會主義黨派的重要標誌。不講道德的人與講道德的人競爭，永遠是前者勝出，這是一個規律。「惡」成為一種制勝法寶，心慈手軟者都會成為最早的出局者，這種「善良淘汰機制」甚至比它所顛覆掉的舊體制更糟糕、更可怕。道德虛無主義者在走上這條不歸路之後，就只能把世界分為紅黑兩個陣營，非此即彼鬥爭便成為一種常態，只能以嚴酷的鎮壓體系、恐怖手段維繫凝聚力，以強化集中制、等級制、兵營制的高壓職能來對待異端，在這樣的社會中，真誠、相愛、善良、仁慈、溫情都將被掃進「資產階級的垃圾堆裏」，在這種道德時尚的主宰下，人性惡的一面會大大釋放，大家都在比誰比誰更流氓，在這種社會風氣中只會距離理想越來越遠。（引自金雁文《革命為什麼不可以輕言》）

其實馬克思主義對資本主義社會的批判是一件功不可沒的事，從資本主義世界後來的發展來看，就可以知道這種對舊制度的批判對資本主義制度的改良起了多大的作用。但是年輕的馬克思和恩格斯卻認為只有他們的理論才是無產階級解放的唯一正確理論（只要看看《共產黨宣言》中對其他不同於他們的社會主義派別的刻薄嘲諷就知道了），兩個自負的年輕人把自己的主義放在了救世主的位置上。於是，在《國際歌》中高唱「從來也沒有什麼救世主」的無產階級從此不但有了「救世主」，而且還有了「神仙皇帝」！如果說人有原罪，那麼導致共產主義在世界範圍大規模失敗的「原罪」，恐怕就在於此！

雖然馬克思恩格斯晚年的思想已與他們年輕氣盛時寫出的《共產黨宣言》不盡相同，但由《共產黨宣言》中所傳達出的那種堂而皇之理所當然要打碎整個舊世界的暴力之氣，已經由俄國布爾什維克黨奪權開始波及世界的各個地區。一但共產黨掌握了政權，便利用其權力阻止對共產主義學說的質疑和證偽，於是本來可以討論的問題全都變成了不可觸碰的戒律。別人別國稍有改變便成了「修正主義」。豈不知馬克思恩格斯思想中本來就有的人道主義因素在列寧、史達林和毛澤東的一次次自以為是的修正（或自曰「堅持」）中，早已蕩然無存。七十年後，共產主義體系由內部的矛盾和思想的危機在蘇聯和東歐造成了大規模的偃旗息鼓。可是直到今天，許多自詡為真正馬克思主義者的人依然只信奉馬克思主義的階級鬥爭和暴力革命學說，卻對馬克思主義中的人道主義和自由思想不屑一顧。

共產主義運動在中國，是由「勞工神聖」的口號開始的。這一付醫治社會疾病的猛藥矯枉過正，副作用極大。既然勞工神聖，其他一切便不再神聖，包括知識和文化。於是勞工們紛紛上了革命的戰車，可是當戰鬥大獲全勝之後，勞工們逐漸發現自己並不神聖，神聖的只是取了勞工之名的職業革命家。有了「勞工神聖」這個前提，自然就有了為勞工謀福利求解放的共產主義革命者的神聖。可是，當我們的社會主義道路走到了如今，勞工們早已不神聖了（起碼在資產階級統治下還可以罷工，而在無產階級專政條件下反倒不能罷工了），逐漸淪為弱勢群體。可是共產主義的思想和政治體系還一如既往地神聖著。於是為解放被壓迫者的革命，變成了革命家們成功了以後又壓迫別人的自聖行為。其實神聖或者是一切公民的權利，或者不是一切公民的權利。如果社會權力規定了某些人神聖，某些人不神聖，那麼自認為神聖的人就可以凌駕於其他人之上。

有了一種以「勞工神聖」自居的革命理論，再加上不允許知識份子以其獨立思考對其進行詰問和批判的強大政治權力，社會主義理論當然就神聖得不可一世。至今。以這套理論為指導的革命實踐早就難以為繼，可是這個主義至今仍端著自聖的架子不肯放下，那麼，它就將繼續受到客觀現實的嘲弄和阻礙，它的日益虛偽化就是不可避免的。

和馬列主義是從蘇俄輸入的一樣，中國知識份子放棄自身價值的精神自虐也是從蘇俄傳來的。其源頭就是俄國的民粹主義。

從民粹派開始一直在宣傳這樣一種理念：社會進步高於個人的自我完善，整體的利益、崇高的目的與個人道德操守不是

一個層面的東西，這二者是不同步的，個人的道德修養在宏大敘事中被拋在一邊。從涅恰耶夫開始「革命策略中就允許使用最不道德的手段」，既然以「善達到善」的道路受到阻礙，那麼「以惡達到善」是不會受到譴責的，因為「目標是正確的手段可以忽略不計的」。於是，政治上的輕率與摒棄道德結合在一起，就可以為放棄自我完善的道德淪喪找到一個最冠冕堂皇的藉口。怪不得還在 1870 年恩格斯在致馬克思的信中，就稱涅恰耶夫「原來是個普遍的流氓」。

知識階層在「拜民主義」的社會氛圍內，第一步先退去了「真和善」，其次放棄了做人的底線。究其原因何在呢？可以說從絕對主義中衍生出來的「道德虛無主義」在俄國造成的影響，這種人格的變異和心靈扭曲一直沒有得到系統清理。

1861 年大改革以後，民粹派倡導的道德虛無主義的宣傳是俄國精神面貌中最基本的也是最深刻的特徵，從對客觀價值的否定中推導出來的對民眾的主觀利益一面倒的呼聲，並對它加以神化，得出唯一的結論是：人的最高任務是服務於民眾。它的最大誤區在於：把生活定義為沒有任何客觀、內在的意義，它的唯一幸福就是對物質的保證，對主觀需求的滿足，因此俄國知識份子被要求把自己的全部力量貢獻給改善大多數人命運的事業，與此相反的一切都是罪惡，理應被清除。這種思潮指導著俄國知識份子的全部行為和價值評價。

涅恰耶夫的一句著名格言是：革命者是註定要死亡的人，他們沒有一切個人的利益、沒有個人的事業、情感、私有財產、甚至沒有名字，他們所擁有的只有一種事業、一種思想、一

種狂熱：革命。革命者與文明世界的公民秩序絕交，與這個世界的道德情感絕交，他們厭惡這個世界的一切創造，一切科學，認為世界上只存在著一種科學，那就是──摧毀。一切道德都是為革命服務的。

俄國為暴力付出的社會代價、文化斷層是無法想像的，革命打碎了舊世界，同時也毀掉了此前所有的文化積累，新世界只能在蠻荒的文化沙漠上建築。

在這個過程中，俄國知識份子的社會道德思想逐漸枯竭乾涸，他們道德之源彙入了社會主義和革命性的河道，在「一切道德都是為革命服務」的口號下，革命者要消滅妨礙它達到目的的一切人。涅恰耶夫的《革命教義問答》就把人類積累數千年的道德標準作了顛倒的揚棄，「革命者唾棄當前社會道德的任何動機和反映」，凡是有益革命的都是道德的，凡是阻礙革命的都是不道德的和罪惡的。涅恰耶夫道德判斷被後人繼承，例如托洛茨基就認為，爭奪權力就如同博弈，根本不存在道德問題。為了崇高事業，可以做一切惡行，可以聯合強盜、可以深入到秘密警員中、可以通過告密剪除異己、可以拿敵對國家的資金、可以搶銀行、可以販毒、可以印偽鈔，同時賦予它拯救世界使命感的耀眼光環。《革命教義》首先不但違背了基督教精神，基督教在《教義問答》中規定：既是為了實現崇高的目的，也不能使用任何卑劣的手段。而且就是從做人最底線的角度說，什麼東西能保證一個把惡事做絕濫殺無辜的人同時又是擔當著拯救世界使命的人？（引自金雁文章：《革命為什麼不可以輕言？》）

為了大多數人的幸福，把「群氓」領出黑暗，給他們建立「天堂」，這就是民粹主義的後繼者們列寧、史達林和毛澤東這些革命領袖的自聖理由。拒絕做這一點的任何人和事都是「惡」，都應當無情地消滅或打倒。而且這種所謂的惡，僅僅指向一點：資本主義和資產階級。在他們的思想和理論中，資本主義是萬惡之源，除此世上再無其他大惡。

其實，資本之罪遠遜於專制。馬克思主義的一個大缺陷就是只注意批判資本，而忽略了對專制的批判。資本如果沒有專制做幫兇，就不可能無惡不作。

世界各國的社會實踐已經證明：資本主義加專制集權，等於很壞的資本主義；而社會主義加專制集權，其結果也一樣。

資本主義的經濟制度加憲政民主的政治制度，可以造成不壞的、甚至很不錯的福利社會。而社會主義加憲政治民主應該是很好的制度，這正是我們應該努力的方向。以瑞典為例，他們的社會發展在很大程度上遵循了馬克思主義，至今仍奉馬克思為其導師。

但是雖然瑞典社會中的社會主義成份遠較中國為多，但在中國左派的眼中，恐怕並不會認為他們是馬克思主義的同道。而在蘇聯和東歐人民在其社會主義道路碰壁後明智地選擇放棄，在憲政與民主的體制下開始了新的生活和發展時，中國的左派們卻非要越俎代庖地替別人哭喪，大談蘇、東各國亡黨亡國的悲劇和教訓，並把推動了他們社會改革的政治人物視為陰謀家和叛徒，這種自聖且自憐的心態是多麼可悲。

所以，問題的關鍵並不在於姓社還是姓資，而在於姓憲、姓民，還是姓專、姓獨。這其實是一個非常簡單的問題。但是，如果思維

走不出共產主義和社會主義的自聖體系，就解不了這道並不難的社會問題。馬克思主義不是聖經，即使最堅定的共產黨人仍奉其為聖經，那麼共產黨也應該進行「宗教改革」。

社會主義理念的提出，並不是源於馬克思和恩格斯，但是馬、恩在《共產黨宣言》中，只把自家的社會主義視為正統。而史達林提出「列寧主義是帝國主義和無產階級革命時代的馬克思主義」後，又把列寧主義其實是史達林主義立為正統。到了毛澤東這裏，他的「無產階級專政條件下的繼續革命」理論又成了唯一正確的社會主義方向，而他本人也在史達林去世後努力爭得了「全世界無產階級的偉大導師」的地位。這位導師用他發動的文化大革命把中國的國家命運帶到了一條絕路上。在理論的道路越來越窄的情況下，實際發展的道路越走越困難，甚至完全走不通，也就是理所當然的了。

從改革開放到現在，將近三十年的社會實踐，中國社會在許多方面都有了長足的進步；由於政治體制改革的滯後，也積累了相當多的社會矛盾，但是社會主流意識形態對馬列主義毛澤東思想、對共產主義理念的堅持，卻始終沒有用「實踐是檢驗真理的唯一標準」的理念好好檢驗過，似乎要一直這樣不變地堅持下去。這也真是一種「寧死不屈」的態度。但是，人們需要的不是死亡，而是新生。那麼，既然是以「為人民服務」為根本宗旨，以最廣大的人民群眾的利益為其根本利益的中國共產黨人，為什麼不能換一種思路，換一種方法呢？

我們從來都說人民是國家和社會的主人，人民從來想要的只是和諧、富足與安寧的生活，這種生活並不拘泥於某個特定的主義。當某個主義與人民的願望發生矛盾時，就到了應該理智與果斷地取

捨的時候了。正如「生存還是毀滅，這是一個問題」一樣，主人，
還是主義，這也是一個問題。

黨國困境與可能的出路

　　近來流覽網上有關政治思考的文章，一則以喜，一則以憂。喜的是越來越多的有識之士呼籲中國應走民主憲政之路，且分析有理，建言有據，但執政黨卻少有反應。憂的是也有不少論者公然祭起「文革」大旗來否定改革，以毛氏禁錮來否定鄧氏開放。正當執政黨大張旗鼓地紀念中國改革開放 30 年之際，對此種謬論亦不見反駁。可見在建國 60 周年、改革開放已 30 周年的時候，中國確實是陷入了某種困境。因為執政黨實行的是一種以黨治國的理念和以黨治國的體制，不妨稱之為黨國困境。這種困境困在哪里？以一個正摸著石頭過河的人來打比方：他的右腿已經踏在了一塊堅實的石頭上了，而左腿還深陷在淤泥之中。一條腿已走到了現在，一條腿還停留在昨天。拔不出昨天那條腿，就無法走向未來。而拔不出左腿的原因，是因為過去的意識形態之鞋還緊緊地箍在腳上，脫不出便邁不進。當年的決策者不肯拔出那條腿，或許是因為前腿立足未穩，提出堅持四項基本原則，乃為大局穩定所計。可當改革的右腿終於邁出並且站穩了立腳點之後，卻發現滯後的左腿難以拔出了。倒退雖不可能，前進也被死死拖住，於是便形成現在進退失據的局面。

有一個說法深得我心，改革就是糾錯。原來無錯，何需改革？

「一個中心，兩個基本點」的立論，從權宜之計看來，減少了當年黨內矛盾，有利於安定團結的局面。但從長遠看來，卻預留了一個矛盾：似乎改革開放和四個堅持都是合理的。現在回頭再看，其實合理的只能有一個。如果四個堅持是對的，改革開放就是錯的；如果改革開放是對的，四個堅持就是錯的。這是鄧小平這個偉大人物的歷史局限。

這種兩者都對的官方認可，造成了現在的兩難處境：既不能放棄由鄧氏推動的改革開放，又不敢否定改革之前的毛氏道路。其結果使得改革派舉步維艱，文革派卻能撿起毛這根棍子對改革派口誅筆伐。而當局的態度甚至退到了黨的《關於建國以來若干歷史問題的決議》的認識之下，在中宣部掌控的所有媒體上，連討論歷史真相和反思文革都成了禁區。由此造成的結果是，在改革開放 30 年的時候，某些人士對改革開放的攻擊甚囂塵上，把現實社會所有的弊病統統歸之於改革開放。現在社會上的諸種不合理現象大多是領袖專制的後遺症，卻被思想糊塗之士和別有用心之人當作民主政治的傳染病來加以攻擊。肯定毛，否定鄧，已成為被極左派推動的一股思潮。

毛澤東所發起的一系列以革命為名以整人為實的政治運動，可以被有些人認為是罪，也可以被某些人認為是錯，但是絕不能被堂而皇之地認為是有功！如果對「文革」的否定在當政者的默許下被再次否定，那麼中國極有可能再次落入「文革」的輪迴。雖然中共官方已在紀念改革開放 30 周年的活動中表現出清醒的肯定態度，

但同時如果仍然未敢對改革開放的對立面做出清晰的切割與否定，那麼事實上等於是在對改革開放的反對派授之以柄。

我們已經看到和能夠想像到中國政治體制的變化有 3 個臺階：階級鬥爭和領袖獨裁的過去；改革開放和一黨治國的現在；深化改革與憲政民主的將來。我們現在正站在第二個臺階上。也正是在這個臺階上陷入了理論與現實的困境。在理論層面上，是改革開放和四個堅持雙重合理的困境；形象地看，是前進與後退的劈腿。在現實政局中，是既得利益群體不願放手，公民社會難以進入的困境；形象地看，是憲政要求與一黨治國的劈腿。那麼出路何在？在理論上，需要像 30 年前的真理標準討論那樣，再一次辯明是非。這就要求中宣部名副其實地成為中共中央的宣傳部，而不是越俎代庖地成為社會言論管制部。而在現實操作上，要找到一個切實可行的辦法，在釋權於眾，歸政於民進程的同時，盡最大可能減少既得利益群體對政治體制改革的阻力。為避免劇烈的社會動盪，應採取有序淡出和逐步替代的辦法，來防止前一政體的突然死亡。

改革開放受到諸多左派攻擊的原因是社會不公，而社會不公恰恰是因為既得利益群體不願放棄現有地位才形成的。但是，過去窮人革命推翻富人統治的暴力方式既不可行又不現實。於是，選擇只剩下兩種：一種是堅決不改，能拖到哪一天算哪一天；另一種是設計一條漸進之路，讓既得利益者基本保住現有利益，但是阻斷這種利益獲取方式的世襲延續，同時讓弱勢群體逐步改善其生存環境和社會地位，在這一兩代人逐漸退出社會舞臺的將來，讓下一兩代人在公平公正的場地上去進行他們的政治競爭、制度完善和對執政者的選擇。

　　對於中國共產黨的未來，我認為，與其堅持到底，不如光榮引退。既然中國共產黨的宗旨是為人民服務，為何不能由人民來決定它的去留？關鍵是秩序與步驟，應當制定一個還政於民的路線圖和時間表。孫中山以國民黨治國，有一個從軍政、訓政到憲政的明確進程表。共產黨為國家民族計，是否也應該對此有所設計呢？

　　30 年來，中國在政治上的長足進步不可否認，從幾乎等同於君王世襲制的領導幹部終身制，進步到了領導幹部退休制；並從前任對後任的直接指定，進步到了隔代的指定。這已和同樣聲稱是社會主義國家的朝鮮和古巴不可同日而語了。更上層樓，應該是黨的領導的黨內選舉制──不是形式上的選舉，而是真正的選舉。再進一步，則應該是國家領導人的全民選舉。

　　從人生看，政治的改變有時很慢；從歷史看，朝代的書頁卻翻得很快。秦始皇想建萬年基業，卻沒有料到秦朝二世即亡。列寧和史達林為鞏固政權無所不用其極，但沒有想到蘇聯只有 70 年的壽命。和它們相比，中國共產黨的統治在可以預見的時段裏看來會比蘇聯長壽，但也是因為有了改革開放才能比較順利地走到現在。中華人民共和國的前 28 年，是不斷革命運動人民的歷史；後 32 年，逐漸端正了執政黨的位置，才是關心人民發展經濟的開始。為了自己的革命理念不惜掀翻了天下重來一遍的毛澤東，也不會想到他的幫派隊伍在他去世後不到一個月就被顛覆，而他的「文革」路線僅僅過了兩年就改弦更張了。「文革」中常說的那句話：「讓無產階級江山千秋萬代永不變色」，現在想來是完全不靠譜的荒唐話，就像從封建主義、資本主義、社會主義用一個三級跳就能跨進共產主義天堂那樣不切實際。況且，從經濟制度上來看，江山已經變色，沒

變的僅僅是黨國體制而已。像毛澤東那樣的政治巨人傾半生之力來「反修防修」，到最後都是竹籃打水一場空，誰又能將身後的政治格局控制千秋萬代？一個人做不到，一個黨同樣也做不到。真正能做到的，不過是與時俱進而已。

現在的中國，即使不是大部分人，也是越來越多的人認識到，馬克思主義作為批判理論尚有可取之處，作為建設理論則基本是空想，而在實際操作中幾乎無一例外地成為專制者和專政主義的工具。共產主義的國家形態，在它的策源地已經傾覆；其他勉力支撐的幾個樣板根本談不上成功；中國特色的社會主義，也是因為引進了資本主義的主要因素才得以改善和發展。如果承認實踐是檢驗真理的唯一標準，中國人有什麼必要非得堅持它直到永遠？現在許多左派一口咬定普世價值是由西方舶來因而不適合中國國情，那麼同樣從西方舶來的馬克思主義怎麼就成了中國人永世不可離開的革命聖經呢？沒了它好像就要亡黨亡國。

與其堅持一黨永治，不如讓人民擇善而從。如果它真是好東西，相信將來人民還會選擇它。人民需要的，只是幸福而自由的生活，而不是某個特定的主義或特定的領導集團。正如過去的人不能決定現在的是非，現在的人也不可能決定將來的是非。現在黨的政治局不可能決定 30 年後的政治局人選和方針政策，那麼為什麼不能看遠一點，對民意、對世界潮流、對現代政治走向樂順其行呢？

如果要做一個真正意義上的執政黨，首先要讓某種預置的和特定的意識形態與黨分離，使黨真正地成為為民執政的黨，而不是挾民服從的黨。然後逐步替換，讓此黨自然完成歷史使命，避免劇烈的和暴力的政局替換。

　　黨要管黨，立黨為公，執政為民，這些都是非常好的理念。但黨的領袖對人民的承諾是一回事，全黨上下能否不出腐敗、清正廉潔、全心全意地為人民服務是另一回事。只有單方面的承諾，沒有另一方面的制約，不可能培育出一個完善的公民社會。毛澤東之所以能好話說盡，壞事做絕，就是因為沒有社會監督和權力制衡，才使得所有飄在空中的好話落到地上都變成了壞事。

　　只要執政黨的權力和地位不受制約，那麼立黨為公就必然成為一句虛言。只要入黨能為當官開一扇方便之門，而社會又處在官本位狀態，那麼入黨這個行為就必定是為己謀利的成份大於為民服務。只要入黨和升官都是由內部、由上級指定而不是由外部、由下層選舉的，那麼可以想像被指定的官員首先是對上、對內負責，其次才會對下、對外負責。這就是廣大人民群眾無力改變黨的執政地位，但又無法完全相信黨的執政理念，並且也無法監督和修正黨的執政行為的原因。現在黨的理念是執政為民，但執政和為民二者是不可能自然相等的。一個眾所公認的事實是，執政黨的官員中除了少數具有聖人品質的人能做到毫不利己專門利人之外，大部分屬於凡人的官員首先考慮的是利己，然後才會去利人。這正是執了政的人不肯讓別人去執政的利益所在。只要一黨執政的前提存在，入黨是為利益而不是為理想也就成為一個不爭的事實。在這種情形下，入黨做官，首先成為一個利己行為而不是利他行為，而且因為只有一黨執政，此種自利行為不會得到有效監督。而黨這個平臺就是一部分人優先獲利的溫床而不是全體公民公平的賽場。我相信，戰爭年代入黨的人是為了理想獻身的居多，他們是把腦袋拴在褲腰帶上的參加革命的；但建國後在以黨治國的優越地位下，獻身的理想被

晉升的考慮所取代，申請入黨的人們拴在褲腰帶上的不再是腦袋，而是錢包了。

如果認定中國特色的社會主義就是永遠不變的一黨執政，那麼只有這一黨完全是由人民選舉出來的，才可能是真正為了人民的。除此之外，無論是黨的宣傳，還是黨的承諾，都不能保證它首先是一個自利的利益集團。現在被執政黨所強調的中國特色的社會主義，其實真正的關鍵之處只在於一點，就是共產黨的領導。對於執政黨來說，這是改革的底線，無論怎麼改，也不能把黨的領導地位改掉。而且有黨對全社會的控制，便於保持目前的穩定狀態。執政黨最耽心的是，一旦放權，天下大亂。這不能說只為一黨之計，也有為國為民保持穩定的考慮在其中。但是改革推進到了一黨執政這道門檻就無法邁步，並且這道鐵門永遠也不想打開的話，實際上改革就走到了盡頭；而開放，就是你只能看著世界在變，自己家裏卻不能再變了。這就是真正的黨國困局。執政黨的最高領導人未必意識不到，但他們受到方方面面利益的牽扯，欲動不能，欲不動也不能。

作為一個關心國事的公民，我在這裏提出兩個走出困境的思路，僅供黨的、國家的領導和關心國事的人們討論批評。如不可取，也算是拋磚引玉。

思路一：黨員民選。

既然害怕多黨制引起亂局，必須保持一黨治國的國體，那麼就必須讓執政黨真正來自於民，服務於民，才能長治久安。這就要求改變目前黨員由黨組織自身來選擇和發展的方式，而改為黨員由所

在支部範圍內的群眾選舉，並由選民監督。執政黨各級官員由黨員選舉並受黨員監督。群眾對於他們不滿意的黨員有罷免權。而黨員對於他們不滿意的官員有罷免權。這種辦法可以真正保持黨員的人民性，同時也保證了黨的人民性。如果人民依然認為共產主義是奮鬥目標，則共產黨的名稱不變。如果人民不再這麼認為了，則可在適當的時候為黨改一個更切合實際的名稱。

思路二：停止發展黨員，逐漸融黨於民。

由於執政黨已經單獨執政 60 年這個現實，在其他現有的黨派並不具備執政實力與經驗的條件下，從突然換由其他黨執政可能引起社會不穩定的因素計，在相對長的一段時間內依然只由執政黨掌政，擔任各級國家和地方職務的執政黨官員依舊行使其職權直至退休；但從此不再發展新黨員，後繼的各級官員，均由所在範圍內的民眾選舉補充，逐步有序地完成從一黨政府到多黨政府或民選政府的平穩過渡。當所有共產黨員因自然規律而不是政治鬥爭退出歷史舞臺時，也就是執政黨光榮宣佈已經完成了為人民打下江山並把江山交給了人民的歷史使命，這個黨的生命不是因為政治鬥爭而結束，而是自然地融入了人民之中。

可以想見的是，這兩個思路都會受到黨天下思維者的激烈反對，這樣不是取消共產黨的統治了嗎？我想反問一句，沒有共產黨統治的社會就那麼可怕嗎？如果認為沒有共產黨統治的社會是不可想像的，那麼就說明這種思維已經受到了共產主義意形態的固化。任何東西都有開始也會有終結。共產黨在中國並不是從來就執

政的，也不可能執政直到永遠。我們的現在終將成為後人的過去。我認為更加重要的是，50 年、100 年或幾百年後，人們如何看待中國共產黨：是把它看成一個為了人民解放而成立，在追求人民解放的過程中立下功勳也犯過錯誤，最終明智地改正了錯誤，真正用立黨為公的精神完成了歷史使命的人民的政黨；還是為了人民的解放而成立，在追求人民解放的過程改變了初衷，把立黨為公變成了立黨為黨，為了一黨的利益堅持掌權決不放棄，直到引起劇烈的社會變動不得不失去政權的一個朝代。用歷史的眼光看，到底哪一種結局更好呢？

在已經不是君王世襲制和領導幹部終身制的歷史條件下，不做勇敢的改變，只能使執政黨的集團利益一代又一代繼續高居於民眾之上，這是理想信念教育和道德勸誡都不能解決的問題。因為人的行為不是由主義決定的，而是由現實的制度決定的。而對於現在的當政者來說，維護現有特殊利益群體的地位尚可理解，人總會有自利之心。但是維護數十年後不知道是誰的特殊利益群體的地位而不肯改變，就未免短視並且缺乏現實的擔當和歷史的責任感了。

共產黨的一黨執政，既是現在的穩定因素，也是未來的不穩定因素。出路是一黨政局的逐漸弱化和公民社會的逐漸成熟。其實無論對人民做多大的讓步，當政者和民眾的地位都不會平等。當政者能夠說了算的有很多：制度、法律、政策、輿論控制與導向，但人民能說了算的，在民主社會裏也僅只一件，就是他們手中的選票。如果連選舉的權利也沒有，那就只有聽從或並不心甘情願地聽從，直到他們有一天不能再忍受，而黨國也像清朝末期或國民黨在大陸統治的末期那樣再也無法穩定。

　　當年提出堅持四項基本原則的歷史狀況，是建國 30 年來單向度的政治宣傳對無產階級革命神聖化和對資本主義制度妖魔化的結果。許多錯誤認識都源於這個思維定式。當時的全黨全民雖然因為對「文革」的強烈不滿而渴望變革，但舉國上下的思想卻很少能越出這一雷池。當政者提出「四個堅持」，是為了執政黨地位的合法性，保證執政黨地位穩定，才能有序並有效地領導改革開放。就當時國人和大多數黨員的認識水平而言，共產黨領導的社會主義革命是合法的，無產階級專政是合法的，馬克思主義是合法的，而資本主義是不合法的。那時的中國人已經喊了 30 年毛主席萬歲，批了 30 年資本主義。如果一下子對毛澤東全盤否定，確實會讓人覺得資本主義復辟了，從而引起思想混亂乃至社會動盪。但現在情況和環境都大大不同了，因為開放，因為改革的實踐，人們逐漸認識到資本主義是人類必須經歷的一個歷史時期，所謂資本主義復辟的危險不但是子虛烏有，而且中國從來就沒有真正進入過資本主義。資本主義並非萬惡之源，資本主義制度本身就在改革演進之中，它恰恰是改革開放所需借鑑的主要參照系。而且現在越來越多的人認識到，執政黨地位的合法性絕不僅僅來自於一場成功的武裝革命，也絕不能只來源於馬克思主義不受檢驗的理論地位，而應該來源於人民的認可。所以執政黨與時俱進地提出了「情為民所系，權為民所用，利為民所謀」的執政理念。如果這 3 點是執政合法性的基礎，那麼四項基本原則就不應該繼續成為不可觸動的黨國信條。

　　如果承認執政黨的合理性與合法性都在於民，而不在於黨自身，也就不能因為目前正在執政就永遠合理合法；只有人民通過選舉認可它的執政地位，它才合法。合民主政治的憲法，而不是皇權

統治的家法。中國當代最大的政治死結，就是人民實際上不具有選擇執政黨和執政者的權利。這個結不解開，中國這座大廈的基礎就是空的、不牢固的。現在的問題是，我們所說的發展，是一種不願正視並解決基礎問題的發展。開放的國際環境已經告訴我們這個基礎的重要性，而我們只願把樓蓋高蓋大，卻不願去糾正這個基礎的不合理並加以改善。

中國現政權對國家的控制，僅從控制這一點上來說，在現階段基本維持了穩定，這種體制成功地使任何別的黨派和社會群體都無法與政府競爭。但是政府不能因為沒有一個暴力集團在造反就有恃無恐或高枕無憂。減壓、轉型，要優於簡單地維持現狀。有計劃、有步驟地發展公民社會，把利益、責任，同時也把危險逐步轉移到全社會，讓社會共用、社會共擔，從而和平、有序、平穩地過渡到一個憲政體制中去，這將是全民的福祉，同是也是執政黨的福祉。

常識與黨識

香港人梁文道出了一本書，名為《常識》。他自序中的幾句話，觸動我寫下這篇文章。

他說：拙著取名《常識》，絕非自大，而是為了向前人致意，歸宗於這種公共知識份子的傳統。除此之外，我也很喜歡「常識」這兩個字的豐富義蘊。

他說：「常識是一種文化體系」；雖然同在一國，雖然同是華人社會，一個香港人心中的常識未必是其他人所能認同的。身為港人，我似乎背負了沉重的原罪，不時遇到讀者批評我「不懂國情」，進而歸罪於「殖民地子民那揮之不去的洋奴意識。」近年來，我在兩地發表評論，恰好給了自己一個時刻反思的機會……在這個過程裏面，我切實體會到一個香港評論人的最大原罪其實不是什麼「洋奴心態」，而是相對優渥的空間。比起許多同行同道，我的環境比較寬鬆，我的資訊來源比較多元，我冒的險比較小，我怕的事也比較少；這是我的最大最大的愧疚，也是推動我寫這些東西的最大力量。

梁文道要告訴讀者的是一些什麼樣的常識呢？對於他書中所收的某些文章，我試圖用一句話來概括：

〈向百年國恥說再見〉：無論國榮還是國恥，都要做好一個自信平和的人。

〈抗戰，為什麼它還沒有結束〉：應該以民族和國家的立場來看抗戰，而不是以一黨立場來對待抗戰和歷史。

〈撕裂社會的愛〉：某些人有著屁股決定腦袋的偏執。

〈西方傳媒不是鐵板一塊〉：反華勢力是客觀存在還是主觀認定？世界上有沒有一股專門的反華勢力？

〈反法〉：是反一項政策還是反一個國家？

〈反日〉：是反一個國家還是反一種罪惡？

〈移民〉：愛國主義是否等於狹隘的排外？

〈奧運並沒有燒旺民族的熱火〉：運動不等於政治。

〈多元〉：只有一種思想的中國絕不會美好。

〈我們的地圖裏沒有第三世界〉：其實中國人也很有勢利眼。

〈政府形象不能只靠計畫〉：為了形象，便可作偽？為了國家利益，便可不擇手段？

〈一出好戲代替不了制度〉：制度比人格是更好的保障。

〈接班〉：從終身制到限任制是巨大進步。

〈好官〉：以法治國勝於以德治國。

〈問責〉：兩種常規，源於兩種制度。

〈喜事〉：假僕真主，如果公僕是假的，那麼主人就不可能是真的。

〈政府，它的許可權在哪裏？〉：政府越大，人民越小；官員越強，公民越弱。

〈合法性：政府起碼要保障人民的生命安全〉：政府要管理人民時，它在；人民要政府負責時，它往往不在。

〈特供：怎樣區分君主立憲與共和〉：女王和百姓用同樣的好東西，和只有女王才能用的好東西，那意義有著天壤之別！

〈民主〉：是一種自我修正的道路。

〈民意〉：我們的民意是否能通達到決策者？

〈投票（一）〉：民主的限度，投票的適用範圍。

〈投票（二）〉：僅僅「尊重民意」，和由人民決定是完全不同的。

〈歷史〉：中國人精神傳統的斷裂。

〈「大局」究竟是什麼？〉：「大局」只是為當局。

〈創世神話：新中國的歷史問題〉：偶爾有人斗膽說幾句真話，都會引起震動，說明社會在謊言中已經浸泡得太久了。

〈不下毒是做人責任，而非企業責任〉：現世的道德底線已接近崩潰的邊緣。

〈富豪〉：有了錢怎麼用？善於用錢和錢用於善。

〈老師：一種基礎的職業〉：能否改官本位為教本位？

〈寬容是大學的本質〉：大學是包容的相對論，還是政治的統一場？

〈大學校長〉：獨立於政治之外的大學才是「大學」。

〈學術辯論不用罵娘〉：如果黨和政府不許批評自己，那麼「批評與自我批評」的風氣就只是要知識份子自我批評，自輕自賤。

〈潛規則〉：現行社會的真規則。

……如此等等，不一而足。認真讀來，受益非淺。

必須承認，像這樣並不深刻也絕不深奧的常識，大多數內地的評論人寫不出來，大多數內地的媒體也發表不出來，問題何在？就在於梁文道所坦言的，他所處在相對優渥的空間，一個開放的空間，一個寬容多元的空間，也是一個能夠允許人們的常識存在、生長和傳播的空間。而我們中國大陸的內地，目前還不是這樣的一個空間，過去更不是這樣的一個空間。

那我們所在的是一個什麼樣的空間呢？恕我直言，是一個黨識的空間。過去曾是一個完全封閉的黨識空間；所幸改革開放三十年來，現在已成為一個相對開放的黨識空間。說是相對開放，也就是相對還封閉著，這也就是大陸和內地的新聞和評論同道們，在得到資訊和處理息信的自由度上不如梁文道和他的香港同道們優渥的地方。梁文道們的優渥在於，沒有接受中國大陸的黨識教育，才能具備這些常識；不完全接受中國大陸的黨識束縛，才能傳播這些常識。

黨字與常字，上半部相同，下半部不同。

立場決定了思想，屁股決定了腦袋。

其實，中國在二十世紀積累下來的許多難以解決的歷史問題，在很大程度上就只是一個問題：以黨識取代了常識。

新中國建立後的一系列政治運動，從局部的災難發展到全國的災難，從局部的謊言變成一個彌天大謊，原因非常簡單：就是黨識對常識的破壞！同時以黨性取代人性，以政府性取代人民性。這種破壞和取代有時候到了令人髮指的程度。

以常識對物，我鄭重贈予你的東西，是不能隨便索回的，索回便是失諾。可是共產黨以分土地給農民的諾言動員農民支持革命，

建立政權後僅僅幾年，農民分到的土地還沒捂熱又被收走了，因為領袖和黨改了主意，要把農民統統都趕進社會主義。

以常識對人，在艱難歲月中幫助過自己的人是摯友，能夠坦率對自己說出意見的是諍友，對於摯友和諍友，都應該以善待之。可是對於曾經助過自己一臂之力的同盟者民主黨派人士，和對於按照領袖的號召給黨提意見的知識份子，前者不過在數年之內統統被掃出一同建立起來的聯合政府，並把他們和後者一同打成右派，使之淪為政治賤民。因為領袖和黨此時已經掌握了全社會的生殺大權，不再需要朋友幫助，也不再想聽別人說三道四了。

以常識對事，一畝地生產一萬斤糧食那是不可能的事，生產十萬斤就更是荒誕的昏話。可是在大躍進之時全國到處到在大放畝產萬斤乃至十萬斤的衛星，白紙黑字在黨報上登著，誰敢不信？領袖和官員們全都穿上了皇帝的新衣，而小孩子的眼睛都被大人捂上了，生怕他們一不小心就看到和說出了真相。

在一個有憲法有刑法的共和國裏，即便要處死一個人，槍斃也就夠了，用不著割喉，這是常識。在歌頌共產黨人大無畏精神的電影裏面，臨行的共產黨員無不引吭高呼革命口號，似乎是無法無天的國民黨也沒有讓共產黨人啞死。可是到了共產黨要槍斃一個女共產黨員時，竟然要將她割喉禁聲，只是為了怕她喊出反動的甚至是革命的口號！這樣的行為，在人之常識和人之常情之下怎麼可能做出？許許多多這樣的歷史事實，至今仍在被某些人的黨識無視著和掩蓋著。

直到文革，這種破壞到了極點，才物極必反，再一點一點艱難地複歸常識。其實改革開放，就是一個不斷走出黨識局限，一步步回歸常識，並用常識來面對世界和處理現實困境的過程。

以黨識破壞常識，在中國不是從共產黨開始，而是從孫中山的以黨治國開始。他痛感於革命不成，要求其黨員按指模向領袖個人效忠，目的無可厚非，但手段已出了問題：這個行為本身就已經違反了革命黨人反對專制的常識。

以黨識取代常識，問題在於目的性太強，為了目的，不擇手段。異化便由此而生，手段變成了目的。正如共產黨人原初的目的是要推翻舊制度，建立一個人人自由、平等、幸福的新社會。為了這個目的，奪取政權只是手段。可是一旦政權到手，便喧賓奪主地自動變成了目的。一切皆可丟棄，唯有到手的政權不能放手。那些人人自由、平等、幸福的奮鬥目標已變成空洞的說詞。過去奪取政權時所採用過的手段，那些動員群眾爭取民主權利的方式，比如罷工罷課遊行示威言論集會出版自由等等，今朝由我當政之時一概禁用。因為有了公民維護自身權利的自由，就少了政府限制他們權利的自由；有了農民擁有土地和支配土地的自由，就少了過去由政府強力剝奪和現在由官商勾結巧取豪奪他們利益的方便；有了農村和城市的平等，公民和公僕的平等，就少了官員們居於民眾之上的高等；有了人人都能享有的幸福，少數人就會失去超越於普通人幸福之上的那種幸福的特權。改革開放三十年了，這種基本常識許多老百姓都已經具備了，可是許多黨和政府的官員卻並不具備，或者是囿於黨識還不夠具備，更有甚者是基於既得利益不願具備也不想讓更多的人民具備。

　　以常識來看，改革開放並不是什麼未曾有過的發明創造　，而僅僅是對人類文明和民族文化常識的回歸。而現在改革開放所面臨的最大阻礙和危險，就是有一部分既得利益者不肯放棄狹隘的黨識，仍然利用手中所掌握的公權力限制和阻止常識的傳播！

　　可憐的常識，可敬的常識。我們有一些古已有之的常識，在革命的暴風雨中被黨識取代和破壞了；而一些現代社會和當代世界的常識，又因為黨識的封閉性教育而得不到普及。

　　現在中國的社會狀況，是常識和黨識各具其半。因為黨內的改革者們認識到了只靠黨識解決不了中國的問題。像梁文道這樣一些由常識世界生長起來的知識份子，希望讓人民更多地瞭解常識。而控制著大陸媒體的黨的宣傳官員們，則試圖維護著黨識的半壁江山，並且仍有著要把人民的認識拉回黨識一統天下那個時代的企圖和責任感。只因為他們是黨的幹部，一言一行都要維護傳統的黨識。

　　有一些黨識現在仍被很多人認為是常識，比如「人民軍隊忠於黨」。從黨識看來，這是不言而喻的真理；從常識看來，這顯然是還沒有被認識到的謬誤。

　　當然，黨識中也有很好的東西，這些好東西就是它過去鬧革命時的合理性。比如「為人民服務」，問題是如何將它落到實處？

　　黨識中也有很多東西是在與時俱進著，比如「以民為本」，「情為民所系，權為民所用，利為民所謀」等等，一個重要的前提是，能夠為最廣大的人民和未來的社會所接受和認同的那些優秀的和具有先進性的黨識，必須是能與常識相融合並且相輔相成的。中國共產黨如果是真正為了人民的利益和福祉而奮鬥和工作的，就不會有超越於人民常識之上的另外一種認識體系。

　　理清思路，用常識來治理國家和為民服務，是執政黨的當務之急，也是政府真正為人民所認同的必由之路。

中國士大夫傳統的斷裂與復興

　　最近關於普世價值引起了激烈的思想交鋒。反對者看到自由、民主、平等、人權、憲政這些字眼就感到不快，極而言之者認為這種普世價值是意在結束共產黨領導的西方陰謀。他們對普世價值最大的垢病，無非認為那是西方的舶來品，不適合於中國特色的社會主義，將干預中國民主政治的建設。這些對西來價值觀的抵制者，是以中國國情捍衛者的身份出現的。想想有些好笑，這些中國國情捍衛者思想上的老祖宗，其實還是西方的某種價值觀，只不過和現在被大多數國家所接受的普世價值有所抵觸而已。

　　自從鴉片戰爭打破了中國的國門，原先慢慢從帝國城牆縫中滲透的西方觀念，就如颱風一樣勁吹了進來，這其中有源自英國的憲政與改良；有源自法國的平等和博愛；有光大於美國的自由和民主；也有產生於德國的階級鬥爭，並被俄國人拿去用做暴力革命的武器並迅速發展成為強悍無比的無產階級專政。對於中國社會主義革命的發生，傳統的說法是：十月革命一聲炮響，給我們送來了馬克思列寧主義。其實近一個世紀後回頭去看，蘇聯人送來的並非馬克思和恩格斯原本的理論，而是經過列寧和史達林惡紫奪朱後變了形與色的強制性社會

實驗。馬克思主義雖然提倡階級鬥爭，但是還重視自由和關心人性，可是到了列寧主義特別是史達林主義那裏，自由已被徹底拋棄，而人則完全成了無產階級專政的機器零件和鎮壓對象。

在二十世紀之初，西風東漸，雖然西方的舶來品不止一種，但是最激進的中國革命者希望改造舊世界能夠一蹴而就，於是選擇了藥效最猛的馬克思加列寧加史達林主義，準確地說，是一種暴力社會主義。因為暴力社會主義革命的成功，這位從西方來的客座教授便儼然成了中國這塊古老土地上大權獨攬的新主人，並且有著把中國的主人永遠當下去的遠大志向。所以對於希望夠分權於社會讓利於民眾那些普世價值，才會旗幟鮮明地加以反對。

暴力社會主義的代表人物當然是毛澤東，現今那些反對普世價值的人，無一不是站在毛澤東的立場。毛澤東對於自己執政合法性的認定最基本的一條就是已經將馬克思主義的理論和中國革命的具體實踐相結合。他的一句名言是不破不立，那麼，他的暴力革命實驗，究竟用西方暴力革命觀念（姑且稱之為馬克思主義），結合並立起了中國傳統中的哪些東西，又破壞和摧毀了中國傳統中的哪些東西，這是一個值得研究和思考的問題。

認真梳理一下中國的歷史，可以看出中國有三個層面的傳統在兩千多年的時間裏被延續傳承著。

第一個層面是社會的上層，即帝王之家的政治傳統。這種政治傳統的基本概念是以天下為己有。最有代表性的語言是：「朕即天下」。「普天之下，莫非王土；率土之濱，莫非王臣。」並且這個皇帝家的天下，是要一代一代傳下去的，直到有一天暴亂蜂起，社稷變姓，才由另一個帝王取而代之。

　　第二個層面是社會的中層，即士大夫們的文化傳統。所謂士大夫，是官員和知識份子，在傳統的中國社會裏，這兩者往往是合二為一的，士大夫階層處在社會的中間，也是社會的中堅力量。他們上對天子，下對黎民。對上，要維護政治秩序；對下，則要關照百姓生計，他們必須盡他們這個階層應負的社會責任。這種文化傳統的基本概念是以天下為己任。最有代表性的語言是：「為天地立心，為生民立命，為往聖繼絕學，為萬世開太平」（這四句話中前三句都對，唯第四句有些一廂情願）。士大夫階層中的優秀份子，往往有著高尚的精神境界和理想情操，為國為民，不惜其身，甚至不惜其命。

　　第三個層面，也就是像野草一樣生存於社會的底層的農民。因為既缺少政治資源，又缺少文化資源，他們所傳承的，很難說是政治傳統，也談不上文化傳統，但是有一種苟活於亂世的生命本能顯然也在他們中間世代相傳。這種生命本能，在太平盛世表現為草民意識；要躲避天災人禍時是遊民意識；而到了亂世來臨，就變成了綠林好漢的造反意識，到了這個時候，原先匍伏在地的野草便燃成了漫天的野火。草民們的生存法則是：能忍則忍，不能忍則反。當政治穩定時，他們承認天無二日，國無二主。當世事動亂時，他們會提出：「蒼天已死，黃天當立」；「皇帝輪流做，明天到我家」。他們信服「成者王侯敗者賊」這樣的叢林法則，造反成功了就是天子，造反不成功就是賊子。皇上有天下時，自己甘當奴才；而一旦自己擁有了天下，別人就是奴才，視蒼生為芻狗是理所當然的。

　　毛澤東說他把馬列主義和中國的國情相結合了，究其實際，確實達成了西方主義與東方傳統在某些方面的接軌。

　　首先，是造反有理，是馬列主義的造反理論和中國社會最底層的生存本能和造反本能相接軌。他成功地以土地為誘餌發動起最廣大的農民加入了自己的造反大軍，宣佈蒼天已死，紅天當立。造反成功，自然就成為天子，而被趕走的敵人就成了賊子。既然新主人擁有了天下，那麼其他人就得跪下對他三呼萬歲，這完全符合農民的心理。既然土地是當朝從地主那裏搶來分給你的，那麼當朝又拿走了你又能說什麼？反正能忍則忍，忍不下去還得忍。因為當朝管制社會底層的手段遠非前朝可比。餓死數千萬農民的事，要是在皇帝老兒當政時草民們早就反了，可是在無產階級專政的銅牆鐵壁面前，野草們就是枯死了，也很難燃得起漫天的大火，只能腐爛了成為泥土。只有到嚴酷的環境相對鬆懈了，那些草根們再頑強地萌發出求生的新芽。

　　其次，是改朝換代，是無產階級專政理論和「朕即天下」的中國傳統皇權意識相接軌。對此毛澤東有一句話：我就是馬克思加秦始皇！信然。秦始皇不過坑了幾百個儒，毛澤東坑了多少？秦始皇燒掉了他不喜歡的書，而毛澤東要把他不喜歡的思想統統消滅。於是，中國歷史上曾經發生過的焚書坑儒，在二十世紀被當政者用西方傳來的思想武器大規模地執行。而這種焚書坑儒現代版的首當其衝者，就是延續著中國士大夫傳統的知識份子，和那些有著知識份子情懷和情操的黨政官員。他們的名字我們可以排出長長的一列：馬寅初、儲安平、章伯鈞、羅隆基、林昭、遇羅克、張志新、彭德懷、張聞天、劉少奇、鄧小平……他們有的失去了權力，有的失去了生命，有的倖存下來，成為後來改革開放的推動者。但是在當時，這種對知識份子和正直理性的黨政官員的殘酷鬥爭無情打擊，幾乎

是徹底割斷了中國士大夫階層以天下為己任的優良傳統。有彭德懷的罷官放在那裏，還有哪個官員敢為人民鼓與呼？有張志新的屍體橫在那裏，還有那個知識份子敢說出自己的真實觀點？有劉少奇的下場擺在那裏，還有哪一個高官敢不小心翼翼地屈從上意？正因為暴力社會主義徹底摧毀了中國士大夫階層的精神傳統，並使得應該繼承這一傳統的公共知識份子階層無以形成，才導致中國社會一步步走到了現在這種百病叢生的狀況，最大的病症就是全社會的虛偽。首先是官員階層的虛偽，只為既得利益而明哲保身，不敢正視執政者曾經犯下的錯誤，更不要說平反糾正了，在他們那裏，往往沒有是非的認定，只有權力得失的考慮，穩定成了得過且過的護身符；其次是商人階層的虛偽，以次充好，以假蒙人，為了贏利，不擇手段，既然社會已經沒有了道德標準，他們樂得只用錢來衡量和潤滑一切。當上層的官和中層的商都已經如此，那麼底層民眾的心態也就可想而知了。

這就是從西方傳來的某種價值體系，在下層先與中國本土的造反傳統相結合，在上層再與中國本土的帝王傳統相結合，偏偏對形成社會中堅力量並承載著中國人精神文化傳統和道德倫理體系的士大夫階層加以毀滅性破壞的結果。

在農村，暴力土改摧毀了鄉村中士大夫傳統；

在城市，反右等一系列針對知識份子的運動摧毀了城市中的士大夫傳統；

在黨和政府的組織裏，最高權力者整肅意見不同者的政治鬥爭摧毀了統治階層內部的士大夫傳統；

那麼還剩下什麼呢？就是高高在上的神聖廟堂和匍伏在地的無奈草民。

我們還能指望什麼呢？是指望廟堂的架構因朽損而坍塌？還是草民們再度燃起失控的野火？須知那都不是民族和國家之福。

回首二十世紀，中國的士大夫精神曾有過三次復興，每次都由有理想有熱血的青年知識份子發起，每次都在國家廟堂前的那塊空地天安門廣場上風起雲湧。

第一次是 1919 年的五四運動。年輕激進的知識份子舉起了德先生賽先生這兩面啟蒙的大旗，雖然喊出了「打倒孔家店」這樣的反傳統口號，但其精神內涵卻是「以天下為己任」式的救亡圖存，所想所為正是「為天地立心，為生民立命」，所不同的只是把「為往聖繼絕學」變成了「為西聖開新學」。這次復興運動的長遠後果是導致了 1949 年新中國的建立。遺憾的是在建國之後，這種少年中國的士大夫精神卻在由西聖創立的無產階級專政的一次次整肅之下漸趨式微，並由此導致了史無前例的文化大革命。

第二次是 1976 年的四五運動。所謂無產階級文化大革命，以反對修正主義防止資本主義復辟為名，以毛澤東個人奪回並掌控國家權力為實，實際上是中國帝王傳統在共和國的復辟，其結果是強烈的政治壓抑最終造成民間反抗精神的反彈。當時中國的兩個領導人實際上成了兩種傳統的代表，毛澤東自然是皇帝再世，而周恩來的某些品質可以看成是士大夫的典範。周的逝世，給了具有士大夫氣質的青年知識份子一個契機，他們借清明節悼念總理之時在天安門廣場上大膽表達出了他們的意願。這次表達雖然被大棒彈壓和驅散，但其反映出的民心民意直接導致了半年後的「四人幫」被抓和

兩年後中國共產黨路線和政策的方向性改變，從對內高壓對外封閉變成對內改革對外開放，這是民間的和官方的士大夫精神的一次完美結合。可惜的是，這種體制內外的精神合作僅僅保持了十年，便因為中國政治改革多舛的命運而付之東流。

第三次是 1989 年的學生運動。這次運動和 1976 年的運動極為相似，都是為一個堪稱士大夫楷模的政治人物鳴冤叫屈，希望當局能給他以公正的對待，上一次是周恩來，這一次是胡耀邦。對於這一事件所引發的後果，作為中國人任何時候想起來都會痛心疾首、扼腕歎息。在對這場流血事件的反覆思考中，我想有兩個重要因素似乎多少被人們忽略了：一個是抗議者的心態；一個是當政者的心態。二者都沒有能夠設身處地地站到對方的立場來思考問題，本來應該達成妥協，卻最終造成了流血的撕裂。

在 1976 年的四五運動中，提出抗議的青年知識份子和最高當權者毛澤東和實際掌權者「四人幫」明顯站在對立的營壘。在這種對立的狀況下，鎮壓者使用的武器是便衣警員、工人民兵和大棒，抗議者被驅散和逮捕，但還沒有直接造成死亡。而且這次抗議運動的直接後果是毛澤東死後「四人幫」的垮臺。在 1989 年的抗議者看來，當年向立場完全不同的「四人幫」以及他們背後的毛澤東抗議，最壞的結果不過是被打、被抓、被關；而最好的結果卻是「四人幫」的垮臺。那麼這一次抗議，其結果無論如何不會比上一次更壞。因為此次面對的當局在理念上並不是完全對立的，無論是退居幕後的鄧小平還是擔任總書記的趙紫陽，都可以說和他們是改革開放的同路人，而且他們為之討公道的又是改革開放最大的功臣胡耀邦，他們反對的僅僅是當政者中的保守勢力。這樣的抗議，沒有理由不像

1976 年那次那樣得到成功。學生們最基本的要求不過是改變人民日報社論中對他們行為的定性，這種要求理應得到當局的讓步。

可是，如果從當政者的心態來看，情況就完全不一樣了。1976 年的四五運動，可以看成立場相反的前車之鑒。既然 1976 年 4 月所點燃的民眾不滿之火可以導致「四人幫」的垮臺，那麼 1989 年 4 月掀起的這場規模更大勢頭更猛的抗議運動，如果不加以有效彈壓的話，是否也會導致當政者的垮臺？對於以總理李鵬為代表的那些人來說，讓步即意味著保守派的垮臺。出於自保的目的，他們在向年邁的鄧小平彙報時明顯擴大了這樣一種資訊指向，成功地讓黨內最高決策者相信，如果讓步，不僅意味著黨內保守派的垮臺，而且是整個共產黨統治的垮臺。我想這個民族的悲劇，就是這樣在資訊的歪曲和放大之下發生的。

作為抗議者，年輕的學生們決不會想到和平的絕食會遭到坦克的鎮壓，他們不會想到已經走上改革開放之路的政府真的會對請願者痛下殺手！而作為當政者，他們會認為這是被情勢所逼不得不如此：如果不用真正的武器來徹底彈壓，那麼政權就將垮臺！

中國士大夫精神在二十世紀裏的第三次復興，就這樣被撲滅了。在這樣一個悲劇性事件中，我想承受壓力最大的人是鄧小平。作為中國共產黨的第二代領導核心和中華人民共和國的開國元勳之一，他不可能冒共產黨統治被顛覆的危險，該滅的火他一定要撲滅，這就是 1989 年的六四事件。作為中國改革開放的最高決策者和推動者，他也不可能讓其開創的這一項偉業付之東流，該點燃的火，他一定要點燃，這就是 1992 年的南巡講話，他甚至提到了誰不改革誰下臺的高度，直接威脅到了當時的最高領導人。

南巡講話，在困難的狀況下確實重新點燃了經濟改革之火，最後甚至燒掉了姓社姓資的這道藩籬，使中國進入了世界資本流動的大循環。但是政治改革之夢，和知識份子心中的士大夫精神之火，卻已奄奄一息，難再燃起。如果說九十年代前中國知識份子普遍地具有理想化色彩的話，那麼九十年代之後則是大規模地犬儒化、物質化、乖巧化。這道時間上的分水嶺就是 1989 年 6 月 4 日。

既然政治訴求此路不通，那麼就只能轉而尋求經濟利益，全社會一切向錢看，一致向錢看，知識份子也概莫能外，不成為奸商就已經很好了。整個社會在經濟發展民富國強的同時，唯利是圖的風氣也充斥到方方面面。在這樣一種謀實利講虛偽的社會氛圍裏，普通民眾中還會有多少人願意去當吃力不討好的公共知識份子呢？知識份子中還有多少人能夠繼承以天下為己任的士大夫傳統呢？而黨政官員中又有多少人能夠成為有遠見、肯擔當、並且願意犧牲的胡耀邦和趙紫陽呢？

我們的民族，已經失去了能夠承載它精神傳統的那一群人。我們還有哀民生之多艱，歎道路其修遠的屈原嗎？我們還有「先天下之憂而憂，後天下之樂而樂」的范仲淹嗎？我們還有「天下興亡，匹夫有責」的顧炎武嗎？我們還有「天下之治亂，不在一姓之興亡，而在萬民之憂樂」的黃宗羲嗎？我們還會有勇敢地開創了改革開放新局面的領袖人物葉劍英、鄧小平嗎？我們還會有改革開放初期活躍在政治舞臺上的，為人民所需要和喜愛的，像萬里、項南、任仲夷、習仲勳那樣一些思想解放政治開明的領導人嗎？如果我們還有指望的話，就只能指望從官場上，從商海裏，更為重要的是從草民們的土地上，能夠越來越多地走出一群以天下為己任，而不僅僅是

以掌政為己任的新型士大夫，以他們的言行教化民眾，影響政治，發展經濟，凝聚成為真正的中國精神和當代中國社會的中堅力量，擔當起引導中國走向未來和自立於世界民族之林的歷史使命。

重讀「老三篇」

現在的年輕的人知道「老三篇」是什麼嗎？相信四十歲以上的人都不陌生，那是文革時期所有中國人都天天要讀的文章，許多人都能倒背如流的。但是，時光勝過文章，畢竟「天天讀」那樣的宗教儀式隨著毛澤東逝去而逝去了。多年不讀，如今再翻出來重讀一下，相信你會有一種陌生感甚至荒誕感。當年革命上帝的紅色聖經，幾十年後重溫，竟成了黑色幽默。

先來看《為人民服務》：

毛澤東開宗明義：

> 我們的共產黨和共產黨所領導的八路軍、新四軍，是革命的隊伍。我們這個隊伍完全是為著解放人民的，是徹底地為人民的利益工作的。張思德同志就是我們這個隊伍中的一個同志。

張思德同志確實是完全徹底地為人民的利益工作的模範，但是奇怪得很，在《為人民服務》這篇文章誕生以後，特別是張思德在其中的這支隊伍奪取了中國的政權之後，像張思德這樣完全徹底地

為人民服務的同志就越來越少了，不完全徹底地為人民服務，甚至是完全徹底地讓人民為自己服務的異志卻越來越多了，特別是現在，這種異志的人多到了讓人民已經不太相信這支隊伍的程度了，這是為什麼呢？顯然當年的毛澤東沒有想過這樣的問題，只有為人民服務的良好宗旨，解決不了這個問題。

> 人總是要死的，但死的意義有不同。中國古時候有個文學家叫做司馬遷的說過：「人固有一死，或重於泰山，或輕於鴻毛。」為人民利益而死，就比泰山還重；替法西斯賣力，替剝削人民和壓迫人民的人去死，就比鴻毛還輕。張思德同志是為人民利益而死的，他的死是比泰山還要重的。

毛澤東在那個時候，把一個很卑微的燒炭士兵的死說成是比泰山還要重的，無疑極大地凝聚了無數個像張思德這樣來自底層的士兵的心，這些卑微的人為他的江山大業出了不可估量的力。但是，同樣是這樣卑微的人，在毛澤東得到江山後的十年以後，卻因為沒有飯吃而大量地餓死，數量達到三千萬之巨！把這些人的屍體堆積起來，恐怕也就是一座泰山了吧？但在領袖的眼裏，他們卻死得比鴻毛還輕。這支隊伍中還有一些人，在為人民服務的事業中做過比張思德重要得多的工作，但是在無數人高舉紅寶書天天高誦《為人民服務》的時候，他們卻在偉大導師的眼皮底下淒慘而屈辱地死去了，導師視若無睹，不知他們的死是輕還是重？

> 因為我們是為人民服務的，所以，我們如果有缺點，就不怕別人批評指出。不管是什麼人，誰向我們指出都行。只要你

說得對，我們就改正。你說的辦法對人民有好處，我們就照你的辦。「精兵簡政」這一條意見，就是黨外人士李鼎銘先生提出來的；他提得好，對人民有好處，我們就採用了。只要我們為人民的利益堅持好的，為人民的利益改正錯的，我們這個隊伍就一定會興旺起來。

李鼎銘先生是幸運的，在毛還未得天下時納了一個諫，被採納了，還受到了表揚。可是梁漱溟先生就不那麼幸運了，當毛天下既得之後，在政治協商會（請注意：是政治協商會，而不是群臣表忠會）上為農民的疾苦提了一條意見，其內容也類似於「精兵簡政」吧，無非是要減輕農民的負擔，卻被毛澤東以帝王之尊罵了個狗血噴頭。這個時候，《為人民服務》的作者已經不肯為人民的利益改正錯誤了，因為他已經強行「代表」了人民，人民和他們的代表，已經不能向他提意見了，逆耳的忠言，成了大逆不道。

我們都是來自五湖四海，為了一個共同的革命目標，走到一起來了。我們還要和全國大多數人民走這一條路。我們今天已經領導著有九千一百萬人口的根據地，但是還不夠，還要更大些，才能取得全民族的解放。我們的同志在困難的時候，要看到成績，要看到光明，要提高我們的勇氣。中國人民正在受難，我們有責任解救他們，我們要努力奮鬥。要奮鬥就會有犧牲，死人的事是經常發生的。但是我們想到人民的利益，想到大多數人民的痛苦，我們為人民而死，就是死得其所。不過，我們應當儘量地減少那些不必要的犧牲。我

們的幹部要關心每一個戰士，一切革命隊伍的人都要互相關心，互相愛護，互相幫助。

毛澤東真是鬥爭哲學的倡導者，剛建國沒有多少時候，要奮鬥就會有犧牲就變成了「七億人口，不鬥行嗎？」不知道人口數量和非鬥不可是一種什麼樣的邏輯關係，反正到了文革時代，死人的事是越來越多地發生了！一切革命隊伍裏的人，都在互相揭發、互相批鬥、互相傷害。

今後我們的隊伍裏，不管死了誰，不管是炊事員，是戰士，只要他是做過一些有益的工作的，我們都要給他送葬，開追悼會。這要成為一個制度。這個方法也要介紹到老百姓那裏去。村上的人死了，開個追悼會。用這樣的方法，寄託我們的哀思，使整個人民團結起來。

開追悼會是個好方法，在這支隊伍裏不管死了誰，都要開追悼會。不同的是，張思德同志的追悼會，說開就開了。只是劉少奇、彭德懷、賀龍、陶鑄等一大批為人民做過更多有益工作的同志，他們的追悼會，要等毛澤東的追悼會開過了很久以後才能開。

再來看《紀念白求恩》：

……一個外國人，毫無利己的動機，把中國人民的解放事業當做他自己的事業，這是什麼精神？這是國際主義的精神，這是共產主義的精神，每一個中國共產黨員都要學習這種精神。列寧主義認為：資本主義國家的無產階級要擁護殖民地

人民的解放鬥爭，殖民地半殖民地的無產階級要擁護資本主義國家的無產階級的解放鬥爭，世界革命才能勝利。白求恩同志是實踐了這一條列寧主義路線的。我們中國共產黨員也要實踐這一條路線。我們要和一切資本主義國家的無產階級聯合起來，要和日本的、英國的、美國的、德國的、義大利的以及一切資本主義國家的無產階級聯合起來，才能打倒帝國主義，解放我們的民族和人民，解放世界的民族和人民。這就是我們的國際主義，這就是我們用以反對狹隘民族主義和狹隘愛國主義的國際主義。

　　中國革命成功以後，毛澤東確實踐了列寧輸出革命的路線，向世界發揚了很多國際主義精神。先是在立國初始，人民需要休養生息的時候，毛澤東力排眾議，打了一場保家衛國的抗美援朝戰爭。在這場以弱對強的戰爭中，中國人民志願軍的精神是可歌可泣的，但是有兩個問題不容忽視。首先，能夠捨棄了個人利益赴朝參戰的志願軍戰士，都是和白求恩同志一樣的國際主義戰士。但是他們之中的很多人只是因為命運的坎坷成了戰俘，他們的國際主義精神便被一筆勾銷了，不但得不到白求恩這樣的褒獎，反而成了長期生活在屈辱之中政治賤民。其次，現在再來看這場戰爭，保家為國的說法未必確實，實際的效果是「保名衛金」，保護了毛澤東敢於鬥爭的名聲，保住了一個頑固專制的金家王朝，可憐的朝鮮人民，不知何時才能得到解放。此外，中國在國際主義旗號下對其他國家的革命輸出，其結果更是慘不忍睹：對印尼共產黨武裝奪權的鼓勵導致了軍事政變後對印共的大屠殺；對阿爾巴尼亞勒緊褲帶的長期援助

換來的結果是恩將仇報的反目;而對柬埔寨共產狂人波爾布特的國際主義援助,更是為其消滅了一半國人的大屠殺助為紂為虐。當毛澤東故去,中國共產黨人終於從共產主義救世主的夢幻中清醒過來,開始借資本主義的經濟運行方式來自救時,與之聯合的就不再是資本主義國家的無產階級,而是資本主義國家的資產階級,有時甚至是幫助資本主義國家的資產階級來剝削自己國家的無產階級。對於信誓旦旦的國際主義來說,前者和後者是不是都有點荒唐可笑?

至於文章最後對白求恩精神的評價和提倡,應該是沒有錯的:

> 我們大家要學習他毫無自私自利之心的精神。從這點出發,就可以變為大有利於人民的人。一個人能力有大小,但只要有這點精神,就是一個高尚的人,一個純粹的人,一個有道德的人,一個脫離了低級趣味的人,一個有益於人民的人。

只是在一個權力導致腐敗的政治體制中,但凡手中有點可以用來腐敗的權力,要當白求恩這樣純粹的人是不是太難了?

很久沒有讀毛澤東的《愚公移山》了,再讀一讀,會有什麼感覺呢?下面的這段文字,是三十年前讀熟了的:

> 中國古代有個寓言,叫做「愚公移山」。說的是古代有一位老人,住在華北,名叫北山愚公。他的家門南面有兩座大山擋住他家的出路,一座叫做太行山,一座叫做王屋山。愚公下決心率領他的兒子們要用鋤頭挖去這兩座大山。有個老頭子名叫智叟的看了發笑,說是你們這樣幹未免太愚蠢了,你

們父子數人要挖掉這樣兩座大山是完全不可能的。愚公回答說：我死了以後有我的兒子，兒子死了，又有孫子，子子孫孫是沒有窮盡的。這兩座山雖然很高，卻是不會再增高了，挖一點就會少一點，為什麼挖不平呢？愚公批駁了智叟的錯誤思想，毫不動搖，每天挖山不止。這件事感動了上帝，他就派了兩個神仙下凡，把兩座山背走了。現在也有兩座壓在中國人民頭上的大山，一座叫做帝國主義，一座叫做封建主義。中國共產黨早就下了決心，要挖掉這兩座山。我們一定要堅持下去，一定要不斷地工作，我們也會感動上帝的。這個上帝不是別人，就是全中國的人民大眾。全國人民大眾一齊起來和我們一道挖這兩座山，有什麼挖不平呢？

挖山是一種象徵，是要排除擋在面前的困難。當年壓在中國人民頭上的兩座大山，帝國主義是被挖掉了，這是世所公認的。外國人再想到中國來欺負中國人，可能性不太大了。但是中國人卻仍然可以欺負中國人，這一點往往被高呼民族主義口號的人們忽視。現在中國人民身上還有沒有大山？看看現狀，令人悲觀，六十多年過去了，中國人民身上依然還壓著一座大山，叫做專制主義。早已成了執政黨的中國共產黨是否還有領導或幫助中國人民挖山的決心呢？似乎不太好說，因為執政黨的很多人（當然不是全部）就住在專制主義這座山上，要挖這座大山，好像就是挖他們祖墳和家園。雖然人民群眾早就覺得它妨礙交通，但想挖掉它卻困難重重。除此之外，還有一座山，叫官僚資本主義，或者叫權貴資本主義，這是

依靠在專制主義大山上形成的又一座大山。人民群眾對它更是怨聲載道，但想挖它的石頭，就等於是動專制大山的土，同樣困難重重。

當年的毛澤東儼然是爭取民主的鬥士，他慷慨激昂地說：

> 現在的世界潮流，民主是主流，反民主的反動只是一股逆流。目前反動的逆流企圖壓倒民族獨立和人民民主的主流，但反動的逆流終究不會變為主流。現在依然如史達林很早就說過的一樣，舊世界有三個大矛盾：第一個是帝國主義國家中的無產階級和資產階級的矛盾，第二個是帝國主義國家之間的矛盾，第三個是殖民地半殖民地國家和帝國主義宗主國之間的矛盾。這三種矛盾不但依然存在，而且發展得更尖銳了，更擴大了。由於這些矛盾的存在和發展，所以雖有反蘇反共反民主的逆流存在，但是這種反動逆流總有一天會要被克服下去。

六十多年後，再看看他當年論及的三大矛盾如何了呢？

帝國主義國家中無產階級和資產階級的矛盾，並沒有如列寧和史達林所預言的那樣將推翻資產階級的統治，反而在互相妥協中得到化解，形成了比較穩定的憲政民主制度；帝國主義國家之間的矛盾，也沒有如某些共產黨人希望的那樣形成再一次世界大戰，在互相削弱中給共產主義革命以機會，也在互相妥協中得到化解，現在的歐洲，甚至在經濟體制和政治理念上實際上成了一個統一的大國家；殖民地和半殖民地國家和帝國主義宗主國之間的矛盾，也在很大的程度上得到了化解，因為隨著爭取民主和民族獨立的世界潮流，許多原來的殖民地都已獲得了民族獨立。彰顯出來的，反倒是

這些已爭得民族獨立的國家中統治者和人民大眾的矛盾，正如我們現在所感受到的這種社會矛盾。毛澤東前面的論斷並沒有錯：「現在的世界潮流，民主是主流，反民主的反動只是一股逆流。」但是當年民主潮流中領導著人民爭取民主的中國共產黨，在奪取了政權之後，行動遲滯了，身體沉重了，腳步停止了，在某些時候，甚至是反著當年前進的方向朝後逆行。這是所有仍然對民主心嚮往之的人能夠切身感覺到的。而最嚴重地阻擋著中國人民的民主進程的，就是由毛澤東的政治遺體所化成的巨大山體。

挖山的困難，一是在於山上人的反對，二是在於智叟的勸阻。現在的社會上，雖然認為兩座大山是不合理的人很多，但真正下決心挖山的愚公還不是太多，因為對於處於社會底層的老百姓和人微言輕的知識份子來說，這山實在是太大了！而很多世故圓滑的智叟在用他們的處世哲學勸世：別挖了，別挖了，你挖不動的，也挖不了！存在的就是合理的，小心叫山石給砸了！

我們該如何選擇呢？是當矢志不移的愚公，子子孫孫挖山不止；還是灰心喪氣地在山腳下蹲著，等待著有朝一日滄海桑田？

激憤與從容

——重讀兩本小冊子

在我的面前，放著兩本薄薄的書。

一本是馬克思和恩格斯的《共產黨宣言》；

另一本是約翰・密爾的《論自由》。

《共產黨宣言》發表於 1848 年，《論自由》出版於 1859 年，兩書相距十一年。這兩本誕生於十九世紀中葉的小書，極大地影響了二十世紀幾乎整個人類的政治思維和政治行為。在世界範圍內各個國家的政治實踐因此而分為兩種：一種是信奉共產主義思想實行社會主義制度的東方諸國：蘇聯、中國、朝鮮、越南……加上並不在東方的古巴和阿爾巴尼亞等；另一種是崇尚自由理論實行民主政治的西方諸國：美、英、法、德、意、加和大部分歐洲國家。

前一本是共產主義運動的經典；後一本是自由主義理論的基石。二十世紀的世界，曾一度由這兩本書所生發開來的思想和制度，分化為互相對立的兩極。一直到二十世紀將近結束的時候，這種兩極的對立的局面才因為蘇聯的瓦解和中國的改革開放而有所改變。但在許多方面，由這兩種觀念而形成的思想與體制上的對峙

依然存在，依然成為人們思想和政治衝突的主要分歧。從十八世紀中葉到二十一世紀初，一百五十年已經過去，許多政治事件也已塵埃落定。或許，現在是可以比較客觀冷靜地來讀一讀這兩本小書，來比較一下這兩本書的作者思想的差異，來梳理一下這兩種不同思想的脈絡的時候了。

　　由於學識和時間的有限，本人不準備旁徵博引更多的資料，只想就這兩本書本身的論述作一個閱讀感受上的比較。如有謬誤之處，歡迎批評指正。

> 　　一個幽靈，共產主義的幽靈，在歐洲徘徊。舊歐洲的一切勢力，教皇和沙皇、梅特涅和基佐、法國的激進黨人和德國的警員，都為驅除這個幽靈而結成了神聖同盟。
>
> 　　有哪一個反對黨不被它的當政的敵人罵為共產黨呢？又有哪一個反對黨不拿共產主義這個罪名去回敬更進步的反對黨人和自己的反動敵人呢？
>
> 　　從這一事實中可以得出兩個結論：
>
> 　　共產主義已經被歐洲的一切勢力認為一種勢力；
>
> 　　現在是共產黨人向全世界公開說明自己的觀點、自己的目的、自己的意圖並且拿黨自己的宣言來對抗關於共產主義幽靈的神話的時候了。

　　這是《共產黨宣言》開宗明義的第一段話。這一段既有充沛的激情又極富文學色彩的文字，當年不知沸騰了多少激進青年的熱血，激動了多少渴望奮鬥的人的心靈。記得我初次讀到它的時候是七十年代初，那時的我只是十六七歲的年紀，在從小受到的革命教

育下，充滿了要為人類最崇高的理想共產主義奮鬥終生的信念。那時候讀它，是懷著無限虔誠的心情來讀的，因為這就是共產主義者的《聖經》，而信徒對《聖經》是不會有任何懷疑的。直到經歷的事情多了，年事漸長，所看到的現實和所宣傳的理想之間產生了巨大的裂隙，熱血開始冷卻，心靈開始反思，並且也多讀了幾本馬克思恩格斯的書，才忽然悟道：馬克思主義的精髓在哲學上其實是懷疑！那麼，我們對這個主義建立的理論為什麼一向盲從，從未表示過任何懷疑呢？而懷疑，是需要參考系的。正如我們如果不知道西方資本主義國家裏人民生活的真實情況，就不知道我們喊了那麼多年「要解放世界上三分之二的受苦人」那種口號有多麼荒唐。

《論自由》由商務印書館初版於 1959 年，剛好是它誕生的一百周年。我手頭的這本是 1985 年第五次印刷的書。正像它的問世比《共產黨宣言》晚了十幾年，我讀到它的時候，也比初讀《共產黨宣言》晚了十幾年。正是由於對《論自由》的閱讀，才使我得到了另一種思相體系和思維方式的參考，從而開始對《共產黨宣言》所宣示出的共產主義的原理產生了某些懷疑。

不知是因為翻譯的原因還是作者原來的行文風格，《論自由》的文字遠不如《共產黨宣言》那樣曉暢通達和富有感染力，但是它卻有一種從容大度，平靜地述說著他的道理和觀點。它不像《共產黨宣言》那樣先聲奪人並且咄咄逼人，卻有一種理性的力量，似乎在默默對抗著《共產黨宣言》那種感性的宣傳。它在「引論」中說：

愛國者的目標就在於，對於統治者所施用於群體的權力要劃定一些他所應受到的限制；而這個限制就是他們所謂自由。謀取這種限制之道有二。第一個途徑是要取得對於某些特權即某些所謂政治

自由或政治權利的承認，這些自由或權利，統治者方面若加侵犯，便算背棄義務，而當它果真有所侵犯時，那麼個別的抗拒或者一般的造反就可以稱為正當。第二條途徑，一般說來係一個比較晚出的方策，是要在憲法上建立一些制約⋯⋯

國家的各種官府若成為他們的租戶或代表，可以隨他們的高興來撤銷，那就要好得多。他們看到，只有那樣，他們才能享有完全的保證使政府權力永不致被妄用到對他們不利。這個想使統治者出於選舉並且僅任短期的新要求，逐漸成了平民政黨所致力的顯明目標，在相當不小的程度上代替了以前僅要限制統治者權力的努力。

在《共產黨宣言》的作者一門心思只考慮他們代表的無產者如何才能奪取政權、創造自己的政治體制的時候；《論自由》的作者想的卻是如何才能使掌握政權的統治者不能以手中的權利力對被統治者妄加迫害。這是這兩本書完全不同的出發點。

讓我先從《共產黨宣言》談起。在前面所引的那個精彩的短序之後，《共產黨宣言》分為四章。楷體字是引用的原文。

一、資產者和無產者。

此章的第一句話：到目前為止一切社會的歷史都是階級鬥爭的歷史。

以前讀它的時候，只感到一種決絕的快意，這種說法是多麼地簡單明瞭。但現在想來，不知為什麼深諳辯證法的馬克思和恩格斯在這個問題上會如此武斷地把人類的整個歷史只簡單化為階級鬥爭史，把人群簡單地劃分為對立著的兩大階級。如果已戴上了階級

鬥爭的有色眼鏡去看歷史,當然就濾去了階級和階層之間的某些融合與互補,而只剩下了鬥爭。當作者在為自己的理論尋找依據時,深刻的思想者也不惜犯簡單化的錯誤。

作者說:

> 從封建社會的滅亡中產生出來的現代資產階級社會並沒有消滅階級對立。它只是用新的階級、新的壓迫條件、新的鬥爭形式代替了舊的。

我們現在可以問了:那麼誰能消滅階級對立呢?無產階級嗎?我們從幾乎貫穿了二十世紀的無產階級革命的實踐可以看出,無產階級政權也並沒有消滅階級對立,反而更加劇了階級對立。其中十分荒誕的一點是:把本來是屬於自己階級的優秀份子排擠出去當作資產階級對立和鬥爭起來。

在這一章裏,作者論述了資產階級的產生,它的社會地位,它的缺陷和危機。這一切都是要證明這樣一個論點:

> 資產階級用來推翻封建制度的武器,現在對準資產階級自己了。資產階級不僅鍛造了置自身於死地的武器;它還產生了將要運用這種武器的人——現代的工人,即無產者。

於是,無產階級堂而皇之地登上了歷史舞臺,並且要徹底地佔據這個舞臺。

> 由於機器的推廣和分工的發展,無產者的勞動已經失去了任何獨立的性質,因而也失去了對工人的任何吸引力。工人變

成了機器的單純的附屬品，要求他做的只是極其簡單、極其單調和極容易學會的操作。他們都只是勞動工具。

可是後來發生和成功了的無產階級革命，改變了工人的這一性質了嗎？從生產的意義上說，並沒有改變。而從歷次的政治運動中來看，工人不但是國家的勞動工具，還被用作政治工具。

在當前同資產階級對立的一切階級中，只有無產階級是真正革命的階級。其餘的階級都隨著大工業的發展而日趨沒落和滅亡，無產階級卻是大工業本身的產物。

大工業使得資產階級暴富，其他人淪為赤貧。所以值得詛咒；而大工業是產生無產階級的溫床，是革命的搖籃，似乎又應該歌頌。大工業是無產階級革命的黃埔軍校，偉大導師認為：只有從它裏面培養出來的無產階級才具有正宗的革命身份。

中間等級，即小工業家、小商人、手工業者、農民，他們同資產階級作鬥爭，都是為了維護他們這種中間等級的生存，以免滅亡。所以，他們不是革命的，而是保守的。不僅如此，他們甚至是反動的，因為他們力圖使歷史的車輪倒轉。如果說他們是革命的，那是鑒於他們行將轉入無產階級的隊伍……

從這裏，我們找到了後來以階級劃線的理論依據。

人的屬性，不能僅僅是階級屬性。只用階級來劃線，不知給社會造成了多少錯誤和災難。

> 流氓無產階級是舊社會最下層中消極的腐化的部分，他們有時也被無產階級革命捲到運動裏來，但是，由於他們的整個生活狀況，他們更甘心於被人收買，去幹反動的勾當。

但是如何界定無產階級和流氓無產階級，革命導師卻沒有告訴我們。事實上，無產階級革命的最大危險，就是流氓無產階級成了領導無產階級的階級。

> 過去的一切階級在爭得統治之後，總是使整個社會服從於它們發財致富的條件，企圖以此來鞏固它們已經獲得的生活地位。無產階級只有消滅自己現存的佔有方式，才能取得社會生產力。無產階級沒有什麼自己的東西必須加以保護，他們必須摧毀至今保護和保障私有財產的一切。

無產階級在他們的革命中，確實摧毀了一切私有財產，包括通過剝削得來的私有財產，還有通過辛勤勞動得來的私有財產。如果資產階級通過剝削積累私有財產是一種罪惡；那麼無產階級通過革命摧毀並不是由剝削得來的那一部分私有財產就是那麼無可指責嗎？

> 過去的一切運動都是少數人的或者為少數人謀利益的運動。無產階級的運動是絕大多數人的、為絕大多數人謀利益的獨立的運動。

但是後來我們不得不遺憾地看到，無產階級的運動，在很大程度上不過是為他們的領袖謀利益的運動。

資產階級生存和統治的根本條件，是財富在私人手裏的積累，是資本的形成和增殖；資本的生存條件是雇傭勞動。雇傭勞動完全是建立在工人的自由競爭之上的。資產階級無意中造成而又無力抵抗的工業進步，使工人通過聯合而達到的革命團結代替了他們由於競爭而造成的分散狀態。於是，隨著大工業的發展，資產階級賴以生產和佔有產品的基礎本身也就從它腳下被挖掉了。它首先生產的是它自身的掘墓人。資產階級的滅亡和無產階級的勝利是同樣不可避免的。

《共產黨宣言》中所述無產階級取代資產階級的理由有二：一、資本擁有者對勞動者的剝削是不道德的；二、資產階級已經給了無產階級以取代它的條件和機會，無產階級再不革命，更待何時？

二、無產者和共產黨人

在這一章裏，在上一章的基礎之上，共產黨人的概念出現了：

共產黨人……沒有任何同整個無產階級的利益不同的利益。

共產黨人同其他無產階級政黨不同的地方只是：一方面，在各國無產者的鬥爭中，共產黨人強調和堅持整個無產階級的不分民族的共同利益；另一方面，在無產階級和資產階級的鬥爭所經歷的各個發展階段上，共產黨人始終代表整個運動的利益。

現在我們可以問了：真有這種不分民族的共同利益嗎？

> 共產黨人的最近目的是和其他一切無產階級政黨的最近目的一樣的：使無產階級形成為階級，推翻資產階級的統治，由無產階級奪取政權。

奪取政權以後怎樣？偉大導師在這裏全無考慮。而後來的事情證明，無產階級革命所出的最大問題，就是在它成功地奪取了政權之後。

從某種意義上，共產黨人可以用一句話把自己的理論概括起來：消滅私有制。

> 有人責備我們共產黨人，說我們要消滅個人掙得的、自己勞動得來的財產，要消滅構成個人的一切自由、活動和獨立的基礎的財產。

> 好一個勞動得來的、自己賺來的財產！你們說的是資產階級所有制以前的那種小資產者的、小農的財產嗎？那種財產用不著我們去消滅，工業的發展已經把它消滅了，而且每天都在消滅它。

在這裏，一向思維縝密的革命導師不知是有意還是無意地回避了一個問題。這一段話的要點是回答別人對於共產黨人要消滅自己通過勞動所得來的財產的責難，但是宣言的作者卻使了一個障眼法，只說這種個人正當的勞動所得已由資產階級消滅了，而沒有對共產黨人是否也要消滅它做出明確的回答。事實上，資本主義的大工業並沒有能夠消滅的生存在社會各種縫隙中的通過個人勞動所

積累起來的那部分私有財產，後來正是由奪取了政權的共產黨人加以消滅的。

> 在資本主義社會裏，活的勞動只是增殖已經積累起來的勞動的一種手段。在共產主義社會裏，已經積累起來的勞動只是擴大、豐富和提高工人生活的一種手段。

> 在資產階級社會裏，資本具有獨立性和個性，而活著的個人卻沒有獨立性和個性。而資產階級卻把消滅這種關係說成是消滅個性和自由！它說對了。的確，正是要消滅資產者的個性、獨立性和自由。

關鍵是如何界定個性和自由，同時也如何界定誰是資產者。如果對資產者、個性和自由沒有明確的和得到社會共同認可的界定，就斬釘截鐵地說：的確，正是要消滅資產者的個性、獨立性和自由。這就十分可怕了，在這裏，我似乎找到了文革中造反派所使用的那種粗暴語氣的來源。

再來看看宣言作者對自由這一概念的認定：

> 在現今的資產階級生產關係的範圍內，、所謂自由就是貿易自由，買賣自由。

> 但是，買賣一消失，自由的買賣也就會消失。我們的資產者關於自由買賣的空談，也像他們的其他一切關於自由的大話一樣，僅僅對於不自由的買賣來說，對於中世紀被奴役的市民來說，才是有意義的，而對於共產主義要消滅買賣、

消滅資了產階級生產關係和資產階級本身這一點來說，是毫無意義的。

　　宣言作者的意思似乎是：自由是從屬於買賣的，而買賣是從屬於資產階級的。而在將來的共產主義社會中，買賣和自由這些東西都是沒有容身之地的。那麼當買賣被消滅之後，物質被人消費的方式就由買賣變成了分配。但由誰來分配、怎樣分配才能避免由原來資產階級擁有大部分社會資產所形成的那種不公呢？偉大導師在這裏又沒有論及。似乎只要推翻了資產階級的統治便萬事大吉。而事實上，誰掌握了分配的權力，誰就掌握了全部的社會資源，誰就掌握了奴役人民、說得好聽一點是控制人民的權力。

　　在買賣社會中，即使是不甚公平的買賣社會中，人民尚有部分選擇的自由。而一旦到了分配社會中，人民則只有聽從的份了。

> 你們一聽說我們要消滅私有制，就驚慌起來。
> 你們說，從勞動不再能變為資本、貨幣、地租，一句話，不能再變為資產階級財產的時候起，個性就被消滅了。
> 由此可見，你們是承認，你們所理解的個性，不外是資產者、資產階級私有者。這樣的個性確實應當被消滅。

　　後來我們可以看到，人的個性確實是和財產有關係的，一個人如果不能擁有自己的財產，就很難保有自己的個性。「不為五斗米折腰」的前提是自己尚有田產可以耕種。如果陶淵明是無產者，不折腰就只能餓死。

在實行資產階級民主政治的國家裏，政治家在政治競爭中失敗了，他可以退回家去經營自己擁有的產業。他的財產可以保證他人的尊嚴。而在實行無產階級專政的國家裏，政治家如果在政治鬥爭中失敗了，便一敗塗地一無所有。因為沒有私有財產，失敗者的生存就只能仰仗勝利者的鼻息。無產階級專政體制下的政治家是沒有退路的，他們只能成者為王敗者為寇，這就極大地增加了政治鬥爭的殘酷性。在資產階級民主國家裏，政治競爭可以看成是一種遊戲；而在無產階級專政國家裏，政治鬥爭卻是生死博鬥。

所以一旦消滅了私產和個性，整個社會能張揚的只剩下了一種個性，那就是統治階層的個性和最高權力者的個性。

> 共產主義並不剝奪任何人佔有社會產品的權力，它只剝奪利用這種佔有去奴役他人勞動的權力。

> 有人反駁說，私有制一消滅，一切活動就會停止，懶惰之風就會興起。

這一點現在已不須反駁，因為早已被共產主義的實踐所不幸言中。

一大二公的人民公社制度極大地挫傷和消解了中國農村的生產力，而使這種生產力得以啟動和恢復的，恰恰是使農民可以部分擁有和支配自己財產的「大包乾」。

> 這樣說來，資產階級社會早就應該因懶惰而滅亡了。因為在這個社會裏是勞者不獲，獲者不勞的。

　　馬克思主義階級鬥爭理論的一個很大缺陷，我想就在這裏：它認定了資本主義社會是勞者不獲，獲者不勞的。我不知道聰明睿智的馬克思能夠發現資本增殖的密秘在於剩餘價值，但是為什麼卻看不出經營也是一種勞動、甚至是極為重要的勞動呢？他把勞動只是簡單地定義為體力上的勞動，那麼科學發明和對社會問題的思考與著述是不是一種勞動呢？如果不是，那麼馬克思本人經年累月地著書立說，為無產階級的解放提供理論，靠稿費生活的生存方式，也可以看成是不勞而獲。如果是，那麼資本家對自己所擁有財產的經營，難道就可以排斥在勞動的概念之外嗎？我這樣說，並不是認為剝削有理，而是應該認識到資本的增殖不僅在於獲取剩餘價值，還在於資本擁有者的成功經營。馬克思其實早就看到了在資本主義社會的競爭中破產者比比皆是，那些破產的資本家到底是因為榨取剩餘資本不夠而破產，還是因為經營不善而破產呢？

　　在現在的人看來，經營不僅應該認定為一種勞動，而且還是一種比雇傭勞動更複雜也更具風險性的勞動。在一個資本經營和雇傭勞動的社會裏，工人固然有失業的耽憂，卻不會有破產的危險；資本家所獲取的財富雖然遠遠大於他所雇傭的工人，可一旦經營不善，企業倒閉，就可能傾家蕩產，甚至負債殞命。所以工人失業的後果是餓肚子，真正餓死的畢竟不多。而資本家破了產，跳樓自殺的卻不在少數。所以財富的獲取，不但和勞動的強度和質量有關，還和所承擔的風險有關。

　　　所有這些顧慮，都可以歸結為這樣一個同義反覆：一旦沒有資本，也就不再有雇傭勞動了。

　　而實際上，社會主義大鍋飯讓我們看到的是：一旦沒有資本，也就很少有人努力勞動了。

　　　　所有這些反對共產主義的物質產品的佔有方式和生產方式的責備，都同樣被推廣到精神產品的佔有和生產方面。正如消滅階級的所有制在資產者看來是消滅生產本身一樣，消滅階級的教育在他們看來就等於是消滅一切教育。

　　　　資產者唯恐其滅亡的那種教育，對絕大多數人來說不過是把人訓練成機器罷了。

　　資產階級的教育，充其量是把大多數人訓練成生產機器。實際上，資本主義社會的豐富性遠大於我們所能看到的那幾個社會主義社會。而無產階級的教育，特別是中國史無前例的無產階級文化大革命中的那種教育，卻是為了把大多數人都訓練成政治機器，訓練成政治機器上的齒輪和螺絲釘。唯其這樣，那些高高在上的國家機器擁有者，操縱起機器來才會得心應手。

　　　　但是，你們既然用你們資產階級關於自由、教育、法等等的觀念來衡量廢除資產階級所有制的主張，那就請你們不要同我們爭論了。你們的觀念本身是資產階級的生產關係和所有制關係的產物，正像你們的法不過是被奉為法律的你們這個階級的意志一樣，而這種意志的內容是由你們這個階級的物質生活條件來決定的。

　　或許是對偉大的無產階級革命導師有所不敬，我從這段文字裏看出了一種霸道之氣。資產階級的觀念當然是從資本主義社會裏產

生的；那麼宣言作者的革命觀念是從哪里產生的呢？是產生於對現有不完美體制的批判和對一個完美社會的設想。這種觀念僅僅是一種批判和設想，用一種還沒有被社會實踐證明是完備的革命理論，就要迫不及待地去消滅被這種理論認為是不好的一切，一種霸道的感覺，溢於文表！

> 共產黨人並沒有發明社會對教育的影響；他們僅僅是要改變這種影響的性質，要使教育擺脫統治階級的影響。

後來共產黨人革命的實踐使人們看到，教育確實擺脫了前面統治階級的影響，卻被後來的統治階級影響到無以復加。

> 我們的資產者不以他們的無產者的妻子和女兒受他們支配為滿足，正式的娼妓更不必說了，他們還以互相誘姦妻子為最大的享樂。

這種毛病恐怕不能說是資產者的專利吧，人性中的這種毛病，不僅資產者如此，無產者也如此，擁有了某些權力的無產者恐怕更是如此。

> 還有人責備共產黨人，說他們要取消祖國，取消民族。工人沒有祖國。決不能剝奪他們沒有的東西。因為無產階級首先必須取得政治統治，上升為民族的階級。把自身組織成為民族，所以它本身暫時還是民族的，雖然這裏所說的「民族的」一詞和資產階級所理解的完全不同。

工人沒有祖國，曾經是一個多麼響亮而又振聾發聵的口號。按照這種理論，工人階級只要還沒有取得政治統治，還沒有上升為民族的階級，祖國就與他們無關。那麼照此說法，不是統治階級的人都沒有祖國。現在可以知道這種說法是多麼荒唐。如果工人沒有祖國，當日寇入侵時，中國的工人階級就沒有必要奮起救亡，完全可以袖手旁觀，反正國家是統治者和資本家的，與我何干？事實上，正是由於這一理論的影響，中國共產黨誕生之初在共產國際領導下的那一個時期，一事當前考慮的首先是蘇聯的利益而不是本國、本黨和本工人階級的利益。

隨著資產階級的發展，隨著貿易自由的實現和世界市場的建立，隨著工業生產以及與之相適應的生活條件的趨於一致，各國人民之間的民族隔絕和對立日益消失了。無產階級的統治將使它們更快地消失。

人對人的剝削一消滅，民族對民族的剝削就會隨之消滅。

民族內部的階級對立一消失，民族之間的敵對關係就會隨之消失。

消失了嗎？遠遠沒有。如此立論，實在太自以為是了。

在如今的全球化浪潮一百多年前的馬克思和恩格斯，不知為何對此如此迷信？即使到了今天，從各個國家和民族間所發生的衝突來看，民族的利益遠在階級的利益之上。就算馬克思的階級鬥爭理論放之四海而皆準，它能夠解決目前世界的主要問題：民族和文化之間的衝突嗎？

從宗教的、哲學的和一般意識形態的觀點對共產主義提出的種種責難，都不值得詳細討論了。

這兩位共產主義運動的發起人，對自己倡導的主義是多麼地充滿了信心。隨便駁斥了幾種不同觀點，就認為自己的主義已經完美到不需詳細討論了。

思想的歷史除了證明精神生產隨著物質生產的改造而改造，還證明了什麼呢？任何一個時代的統治思想始終都不過是統治階級的思想。

那麼宣言作者所在做的，也就是要使自己的這種思想變成新一輪統治階級的思想。

當古代世界走向滅亡的時候。古代的各種宗教就被基督教戰勝了。當基督教思想在十八世紀被啟蒙思想擊敗的時候，封建社會正在同當時革命的資產階級進行殊死的鬥爭。信仰自由和宗教自由的思想，不過表明自由競爭在信仰的領域裏占統治地位罷了。

或許是以小人之心度君子之腹，在這段文字中，我感到了一種對自由的不屑。

共產主義革命就是同傳統的所有制關係實行最徹底的決裂；毫不奇怪，它在自己的發展進程中要同傳統的觀念實行最徹底的決裂。

這兩個決裂，在宣言發表的當時，和後來在中國史無前例的文化大革命中，是多麼擲地有聲、不同凡響。

確實，在某一方面，在政治高壓下，共產主義運動中的人們不得不同與他們有著文化血緣關係的舊宗教、舊道德、舊法律、舊哲學以及舊風俗舊習慣實行決裂。

而在另一方面，又有哪一個共產黨的統治者與過去非共產主義的統治者們所延用的那一套專制統治徹底決裂了呢？不僅如此，史達林的專治遠甚於沙皇，而毛澤東不是稱自己就是「馬克思加秦始皇」嗎？

> 不過，我們還是把資產階級對共產主義的種種責難撇開吧。

> 前面我們已經看到，工人革命的第一步就是使無產階級上升為統治階級，爭得民主。

從資產階級手中爭得民主，是否對其他階級給予民主，這是一個問題。

> 無產階級將利用自己的政治統治，一步一步地奪取資產階級的全部資本，把一切生產工具集中在國家即組織成為統治階級的無產階級手裏，並且盡可能快增加生產力的總量。

注意這個詞：奪取。

資產階級擁有它的財產的方式是獲取。

而無產階級獲得財產的方式卻是奪取。在他們看來，擁有財富即是罪惡。一個奪字，合理的取和不合理的取都在其中了。

　　再從文字的意義上引發開去，資產階級積累財富的方式是剝削。一個削字，說明是有限而長期的積累。而無產階級擁有財富的方式是剝奪。這是一種短期而徹底的財產轉移。在得到了政權的無產階級的剝奪之下，過去那些財產擁有者，不論他們的財富是剝削得來的還是勞動創造的，在很短時間內都變成了無產者。不但是經濟上的無產者，還是政治上的無產者，是被當了政的無產階級視為異己的真正意義上的無產者。

　　　　在發展進程中，當階級差別已經消失而全部生產集中在聯合起來的個人手裏的時候，公眾的權力就失去政治性質。原來意義上的政治權力，是一個階級用以壓迫另一個階級有的組織的暴力。如果說無產階級在反對資產階級的鬥爭中一定要聯合為階級，如果說它通過革命使自己成為統治階級，並以統治階級的資格用暴力消滅舊的生產關係，那麼它在消滅這種生產關係的同時，也就消滅了階級對立和階級本身的存在條件，從而消滅了它自己這個階級的統治。

　　看了這一段相當理想化的文字，再對比一下共產主義運動的實際情形，才知道這只是兩位書生導師一廂情願的美好夢想。真正掌了權的革命導師，無論是史達林還是毛澤東，無論如何是不願意消滅階級和熄滅階級鬥爭之火的。他們要消滅的只是資產階級，當經濟上的資產階級已經不存在了的時候，還要從人群中挑一些不中意的人讓他們成為思想上的資產階級從而接著鬥爭下去，一批人鬥完了，還要再「新生」出一批不斷地鬥，美其名曰：繼續革命。

> 代替那存在著階級和階級對立的資產階級社會的，將是
> 這樣一個聯合體，在那裏，每個人的自由發展是一切人的自
> 由發展的條件。

每個人的自由發展是一切人的自由發展的條件。這是馬克思主義理論中最能讓人衷心贊同的一句話。可惜的是，在我們所看到的各國的共產主義運動的實際情況中，這句話從來也沒有得到應驗。不知道是後來的和尚們一概沒有念對真經，還是這部經書本身就有些問題。

共產黨和共產主義在反抗資產階級統治者和國家機器對人民的壓迫中，獲得了遠比資產階級統治者大得多的權力，並用這種不受制約的權力製造出了空前強大和威嚴的國家機器，用以對付它治下的人民——先被它解放，後被它控制——的人民。這種控制在某種程度上遠遠超出了人民被解放前所受的控制。

三、社會主義的和共產主義的文獻

眾所周知，社會主義的某些實踐和共產主義的某些空想並不是從馬克思和恩格斯開始，在他們之前，就已經有了聖西門、傅立葉和歐文。在馬克思和恩格斯的同時代，社會上也流行著種種以社會主義和共產主義的想法來改良社會的思潮。但是當《共產黨宣言》橫空出世，宣言的兩位作者，世界共產主義運動的兩位領袖，就立刻宣稱別的社會主義和共產主義思想和文獻都是旁門左道，只有自

己代表的才是真正的共產主義。於是這一章，就是對其他形形色色非出馬門的所謂社會主義和共產主義進行批判和鄙薄。

兩位革命導師把其他社會主義分為：

1、反動的社會主義。在反動的社會主義中又有：（甲）封建的社會主義；（乙）小資產階級的社會主義；（丙）德國的或「真正的」社會主義。
2、保守的或資產階級的社會主義。
3、批判的空想的社會主義和共產主義。

作者首先對「封建的社會主義」進行了無情的嘲笑：

> 其中半是輓歌，半是謗文；半是過去的回音，半是未來的恫嚇；它有時也能用辛俏皮而滿面春風刻的評論刺中資產階級的心，但是它由於完全不能理解現代歷史的進程而總是令人感到可笑。
>
> 為了拉攏人民，貴族們把無產階級的乞食袋當做旗幟來揮舞。但是，每當人民跟著他們走的時候，都發現他們的臀部帶有舊的封建紋章，於是就哈哈大笑，一哄而散。一部分法國正統派和「青年英國」都表演過這齣戲。

這一段諷刺的文字真是精彩，許多年後，都令人難以忘卻。遺憾的是，當時的這種描述恰恰是某些共產黨統治者們後來的結局。而表演了最大的這出戲的，就是前蘇聯。只是這出大戲演得太長也太沉重，當人們散去時，發出的不是喜劇的哄笑而是悲劇的苦笑。

作者其次對「小資產階級的社會主義」和「德國的或真正的社會主義」進行了批判。總而言之，它們既是反動的，又是空想的，同時還不是「真正的」。

作者對「保守的或資產階級的社會主義」是這樣說的：

> 資產階級中的一部分人想要消除社會的弊病，以便保障資產階級社會的生存。這一部分人包括：經濟學家、博愛主義者、人道主義者、勞動階級狀況改善派、慈善事業組織者、動物保護協會會員、戒酒運動協會發起人以及形形色色的小改良家。
>
> 這種社會主義的另一種不夠系統、但是比較實際的形式，力圖使工人階級厭棄一切革命運動，硬說給工人階級帶來好處的並不是這樣或那樣的政治改革，而僅僅是物質生活條件的改變。

批判歸批判，可是後來西方福利國家的社會改革證明了，正是工人階級物質生活和經濟條件的改善，才能促進政治改革，以改良取代革命。社會改良和無產階級革命，到底是誰笑到了最後？工人階級在哪一種形式的社會變革中所得到了更多的切身利益呢？

作者對「批判的空想的社會主義和共產主義」也同樣嗤之以鼻：

> 批判的空想的社會主義和共產主義的意義，是同歷史的發展成反比的。階級鬥爭愈發展和愈具有確定的形式，這種超乎階級鬥爭的幻想，這種反對階級鬥爭的幻想，就愈失去任何實踐意義和任何理論根據。所以，雖然這些體系的創始

人在許多方面是革命的，但是他們的信徒總是組成一些反動的宗派。這些信徒無視無產階級的歷史進展，還是死守著老師們的舊觀點。因此，他們一貫地企圖削弱階級鬥爭，調和對立。他們還總是夢想用試驗的辦法來實現自己的社會空想——而為了建造這一切空中樓閣，他們就不得不求助於資產階級的善心和錢袋。他們逐漸地墮落到上述反動的或保守的社會主義者的一夥中去了。

讀完了這一章，有什麼感覺呢？整個的感覺就是：大批判。

不但要批判資本主義和資產階級，對那些站在資本主義對立面上的其他社會主義的和共產主義的思想和觀點，只要不是我這一派的，統統都在無情批判之列。總而言之，兩位革命導師認為：普天之下，只有我的觀點才是正確的，只有我才瞭解歷史的進程，只有我才知曉人類社會發展的規律，只有我創立的理論才是絕對的真理！其他你們那些人那些理論那麼主義全都是誤人子弟的謬論。

唯我獨尊、不屑其他。

有了導師的榜樣在此，後來許多共產黨人唯我獨左，唯我獨革的思維方式和處世方法也就不怎麼奇怪了。

其實從現在看來，共產主義理論，原本就是建立在空想基礎上的。這種理論的最大意義，就在於對資本主義社會的批判，以促使社會改進。一旦它真的成為一種在社會上實行的制度，便立刻顯出了比原有的資本主義制度更多的弊病。並且，它醫治自己弊病改善自己制度的機制遠不如資本主義民主制度完善。

　　共產主義理論最值得尊敬的地方，就在於它對資本主義制度下社會不公貧富不均的嫉惡如仇。

　　而共產主義制度在實行過程中最大的問題就在於：社會資源管轄權的高度集中。而這種高度集中的社會權力無法適應全社會成員豐富多彩的生存需求。

　　資本主義社會也許有一千條缺點，但有一條優點：就是每個人最起碼可以對自己的財產負責。大部分擁有私產的人，都不會對自己的財產和事務玩乎職守。

　　社會主義社會也許有一千種優越性，但是有一個最大的弊病：就是在名義上是全民財產擁有者的人民不能管理自己的財產；而能夠管理財產的政府官員管理的卻是不屬於自己的財產。這就像一個家庭，在名義上這個家庭的財產是公屬於家庭成員的；但制度規定了，每一個人都不得擁有私產，所以家庭成員便不能管理屬於自己的財產，只能請傭人，也就是公僕來管。但是這個傭人管理的，卻是不屬於自己的財產，在一般的情況下，我們能指望這個傭人把家裏的財產管理好嗎？除非這個傭人是個毫不利已專門利人的聖人，但是聖人有多少呢？於是在大多數情況下，掌握財產管理權的公僕實際上成了主人；而擁有財產權的主人卻淪為只能聽從分配和支派的僕人。不能支配自己所擁有財產的人，他的自由就十分有限了。

　　人最起碼的自由，是和他所能擁有和支配的財產有關的。人更多的自由，是和他處身的社會的寬容程度有關的。明白了這一點，我們就能明白資產階級自由主義的典型代表人物約翰·斯圖亞特·密爾為什麼對自由表現了那麼大的關注。

　　《論自由》一書分為五章。楷體字為引用的原文。

第一章：引論

除了在文章開頭所引的那一段文字外，這一章裏其他比較重要的段落還有：

> 至於所謂人民意志，實際上只是最多的或者最活躍的一部分人民的意志，亦即多數或那些能使自己被承認為多數的人們的意志。於是結果是，人民會要壓迫自己數目中的一部分；而此種妄用權力之需要加以防止正不亞於任何他種。這樣看來，要限制政府施用於個人的權力這一點，即在能使掌權者對於群體，也就是對於群體中最有力的黨派正常負責的時候，也仍然絲毫不失其重要性。

這是在《共產黨宣言》發表十一年之後所說的話。離共產黨人成功地在世界上建立起第一個社會主義國家蘇聯還有數十年時候，那時候世界各國的政府，還沒有一個是共產黨政府，可見他要求對國家權力的限制，並不特別針對共產黨政府，而是通指所有形式的政府的。他寫道：

> 在今天的政治思想中，一般已把「多數的暴虐」這一點列入社會所須警防的諸種災禍之內了。

而我們呢，開始知道「多數人的暴虐」這一概念是在經歷了文革慘禍之後，在認識上比密爾整整晚了一百多年。

> 和他種暴虐一樣，這種多數的暴虐之可怕，人們起初只看到，現在一般俗見仍認為，主要在於它會通過公共權威的措

施而起作用。但是深思的人們則已看出，當社會本身是暴君時，就是說，當社會作為集體而凌駕於構成它的各別個人時，它的肆虐手段並不限於通過其政治機構而做出的措施。社會能夠並且確在執行它自己的詔令。而假如它所頒的詔令是錯的而不是對的，或者其內容是它所不應干預的事，那麼它就是實行一種社會暴虐；而這種社會暴虐比許多種類的政治壓迫還可怕，因為它雖然不常以極端性的刑罰為後盾，卻使人們有更少的逃避辦法，這是由於它透入生活細節更深得多，由於它奴役到靈魂本身。因此，僅只防禦官府的暴虐還不夠；對於得勢輿論和得勢感想的暴虐……也都需要加以防禦。

雖然這種文字不知是寫得還是翻得不怎麼順暢，但是我在一百多年後第一次讀到它時，不得不承認這是一個先知的思想。

本文的目的是要力主一條極其簡單的原則，使凡屬社會以強制和控制方法對付個人之事，不論所用手段是法律懲罰方式下的物質力量或者是公眾意見下的道德壓力，都要絕對以它為準繩。這條原則就是：人類之所以有理有權可以各別地或者集體地對其中任何份子的行動自由進行干涉，唯一的目的只是自我防衛。這就是說，對於文明群體中的任一成員，所能夠施用一種權力以反其意志而不失為正當，唯一的目的只是要防止對他人的危害。若說為了那人自己的好處，不論是物質上的或者是精神上的好處，那不成為充足的理由。

　　任何人的行為，只有涉及他人的那部分才須對社會負責。在僅只涉及本人的那部分，他的獨立性在權利上則是絕對的。對於本人自己，對於他自己的身和心，個人乃是最高主權者。

　　人類若彼此容忍各照自己所認為好的樣子去生活，比強迫每人都按照其餘人們認為好的樣子去生活，所獲是要較多的。

　　而我們在一百年後所經歷的呢？偉大領袖認為公有制是通向共產主義的天梯，於是每家每戶都得交出登上小康的木梯去為公共的高爐生火；偉大領袖認為階級鬥爭是鞏固無產階級政權的健身操，於是十分之七八九的人民便把十分之一二三的人民當作階級敵人而鬥來鬥去，為了革命領袖的「與人奮鬥，其樂無窮」，革命群眾便要互相拼鬥，其慘無比。偉大領袖號召人們要大公無私，於是普通百姓都要狠鬥私心一閃念。所幸這樣的經歷已經過去，否則誰敢在這裏奢談自由？

第二章：論思想自由和討論自由

　　這一章是全書中較長的一章，擇其要而引之。

> 假定全體人類減一執有一種意見，而僅僅一人執有相反的意見，這時，人類要使那一人沈默並不比那一人（假如他有權力的話）要使人類沈默可算較為正當。
>
> 假如那意見是對的，那麼他們是被剝奪了以錯誤換真理的機會；假如那意見是錯的，那麼他們是失掉了一個差不多同樣大的利益，那就是從真理與錯誤的衝突中產生出來的對於真理的更加清楚的認識和更加生動的印象。

這裏的論點有兩個：我們永遠不能確信我們所力圖窒閉的意見是一個謬誤的意見；假如我們能夠確信，要窒閉它也仍然是一個罪惡。

時代並不比個人較為不可能錯誤一些；試看，每個時代都曾抱有許多隨後的時代視為不僅錯誤而且荒謬的意見。這就可知，現在流行著的許多意見必將為未來時代所排斥，其確定性正像一度流行過的許多意見已經為現代所排斥一樣。

不是嗎？馬克思列寧主義毛澤東思想曾經被當權者宣佈並且為大多數中國老百姓甚至為數不少的海外信徒深信不疑為顛撲不破的和放之四海而皆準的真理。不過二三十年時間，現在依然如此深信的人恐怕已經不多了吧。

當然，對於《論自由》這本書，我也不會把它供到當年馬列主義毛澤東思想那樣的神明臺上，我只是在拿它和《共產黨宣言》的對比閱讀中，覺得它比宣言的作者更能心平氣和地分析和說理。並且，它擁有讀者的尊敬，會比那一篇激情澎湃的革命檄文要長久一些。

在過去的每一代中，都有多數傑出的人主張過不少現在已知是錯誤的意見，也曾做過或贊成過許多現在沒有人會認為是正當的事情。可是在人類當中整個地說來究竟是理性的意見和理性的行為佔優勢，那麼這又是什麼原故呢？假如果真有這種優勢的話——這必定是有的，否則人類事務就會是並且曾經一直是處於幾近絕望的狀態——其原故就在於人類心靈具有一種品質，即作為有智慧的或有道德的存在的人類中一切可貴事物的根源，那就是，人的錯誤是能夠改正的。借

著討論和經驗人能夠糾正他的錯誤。不是單靠經驗。還必須有討論，以指明怎樣解釋經驗。錯的意見和行事會逐漸降服於事實和論證；但要使事實和論證以能對人心產生任何影響，必須把它們提到面前來。而事實這東西，若無詮釋以指陳其意義，是很少能講出自己的道理的。這樣說來，可見人類判斷的全部力量和價值就靠著一個性質，即當它錯了的時能夠被糾正過來；而它之可得信賴，也只有當糾正手段經常被掌握在手中的時候。

我們看到了歷史上一些難忘的事例，當時法律之臂竟是用以剷除最好的人和最高尚的教義，在對人方面竟獲得最可心痛的成功。向人類提醒這樣一件事總難嫌其太頻吧，從前有過一個名叫蘇格拉底的人，在他和他那時候的法律權威以及公眾意見之間曾發生了令人難忘的衝突。這個人生在一個富有個人偉大性的時代和國度裏，凡是知道他和那個時代的人都把他當作那個時代中最有道德的人傳留給我們；而我們又知道他是以後所有道德教師的領袖和原型，柏拉圖的崇高靈示和亞里斯多德的明敏的功利主義——「配成健全色調的兩位宗匠」這是道德哲學和一切其他哲學的兩個泉眼——同樣都以他為總源。這位眾所公認的有史以來一切傑出思想家的宗師，經過一個法庭的裁判，竟以不敬神和不道德之罪被國人處死。所謂不敬神，是說他否認國家所信奉的神祇；所謂不道德，是就他的教義來看，說他是一個「敗壞青年的人」。在這些訴狀面前，有一切的根據可以相信，法官確是真誠地

認為他有罪，於是就把這樣的一個在人類或許值得稱為空前最好的人當作罪犯來處死了。

而在我們的革命歷史中，以革命之名處死了多少好人和真正的革命者呢？

那些審判者，在一切方面看來，實在並非壞人，並不比普通一般人壞，而且毋寧相反；他們具有充分的或者還多少超過充分的那個時代和人民所具有的宗教的、道德的和愛國的情感。

由壞人以惡的立場來處死好人是悲劇。而由好人以善的理由來處死好人豈不是更大的悲劇？

至於說真理永遠戰勝迫害，這其實是一個樂觀的謬誤，人們相繼加以復述，直至成為濫調，實則一切經驗都證其不然。歷史上富有迫害行為壓滅真理的事例。即使不是永遠壓滅，也使真理倒退若干世紀。僅以關於宗教的意見來說吧，宗教改革在路德以前就爆發過至少二十次，而都被鎮壓下去。迫害一直是成功的，除開在異端者已經成為過強的黨派以致無法做到有效迫害的地方。沒有一個可以理喻的人能夠懷疑，基督教曾可能在羅馬帝國被消滅淨盡。它之所以能夠傳佈並占得優勢，乃因為多次迫害都只是間或發生的，僅僅持續一個短的時間，其間則有很長的幾乎未經阻擾的宣傳時際。由此可見，若謂真理只因其為真理便具有什麼固有的力量，能夠抵抗錯誤，能夠面臨監獄和炮烙而挺占優勝，這乃是一種空洞無根的情操。須知人們之熱心於真理並不勝於他們之往

往熱心於錯誤，而一使用到足量的法律的或甚至僅僅社會的懲罰，一般來說二者便都能成功地制止其宣傳。真理所享有的真正優勢乃在於這裏：一個意見只要是真確的，儘管可以一次或甚至多次被壓熄下去，但在悠悠歲月的進程中一般總會不斷有人把它重新發現出來，直到某一次的重現恰值情況有利，幸得逃過迫害，直至它頭角嶄露，能夠抵住隨後再試圖壓制它的一切努力。

人們會說，我們現在已不把倡導新意見的人處死了，我們已不再像我們的先人之殺戮先知者，我們甚至還替他們營造墳墓。真的，我們是不再弄死異端者了；現在輿情所能容忍的對於即使是最有毒害的意見的懲罰，其程度也不足以根絕那些意見。但是，還是讓我們不要阿諛自己，認為我們現在已經免於法律迫害的污點了⋯⋯我們現在僅僅有點社會的不寬容，這既不殺死一個人，也不拔除什麼意見，但是這卻誘導人們把意見遮掩起來，或者避免積極努力去傳佈意見。在我們這裏，以每十年或每一代來看，異端意見極少取得或者甚至還丟失了它們的陣地（我們的社會曾經剪除異端還來不及呢，什麼時候關心過異端是否能夠存在？）；它們從來不曾傳佈得遙遠而廣泛，而只是保持在一些深思勤學的人們的狹小圈子裏暗暗燃燒著；它們在那些人中間發源開端，卻從來未得以其真的或假的光亮照到人類的一般事務。這樣，就形成了一種事態，有些人覺得很可滿意，因為這裏沒有對什麼人罰款、把什麼人監禁的不愉快過程就把一切得勢意見維持得外表上未遭擾亂，而同時對那些溺於思想痼疾的異議者

也並未絕對制止他們運用理性。這在保持知識界中的寧靜、
保持其中一切事物都一仍舊貫地進行方面，倒不失為一個便
宜的方案。但是為知識方面這種平靜所付的代價卻是犧牲掉
人類心靈中全部道德勇敢性。

　　請注意，這是密爾所說的一百多年前的情形，雖然作者仍對當
時的現狀不滿，並舉了好幾個例子表明對不同意見的迫害依然存
在，但我們還是要感謝當時的統治者畢竟已經有了相當的政治寬容
度，否則的話，像馬克思和恩格斯這樣思想上的異端，這樣具有道
德勇敢性的知識份子，這種現存制度的激烈反對者，恐怕早就如蘇
格拉底一樣被處死了。馬克思和恩格斯的《共產黨宣言》和他們的
共產主義思想，尤其是他們明白宣示要用暴力推翻現行制度的革命
理論，正是利用了當時社會的自由程度，在統治階級的容忍之下才
得以產生。而後來按照這一理論建立起來的革命政權和國家機器，
卻無一例外地對哪怕是思想上異端的萌芽都採取了極為嚴厲的壓
制和迫害。被處死的思想者和政治犯不勝枚數。

　　馬克思和恩格斯生在那個時代是幸運的，像他們那樣以思想為
生並且桀敖不馴的人，若不幸生在史達林時代，其命運恐怕將等同
於托洛茨基和布哈林；若不幸生在中國的文革時代，其命運不是將
如同遇羅克和張志新嗎？

　　馬克思和恩格思又是不幸的，這種不幸在於，他們建立了一個
嶄新的社會理論，卻無法控制這種理論在他們身後發展和異化。他
們在書寫《共產黨宣言》時，固然是有著強烈的革命激情，但綜觀
他們一生的思想和行為，我想他們是不會贊成遵照他們所給出的理

論所建立起來的國家機器，可以擁有濫殺持有不同思想和不同政見者的權力。

在寫下上面那些文字之後，密爾還在繼續著對當時社會的批判：

> 在過去很長的時間裏，法律懲處的主要害處就在於它加強了社會的詆毀。而正是社會的詆毀乃是真正有效力的東西，其效力竟使得在英國，在社會戒律之下，敢於發表意見的事比在他國，在法律懲罰的危險之下，還要少得多。對於除開經濟情況使其無賴於他人的人善意而外的一切人，在發表意見的問題上，輿論是像法律一樣有效力的：人們可以被投置在監獄之內，同樣也可以被排拒在賺取麵包的辦法之外。

可見，生存的獨立，是思想獨立的前提。而經濟的自由，也是思想自由的前提。

> 凡認為異端者方面這種緘默不算一種災害的人，先應當思量一下，這樣緘默的結果是使異端意見永遠得不到公平透澈的討論。由於禁止一切不歸結於正統結論的探討，敗壞最甚的還不是異端者的心靈。最大的損害乃在於那些並非異端者的人，由於害怕異端之稱，他們的整個精神發展被限制了，他們的理性弄得佝僂了。世界上有一大群大有前途的知識份子和秉性怯弱的人物，弄得不敢追隨任何勇敢、有生氣的和獨立的思想的結果，否則就要把自己帶到會被認為不信教或不道德的境地——請問誰能計算這世界受到何等的損失？
> 須知，作為一個思想家，其第一個義務就是隨其智力所之而

不論它會導致什麼結論，誰不認識到這一點誰就不能成為一
個偉大的思想家。還不單單為著或主要為著形成偉大的思想
家才需要思想自由，相反，為著使一般人都能獲致他們所能
達到的精神體量，思想自由是同樣或者甚至更加必不可少。
在精神奴役的一般氣氛之中，曾經有過而且也會再有偉大的
個人思想家。可是在那種氣氛之中，從來沒有而且也永遠不
會有一種智力活躍的人民（智力活躍的人民，對國家和民族
的富強是何等重要）。若見哪一國人民一時曾接近於那種民
族性格，那是因為對於異端思想的恐懼會經暫告停止。只要
哪里認為凡有關能夠佔據人心的最大問題的討論已告截
止，我們就不能希望看到那種曾使某些歷史時期特別突出的
一般精神活躍的高度水平。並且，只要所謂爭論是避開了那
些大而重要足以燃起熱情的題目，人民的心靈就永不會從基
礎上被攪動起來，而所給予的推動也永不會把即使具有最普
通智力的人們提高到思想動物的尊嚴。

當一個國家的大多數人民只是衣食動物的時候，這個國家的發
展註定是低水平的，也不可能得到世界的尊重。只有當一個國家的
大多數人民都擁有了思想動物的尊嚴，這個國家才可以真正稱為
「自立於世界民族之林」。而人民成為思想動物的前提，是要讓他
們在各種思想中能夠依自己的判斷來選擇——

　　一個人對於一件事情若僅僅知道他自己的一方，他對那個事
　　情就所知甚少。他的理由也許很好，也許不曾有一個人能駁
　　倒它。但是假如他也同樣不能駁倒反對方面的理由，也不盡

知那些理由都是什麼，那麼他便沒有根據就兩種意見之中有
所擇取。

若要使人類的宣教者認識到他們所應該知道的一切東西，
就必須讓一切東西被自由地寫作並印行出來而不加以任何
束縛。

在毛澤東思想大行其道的年代裏，幾乎所有的中國人都狂熱地
相信共產主義，但有多少人真正瞭解共產主義的理論？幾乎所有的
人都要消滅資本主義，又有多少人知道當時世界上資本主義社會的
現狀？

要知道，能夠在原野上自由覓食的動物，和被封閉在籠或欄中
圈養的家畜和家禽，它們的精神質量是大不一樣的。我們曾經就是
這樣的精神家畜，在完全不知道外部世界的情形下，吃著主人每天
投放的單一飼料，還認為這是世界上最有營養的美食。

那個時候，我們就像歷史上曾經有過的「罷黜百家，獨尊儒術」
一樣，將人類文明的其他思想成果都棄之不用，只抱著共產主義為
唯一的信條。

一到那個信條變成了一個承襲的東西，而人們之予接受乃是
出於被動而不是出於主動的時候，就是說，一到心靈不復被
迫在信條所提示的問題上照初時那樣的程度運用其生命力
的時候，就有一種逐步前進的趨勢會把這信條除開一些公式
而外的全部東西都忘記掉，或者對它只會以一種淡漠而麻木
的同意，彷彿接受它既繫出於信賴就沒有把它體現於意識之
中或者以親身經驗來加以考驗之必要；直到最後，它終於變

得與人類內心生活幾乎完全沒有聯繫。於是就出現了在這個
世界這個年代經常出現以致形成多數的這種情事：信條之存
在竟像是存在於人心之外，其作用只在把人心硬化和僵化起
來以擋住投給人性更高部分的一切其他影響；其力量只表現
在不容任何新的和活的信念進入人心，而其本身則除作為一
名哨兵監守心腦使其空虛以外也對它們別無任何作為。

這就是說，教義在普通的信徒那裏是沒有紮根的，在他們心
中並不成為一種力量。他們只是對於那些教義的聲音有著一
種習慣的敬意。

人類一見事物不復有疑就放棄思考，這個致命的傾向是他們
所犯錯誤半數的原因。現在一位作家曾說到「既定意見的沉
睡」，這話是說得很好的。

我不知道一百多年前的密爾怎麼會對後來我們所經歷到的「教
條主義害死人」的時代和社會似乎有著感同身受的切膚之痛。如果
他不是先知，那就是在人類先前的經驗中，也一定有過教條窒息生
命的多次預演。只不過其規模沒有後來的席捲全球的共產主義革命
那麼大罷了。

有一句西方俗諺玩笑般地說：「人一思考，上帝就發笑。」

那麼，在經歷過被剝奪思想的權利和被迫放棄思想的年代之
後，我們是不是也可以這樣說：「人不思考，上帝就要哭了。」

再看，在政治方面，這已經幾乎成為老生常談：一個黨要求
秩序和穩定，另一個黨要求進步和改革，二者同為政治生活
中健康狀態的必要因素，直到這一黨或那一黨能擴大其理解

力，知道並善於辨別什麼宜於保存和什麼應該掃除，而成為一個既重秩序也重進步的政黨。這兩種思想方式各借對方的缺陷現出己方的功用，也在很大程度上各靠對方的反對才把己方保持在理性和健康的限度之內。關於民主政體和貴族政體，關於財產和平等，關於合作和競爭，關於奢侈和節約，關於社會性和個人性，關於自由和紀律等等這些問題，兩方都各有其利於己方的意見，在實際生活的一切其他問題上也都有著互相反對的主張；除非所有這些意見都以同等的自由發表出來，並且都借同樣的才能和精力得到主張和受到辯護，那麼兩方因素就都沒有機會各得其當，在權衡之下就必定此升彼降。在生活中一些重大實踐問題上，真理在很大程度上乃是對立物的協調和結合問題，而人們卻很少具有足夠恢宏公正的心胸能調整到近乎正確，因此便只有通過交戰雙方在敵對旗幟下展開鬥爭的粗暴過程才能做到。

密爾這裏所說的是資本主義民主社會兩黨制的政治鬥爭。雖然他給這種鬥爭加上了「粗暴過程」的字眼，其實那樣的粗暴也有限得很，頂多在講壇上一言不合動起手來。真正的政治粗暴其實是在無產階級專政的一黨統治之下。且不要說用「引蛇出洞」的手段把持有不同意見的人統統打成「右派」；也不要說在其後的「大批判」中只許一方發威不容對方置喙；就說在某次政治協商會議上當執政黨領袖和社會知名學者意見發生衝突時，當梁漱溟要求毛澤東應該有聽取意見的雅量時，毛澤東那番仗勢欺人毫無雅量的回答就夠

了。在當時看來毛澤東無疑是無人敢批評的勝利者。而在後人後世看來，毛澤東的那種失態的表現，只能說是一個大政治家的恥辱。

只要人們還被迫兼聽雙方，情況就總有希望；而一到人們只偏注一方的時候，錯誤就會硬化為偏見，而真理本身由於被誇大變成謬誤也就不復具有真理的效用。

講到這裏，我們已經從很清楚的四點根據上認識到意見自由和發表意見自由對人類精神福祉的必要性了（人類一切其他福祉是有賴於精神福祉的）；現在再把那四點根據簡單扼要地重述一下。

第一點，若有什麼意見被迫緘默下去，據我們所能確知，那個意見卻可能是真確的。否認這一點，就是假定了我們自己的不可能錯誤。

（共產主義理論的最大錯誤，也許就是事先假定了自己不可能錯誤。）

第二點，縱使被迫緘默的意見是一個錯誤，它也可能，而且通常總是，含有部分真理；而另一方面，任何題目上的普遍意見亦即得勢意見也難得是或者從不是全部真理：既然如此，所以只有借敵對意見的衝突才能使所遺真理有機會得到補足。

第三點，即使公認的意見不僅是真理而且是全部真理，若不容它去遭受而且實際遭受到猛烈而認真的爭議，那麼接受者多數之抱持這個意見就像抱持一個偏見那樣，對於它的理性

根據就很少領會或感認。不僅如此,而且,第四點,教義的意義本身也會有喪失或減弱並且失去其對品性行為的重大作用的危險,因為教條已變成僅僅在形式上宣稱的東西,對於致善是無效力的,它妨礙著去尋求根據,並且還阻擋著任何真實的、有感於衷的信念從理性或親身經驗中生長出來。

第三章:論個性為人類福祉的因素之一

在上一章裏,密爾論述了馬克思和恩格斯在《共產黨宣言》中完全沒有顧及的東西。而這一章的主題,卻是和《共產黨宣言》中那一名著名的話非常吻合的,即:

每個人的自由發展是一切人的自由發展的條件。

密爾寫道:

凡在不以本人自己的性格卻以他人的傳統或習俗為行為的準則的地方那裏就缺少著人類幸福的主要因素之一,而所缺少的這個因素同時也是個人進步和社會進步中一個頗為主要的因素。

他引用傑出的學者兼政治家罕波爾特的一篇論文的主題:

也只有很少數出自德國的人領會到它的意義——那大旨是說:「人的目的,或者說由永恆不易的理性詔諭所指令而非由模糊和短暫的欲望所提示的目的,乃是要使其各種能力得

到最高度和最調和的發展而達成一個完整而一貫的整體」；
因此，「每人所應不斷努力以赴特別是志在影響同人的人所
應永遠注視的目標，乃是能力和發展的個人性」；而這便需
要有兩個東西，就是「自由和境地的多樣化」；這二者一結
合就發生出「個人的活力和繁複的分歧」，而這些東西又自
相結成「首創性」。

凡是聽憑世界或者他自己所屬的一部分世界代替自己選定
生活方案的人，除需要一個人猿般的模仿力外便不需要任何
其他能力。可是要由自己選定生活方案的人就要使用他的一
切能力了。

人性不是一架機器，不能按照一個模型鑄造出來，又開動它
毫釐不爽地去做替它規定好了的工作；它毋寧像一棵樹，需
要生長並且從各方面發展起來，需要按照那使它成為活東西
的內在力量的趨向生長和發展起來。

人類要成為思考中高貴而美麗的對像，不能靠著把自身中一
切個人性的東西都磨成一律，而要靠在他人權利和利益所許
的限度之內把它培養起來和發揚出來。由於這工作還一半牽
連著做這工作的人的性格，所以借著這同一過程人類生活也
就變得豐富、多樣、令人有生氣、能供給高超思想和高尚情
感以更豐足的養料、還加強著那條把每個人和本民族聯結在
一起的紐帶，因為這過程把每一個民族也變得大大地更加值
得個人來做它的成員。

要想給每個人本性任何公平的發展機會，最主要的事是容許不
同的人過不同的生活。在任何時代裏，只看這一項獨立自由運

用到怎樣的程度，就相應地可以知道那個時代怎樣值得為後代所注視。就是專制制度也不算產生了它的最壞結果，只要人的個性在它下面還存在一天；反之，凡是壓毀人的個性的都是專制，不論它叫什麼名字，也不論它自稱是執行上帝的意志或者自稱是執行人民的命令。

凡性格力量豐足的地方，怪僻性也就豐足；一個社會中怪僻性的數量一般總是和那個社會中所含天才異稟、精神力量和道德勇氣的數量成正比的。今天敢於獨行怪僻的人如此之少，這正是這個時代主要危險的標誌。

密爾批評道：「現在在這個國度裏，除了生意而外，精力很少有什麼出路。」

恰恰在那個時代的英國，有一個聰明絕頂的德國人並沒有把精力用在可以發財的生意上，而是經年累月地泡在大英圖書館中以自己的理論來為全世界的無產階級找一條解放的道路，這確是那個時代不多的獨行怪僻之人。或許資本主義的社會，正是因為出現了並且容忍了這種以批判它和謀求推翻它為己任的獨行怪僻的人，才免除了密爾所耽心的那個時代和社會的危險。

在那個時代，馬克思大膽地預言了資本主義社會的滅亡，社會主義社會將要取而代之。可以作為歷史反諷的卻是，資本主義允許了自己的反對者，就像是一個人身體中有了對付病原的抗體，其結果是使它能夠戰勝疾病生存了下來；而以資本主義的反對者馬克思的理論為指導建立起來的社會主義社會無一例外地不許批評自己制度的異端者存在，這個被馬克思預言必定要取代資本主義制度的

新生制度，它的健康程度卻遠遜於它要取代的老朽。我們已經看到了蘇聯在建立了七十年之後的瓦解，也看到了其他社會主義國家在不同程度上向資本主義制度的妥協和改變。

有天才的人乃是而且大概永遠是很小的少數；但是為了他們，卻必須保持能讓他們生長的土壤。天才只能在自由的空氣裏自由地呼吸。

一個社會只有允許天才呼吸，更多的人才能更暢快地呼吸；而如果天才的呼吸被扼止了，其他人窒息的時候也就不會太遠了。

而天才有時候正是被習俗扼殺的。

習俗的專制在任何地方對於人類的前進都是一個持久的障礙，因為它和那種企圖達到某種優於習俗的事物的趨向是處於不斷衝突之中的。那種要勝過習俗的趨向，根據各種情況，可以叫做自由精神，或者叫做進步精神。進步精神並不總是等於自由精神，因為進步精神會企圖以進步之事強加於並不情願的人民；而自由精神要抵抗這種企圖，也會與反對進步者局部地和暫時地聯合起來。但是進步的唯一可靠而永久的源泉還是自由，因為一有自由，有多少個人就可能有多少獨立的進步中心。但是前進的原則，不論是在愛好自由還是在愛好進步的哪一種形態之下，與習俗統治總是處於敵對地位，至少含有要從那個束縛下解放出來的意思。這二者之間的鬥爭構成人類歷史中的主要矚目之點。

一個人和另一個人不一樣，這才是最能吸引雙方注意的事

情，使他們既注意到自己這一型的不完善，又注意到他人那一型的優越性，或者還注意到集合二者之優點而產生比二者都好的事物的可能性。我們要以中國為前車之鑒。那個國族乃是一個富有才能並且在某些方面運用甚至也富有智慧的國族，因為他們遇有難得的好運，竟在早期就備有一套特別好的習俗，這在某種範圍內也就是一些即使最開明的歐洲人在一定限制下也必須尊稱為聖人和智者的人們所做出的事功。他們還有值得注視的一點，就是有一套極其精良的工具用以盡可能把他們所保有的最好的智慧深印於群體中的每一心靈，並且保證凡是最能稱此智慧的人將得到有榮譽有權力的職位。毫無疑義，做到這個地步的人民已經發現了人類前進性的奧秘，必已保持自己穩穩站在世界運動的前列。可是相反，他們卻已變成靜止的了，他們幾千年來原封未動；而他們如果還會有所改進，那必定要依靠外國人。

這段話應該促使我們深刻地反省中國傳統文化中的負面影響。我們的系統而完備的政治文化，是如何制約了中國人思想的發展。

什麼東西保住歐洲至今沒有步入這種命運呢？什麼東西使得歐洲的國族大家庭沒有成為人類中靜止的一部分而成為進步的一部分呢？不是這些國族內的什麼優異美德——那如果存在，也是作為結果而存在，而不是作為原因而存在的——那是他們性格上及教養上的顯著歧異。個人之間，階級之間，國族之間，都是彼此極不相像：他們闖出了各式各樣的多種蹊徑，條條通向某種有價值的東西；雖然行在不同蹊

徑上的人們每個時期都曾彼此不相寬容，每人都想若能強使其餘的人走上自己的道路才是再好不過的事，可是他們相互阻撓發展的努力很少有什麼持久的成功，每人終於隨時忍願接受了他人所提供的好處。照我判斷，歐洲之得有前進的和多面的發展，完全是受這個蹊徑繁多之賜。

既便如此，密爾還是對當時的歐洲社會表示出了很大的不滿：

但是，它之保有這項惠益，也已開始是在一個減少得可觀的程度上了。它正朝著那種要使一切人都成為一樣的中國理想斷然前進。

個性要保住它的根據，將有愈來愈大的困難，除非我們能做到讓公眾中有頭腦的一部分感到個性的價值，讓他們看到有不同是有好處的，即使不是不同得更好，甚至在他們看來或許有些是不同得更壞。假如對個性的權利還要加以主張的話，現在正當那種強行同化還大有所缺而未完成之際，可正是時候了。如果抵抗要等到生活已經幾乎磨成一個一致的類型之後再來進行，那麼一切岔出那個類型的生活就將終至被認為不敬神、不道德、甚至是怪異和違反本性的。人類在有過一段時間不習慣於看到歧異以後，很快就會變成連想也不能想到歧異了。

為了文章的簡明扼要，這裏不可能把密爾的原文都引出來。使我感慨的是，在自由主義者密爾這裏關於個性之重要的充分論述，在共產主義者馬克思和恩格斯那裏只是最簡單的一句話：

每個人的自由發展是一切人的自由發展的條件。

而就是這句非常重要的話，也常常被後來的共產主義實驗者們有意無義地忽略了。

第四章：論社會駕於個人的權威的限度

這樣講來，個人統治自己的主權又以什麼為正當的限制呢？社會的權威又在哪裡開端呢？人類生活中有多少應該派歸個性，有多少應該派歸社會呢？

每人既然受著社會的保護，每個對於社會也就該有一種報答；每人既然事實上都生活在社會中，每人對於其作的人也就必得遵守某種行為準繩，這是必不可少的。這種行為，首先是彼此互不損害利益，彼此互不損害或在法律明文中或在默喻中應該認作權利的某些相當確定的利益；第二是每人都要在為了保衛社會或其成員免於遭受損害和妨礙而付出的勞動和犧牲中擔負他自己的一分（要在一種公正原則下規定出來）。這些條件，若有人力圖規避不肯做到，社會是有理由以一切代價去實行強制的。

總之，一個人的行為的任何部分一到有害地影響到他人的利益的時候，社會對它就有了裁判權。但是當一個人的行為並不影響自己以外的任何人的利益，或者除非他們願意就不需要影響到他們時（這裏所說有關的人都指成年並具有一般理解力的人），那就根本沒有蘊蓄任何這類問題之餘地。在一切這類事情上，每人應該享有實行行動而承當其後果的法律

上和社會上的完全自由。

不論是一個人也好，或者是任何多數人也好，都無權對另一個成年人說，為了他自己的益處他不可用其一生去做某件他所選定要用其一生去做的事。要知道，一個人因為不聽勸告和警告而會犯的一切錯誤，若和他容讓他人逼迫自己去做他們認為對他有好處的事這一罪惡相權起來，後者比前者是遠遠重得多的。

在反對公眾干涉純粹私人行為的一切論據當中還有最有力的一點，那就是說，如果公眾真去干涉，多數的情況是它作了錯誤的干涉，干涉錯了地方。在社會道德的問題上，在對他人義務的問題上，公眾的意見也即壓制的多數的意見雖然常常會錯，大概更常常是對的，因為在這類問題上他們只需要判斷他們自己的利害，只需要判斷某種行為如任其實行出來將會怎樣影響到自己。但是在只關個人自身的行為的問題上，若把一個同樣多數的意見作為法律強加於少數，會對會錯大概各居一半；因為在這類事情上，所謂公眾的意見至好也不過是某些人關於他人善惡禍福的意見；甚至往往連這個都不是，而不過是公眾以完完全全的漠不關心掠過他們所非難的對象的快樂或便利而專去考慮他們自己歡喜怎樣和不歡喜怎樣罷了。有很多人把他們所厭惡的任何行為看作對自己的一種傷害憤恨它好像它對於他們的情感是一種暴行。我們常看到，當一個宗教執迷者被責為蔑視他人的宗教情感時，他總是反唇相譏說，正是他人堅持其可惡的崇拜或信條而蔑視了他的宗教情感。一個人堅持其意的情感和另一個

人因他堅持那個意見而感到觸怒的情感，這雙方之間是毫無相似之處的，正和竊賊想偷取一個錢袋而物主想保持那個錢袋這兩種欲望毫無相似之處一樣。

密爾還引用了他那個時代史丹雷勳爵的話：

> 凡關於思想、意見、良心的問題，都在立法範圍之外；凡屬於社會行動、社會習慣、社會關係這些只應服從於國家所秉有而非個人所秉有的抉擇權力的問題，則在立法範圍之內。

第五章：本文教義的應用

在這一章裏，密爾對他闡述的自由觀念作總結。他先列出兩條格言：

> 第一，個人的行動只要不涉及自身以外什麼人的利害，個人就不必向社會負交代。他人若為著自己的好處而認為有必要時，可以對他忠告、指教、勸說以至遠而避之，這些就是社會要對他的行為表示不喜或非難時僅能採取的正當步驟。
> 第二，關於對他人利益有害的行動，個人則應當負責交代，並且還應承受或是社會或是法律的懲罰，假如社會的意見認為需要用這種或那種懲罰來保護它自己的話。

對於商業上的自由，密爾認為：

貿易乃是一種社會行動。誰只要從事於向公眾出售不論什麼
樣的貨物，誰就做了對他人和利益和社會一般的利益有影響
的事，因為他行為在原則上也就進入社會管轄的範圍。正因
為這樣，所以一度有人主張，政府有義務在所有被認為重要
的情事上限定商品價格並規定製造程式。但是現在，經過一
段長期鬥爭之後，大家才認識到，要做到價廉而物美，最有
效的辦法還是讓生產者和銷售者都完全自由，而以購買者可
以隨意到處選購的同等自由作為對他們的唯一制約。這就是
所謂貿易自由的教義。

密爾還說了這樣一句具有警世作用的話：

人類對於自由的珍重一般總是遠遠不及對於權力的珍重的。

自由最大的敵人就是權力。而權力最大的擁有者則是政府。政府
侵犯公民的自由，自然是密爾先生竭力反對的事情。而在不涉及侵犯
自由問題時，密爾仍然舉出了應該反對政府干涉的三種不同情況：

第一種是，所要辦的事，若由個人來辦會比由政府來辦更好
一些。一般來說，凡辦理一項事業或者決定怎樣來辦和由誰
來辦哪項事業，最適宜的人莫若在那項事業上有切身利害關
係的人。這條原理就判定了，立法機關或政府官吏不應該像
一度通行過的那樣干涉到普通的工業生產過程，這部分問題
已有政治經濟學家作過充分詳盡的討論。
第二種的反對，有許多事情，雖然由一些個人來辦一般看起
來未必能像政府官吏辦得那樣好，但是仍宜讓個人來辦而不

要由政府來辦；因為作為對於他們個人的精神教育的手段和方式來說，這樣可以加強他們主動的才能，可以鍛煉他們的判斷能力，還可以使他們在留給他們去對付的課題上獲得熟習的知識。人們之所以主張陪審團制度，主張自由的、平民的地方自治和城市自治，主張由自願的聯合組織來辦理工業和慈善事業，這一點乃是主要的理由，雖然不是唯一的理由。這些都不是自由問題，而是與自由問題有關的發展問題。純粹的地方性事務應由地方管理，巨大的工業企業應由自願出資者的聯合組織管理，這兩點之所以值得推薦，還有其更進一步的理由，那就是本文前面所提出的發展的個別性和行動方式的歧異性所具有的各種優點。政府的工作趨於到處一樣化，相反，個人和自願聯合組織則會做出各種不同的實驗，得出無窮多樣的經驗。

主張限制政府干涉的第三種理由也即最有力的理由乃是說，不必要地增加政府的權力，會有很大的禍患。在政府現有職能之外的每一增加，都足以更加擴大散佈其對人們希望和恐懼心理的影響，都足以使活躍而富於進取性的一部分公眾愈來愈變成政府的依存者，或者變成旨在組成政府的某一黨派的依存者。假如公路、鐵路、銀行、保險機關、巨大的合股公司、大學、以及各種公共慈善機關等都變成政府的分支機構；再假如市政公會和地方議事會以及現在傳留給它們的一切也都變成中央行政系統的一些部門；又假如所有這些不同事業的從業員都由政府來任用和支付薪金，因而其生活上的每一提高都要巴望政府來賜與；那麼，即使有一切所謂

出版自由和平民的立法組織，也不足以使這個國度或任何國度變成一個名符其實的自由之國。並且，這種行政機器愈是構造得有效率和科學化，網羅最有資格的能手來操縱這個機器的辦法愈是巧妙，為患就愈大。

假如凡需要組織直轄市或需要以擴大和全面的見解來從事的社會事業，其各個部分都掌握在政府手中；又假如政府的職司普遍都有最能幹的人來充任；那麼，一國中所有擴大起來的文化和實踐出來的智慧，除掉那些純粹思考性的以外，勢必都集中於一個人數眾多的官僚機構，而群體中其餘的人勢必只注目在它身上來謀求一切：一般群眾要做什麼，須求它指導和指揮；有能力有大志的人們則向它謀求個人的升進。於是，謀求鑽進這個官僚機構，鑽進之後又謀求步步高升，就成為大家進取的唯一目標。在這種政制之下，不僅在外邊的公眾由於缺少實踐經驗之故沒有資格來批評或約制這個官僚機構的工作，就是專制制度的偶然機遇或者平民制度的自然運用間或使一位或若干有志改革的統治者掌握大權，也不能實施與這個官僚機構利益相反的改革。

讀了密爾這樣的論述，真叫人不勝感慨。他所描述的這種情形不正是已經瓦解了的蘇聯和改革開放前中國的實際情形嗎？但實際上，當時印證了他的理論的是沙皇俄國——

從一些有充分機會的觀察者的記載看來，俄羅斯帝國的可悲情況就是這樣。沙皇本人也沒有權力反對那個官僚集團；他能把那個集團的任何一人放逐到西伯利亞，但是他

不能脫離他們或者違反他們的意志而進行統治。他們對於沙皇的每項詔令都有一個不聲不響的否決權，只要不把它付諸實施就得了。

從現在中國改革開放的實際情形來看，中央發出的好的指示和辦法，是否能得到下面的幹部層——那個大利益團體的有效貫徹和執行呢？

在文明比較先進和反抗精神較多的國度裏，一般公眾既習慣於指望國家替他們代辦一切，或者至少習慣於若不問准國家讓做什麼以至怎樣做法便什麼為他們自己的事也不去做，他們自然就要認定凡有臨到他們身上的一切災禍概應由國家負責，而一到災禍超過他們忍耐限度的時候，他們就起來反對政府而形成所謂革命；於是另一個某人，不論有沒有向國族取得合法的權威，躍上了統治者的席位，又對那個官僚機構發佈他的命令，而一切的事態仍與以前無異，那個官僚機構既未改變，也沒有別人能夠取而代之。

這個組織自身愈是完善，它從群體各等級中為自己吸收並訓練最能幹的人員愈是成功，那麼它對包括這官僚機構的成員在內的一切人們的束縛也就愈加完整。因為管治者自己也成為他們的組織和紀律的奴隸，正不亞於被管治者成為管治者的奴隸。中國的一個大官和一個最卑下的農夫一樣，同是一種專制政體的工具和僕役。

　　密爾這裏所說的中國，自然是一百五十多年前的中國而不是現在的中國。現在的中國，在許多方面已經實現了深刻的變革。但是目前的中國是否還依然存有他那時就明確指出了的政治體制上的弊病，難道不是一個值得深思的問題嗎？

> 還有一點也不可忘記，那就是說，若把一國中的主要能手盡數吸收入管治團體之內，這對於那個團體自身的智力活動和進步說來，也遲早是致命的。他們即經結成一個隊伍，運用著一個和所有制度一樣必然要在很大程度上依靠定則來進行的制度，這個官吏團體便不免在經常的誘引下逐步墮入墮性相沿的例行公事之中，或者，假如他們有時也厭棄那種老馬推磨的作風的話又猝然陷入這個團體的某一領導成員所偶然幻想出來的沒有完全經過證驗的、不成熟的見解裏面。

　　毛澤東的那些基於理想主義又完全憑個人意願而輕率實施的治國方略，竟被這個資產階級學者在一百多年前就不幸言中。毛澤東是知道「兼聽則明，偏信則暗」這條格言的，「他山之石，可以攻玉」，但是無產階級革命的領袖們為什麼就沒有一人願意旁顧一下資產階級學者的政治理論呢？或許，這就是無產階級專政的強烈排他性給自己造成的災難。而對於我們現在剛剛起步的政治體制改革，密爾早就闡述得非常明確了：

> 要遏止這兩種貌似相反實則密切相聯的趨勢，要刺激這個團體的能力使其保持高度水準，唯一的條件是應對在這個團體外面的有同等能力的監視批評負責。因此，要在政府

之外保有某些手段來形成這種能力，並給以為對重大實際事務做出判斷所必須的機會和經驗，這是必不可少的。如果我們還想永久保有一個有技巧、有效率的工作團體——尤其是一個能夠創新和願意採取改進辦法的團體；如果我們還不想讓我們的官僚機構墮落為一個腐儒機構，那麼，這個團體就切不可把一切足以養成為管治人類所需要的才具的職業都壟斷起來。

　　一百五十多年前的密爾，沒有經歷過蘇聯史達林統治時期的政治黑暗，也不可能得知中國無產階級文化大革命時期的政治混亂，但是他對於無視自由的專制可能導致什麼樣的災難，其實已經有了足夠的預警。

　　要判定那些對於人類自由和進步是如此可怕的災禍究竟到哪一點就開始發生。或者更清楚地說，要判定那些災禍究竟到哪一點就會壓過在社會公認的領袖之下集體應用社會力量以排除社會福祉的障礙所得到的好處而開始成為災禍，要盡量獲致集中權力和集中智慧的優點而又不至於把一般活動過量地轉入政府方面，這乃是政治藝術中最困難最複雜的問題之一。
　　要做到符合於效率原則的最大限度的權力分散；但也要盡可能做到最大限度的情報集中，還要盡最大的可能把情報由中樞散播出去。

　　用現在的話來說，就是：權力要下放；資訊要通暢；人民要知情。

《論自由》全書的最後結語是：

一切政府的活動，只要不是妨礙而是幫助和鼓舞個人的努力
與發展，那是不厭其多的。可是，政府一到不去發揮個人和
團體的活動與力量卻以它自己的活動去代替他們的活動的
時候；一到不是對他們進行指教、勸導並有時指摘而是叫他
們在束縛之下工作，或是叫他們退立一旁而自己去代替他們
工作的時候，害處就開始發生了。國家的價值，從長遠看來，
歸根結蒂還在組成它的全體個人的價值。一個國家若只圖在
管理技巧方面或者在事務細節實踐上所表現的類似東西方
面稍稍較好一些，而竟把全體個人智力的擴展和提高這一基
本利益推遲下來；一個國家若只為——即使是為著有益的目
的——使人們成為它手中較易制馭的工具而阻礙他們的發
展，那麼，它終將看到，小的人不能真正做出大的事；它還
將看到，它不惜犧牲一切而求得的機器的完善，由於它為求
機器較易使用而寧願撤去了機器的基本動力，結果將使它一
無所用。

當年閱讀此書時，我的思想處在不斷的震撼之中。而此書的最
後一段，給了我最大的震撼。正是在這時，我有了重讀一遍《共產
黨宣言》，並把它和《論自由》作一個對照的想法。想看看是否在
那個最初的宣言中，共產主義運動就犯了某種專制的毛病。想知道
共產主義運動中所形成的那些不恰當的做法，是後來的實踐者走偏
了方向，還是在一開始就已見端倪？

這兩本小書的結束語都是對未來的預言。

所不同的是，一個預言是強烈而亢奮的；另一個預言是深思而從容的。

一個預言了資本主義的必然滅亡和共產主義的最終勝利。

另一個預言了如果無視自由，再強大的和曾經一度成功的國家機器，都將因為失去動力而鏽損毀壞。

最後，我們來看一下《共產黨宣言》的結語：

> 共產黨人為工人階級的最近目的和利益而鬥爭，但是他們在當前的運動中同時代表運動的未來。
>
> 總之，共產黨人到處都支持一切反對現在的社會制度和政治制度的革命運動。
>
> 共產黨人不屑於隱瞞自己的觀點和意圖。他們公開宣佈：他們的目的只有用暴力推翻全部現在的社會制度才能達到。讓統治階級在共產主義革命面前發抖吧。無產者在這個革命中失去的只是鎖鏈。他們獲得的將是整個世界。
>
> 全世界無產者，聯合起來！

（全世界無產者真的能夠聯合起來嗎？）

從文字的魅力來說，這是一篇極其出色的革命鼓動詞。在它誕生以後的一個世紀裏，不知道有多少無產者和原本並不是無產者的人在它的鼓動和激勵下走上了反抗資本主義社會現存制度的道路，也不知道有多少人為著這個宣言所提出的理想而拋頭顱灑熱血。但現在來看這篇宣言，畢竟它太多於慷慨激烈的情緒，而少於心平氣和的說理。它許給全世界無產者以自由：「無產者在這個革命中失去的只是鎖鏈，他們獲得是將是整個世界。」但實際結果如

何呢？有許多無產者失去了世界，獲得的只是鎖鏈。一百五十年過去了，被宣言作者早就宣判了死刑的資本主義世界因其尊重了自由的原則，在不斷的社會改良中依然存在著。而共產主義革命，付出了幾代人和無數人生命和尊嚴的代價，所得到的結果，從目前來看仍是不容樂觀的。再回過頭來看宣言，不禁感慨繫之。

智者：在絕境之前先行退讓

作者說明：

「或許荒唐言，出自真心肺。莫云作者癡，願解其中味！」

此文只當文學評論發表，別只當作文學評論視之。

文章導讀：新「三言二拍」：

醒世恒言—數段歷史：從路易十六到薩達姆。

喻世明言—寓言二則：「金元寶和地瓜」、「豹子和羚羊」

警世通言—對聯一副：「個人違法謂反動，法不治眾稱革命」

第一拍—富人拍心口

第二拍—官員拍腦門

一、數段歷史

都說歷史是一面鏡子，那麼就讓我們在這鏡前回顧幾段歷史的景象，看看能否成為前車之鑒：

其一、法國大革命潰久蓄之膿。其爆發的原因是：

第一，革命前尖銳的階級對立。當英國已經完成資產階級革命並開始工業革命的時候，法國還處於波旁王朝的封建專制統治時期，階級關係處於十分尖銳的對立狀態。它表現為：法國社會被分成三個等級，第一等級是教士、第二等級是貴族，他們占人口總數的不到百分之一，但卻佔有全國土地數量的三分之二，並不承擔任何納稅義務。而廣大的第三等級卻承擔著國家的賦稅和其他封建義務，尤其是工人、城市平民和廣大農民，生活困苦不堪，他們強烈要求改變生活狀況。尖銳對立的階級關係，使法國社會如同到處堆滿了乾柴，隨時都有爆發革命的可能。

第二，資本主義發展與封建專制統治的矛盾。十八世紀下半期，法國資本主義經濟已有很大發展，紡織業、冶金業和採礦業的發展最為迅速，其發達程度居歐洲大陸首位。對外貿易也得到迅速發展。但封建專制統治卻成為法國資本主義經濟發展的障礙，其表現為：封建政府不斷提高稅收；全國各地關卡林立；封建土地所有制依然存在。對此，資產階級十分不滿，他們要求廢除封建土地所有制，取消封建特權，反對專制統治。他們的要求和主張，在政治思想上的反映就是資產階級啟蒙思想。十八世紀資產階級啟蒙思想的出現和廣泛傳播，為法國大革命和資產階級登上政治舞臺，作了思想和輿論上的準備。

第三，財政危機的加劇。十八世紀法國的專制王朝已經非常腐朽。對外戰爭屢遭敗績，統治者的揮霍無度，使得法國的財政赤字增加，負債累累。到 1789 年，國債債臺高築，僅付出的利息已同全年的財政收入相近，法國政府的財政瀕臨破產境地。

綜上所述，十八世紀晚期的封建王朝在政治、經濟和社會意識方面，都已經出現全面危機，專制統治已成為法國社會發展的障礙。封建王朝的統治危機，使它無可挽回地陷入了絕境，這不僅削弱了它的統治力量，也為法國資產階級登上歷史舞臺創造了條件。

據茨威格的著述，被大革命送上斷頭臺的路易十六和瑪麗安東奈特王后，都不是人品惡劣之人。只是一個對社會矛盾木然處之，另一個對窮人的生活全然不知。當有人告訴她窮人已經沒有麵包吃的時候，她竟奇怪地問道：「他們為什麼不吃肉餅？」波旁王朝身坐火盆不覺燙，終於導致法國大革命的爆發。

其二、拿破崙刀鋒用老，終至敗績。

法國大革命造成社會大動盪，雖破字當頭，殺人毀物無數，但革命的理念「自由、平等、博愛」卻因動亂不休而無法確立，這時候來了上個小個子巨人，靠著一到軍隊和一本拿破崙法典，把革命後歷屆政府都無法收拾的爛攤子收拾得停停當當。這個小個子是個政治天才，短短數年間，從共和國第一執政、終身執政到法蘭西帝國的皇袍加身，經歷過大革命洗禮的法國人民不但沒有反對，反而衷心擁戴。這個小個子更是個軍事天才，同樣在短短數年間，披堅執銳所向披靡，橫掃歐洲大陸，列國為之臣服。可惜的是他直到兵敗被囚之時才讀到《孫子兵法》，歎息沒有及早懂得「不戰而屈人之兵，善之善者也」的道理。戰神百勝，必有一失。拿破崙一味逞強招數用老導致歐洲各國聯合抗法，就在他長驅拿下莫斯科，以為能將他最後一個對手俄國沙皇徹底征服之時，退卻者的一場大火燒毀了俄國的首都，更點燃了法蘭西第一帝國的傾覆之柴。拿破崙雖

有百日復辟的奇跡再次上演，最終人力難勝天意，滑鐵盧慘敗導致皇冠落地，斯人被囚。

其三、清政府立憲只議不行，導致辛亥革命爆發。

對於一個風雨飄搖中的末代王朝，君主立憲本是可以爭取到的最好結果。但是對於立憲的延宕破壞了這個結果，革命者的急脾氣已經等不得王公大臣們的慢性子了。立憲之事，在革命未到之時拖延時日，革命既來之時已行之莫及。

其四、重慶談判蔣介石誤判形勢，錯誤決定用軍事手段來解決中共問題。

結果是聯合政府功敗垂成，中國人失去一次歷史機遇。共產黨由在野變為在朝，國民黨兵敗退居臺灣一隅。

其五、史達林死後，蘇聯赫魯雪夫的短暫解凍被勃列日涅夫的長期僵化取代。

蘇聯政府同樣失去一次歷史機遇，當不得不採取新思維時，泥足巨人便已轟然倒塌，傾刻瓦解。

其六、齊奧賽斯庫以不變應萬變的悲劇。

蘇聯瓦解，東歐動盪，然而羅馬尼亞總統齊奧賽斯庫堅持獨裁決不應變，最終死無葬身之地。

其七、「四人幫」失去靠山頓為階下囚。

1976 年毛澤東逝世，其政治同黨「四人幫」不知收斂，依然張狂無度，逼得對手不得不採取非常手段解決矛盾，以至他們懷著毛澤東的遺志束手就擒。

　　粉碎「四人幫」之舉是一著絕處逢生的險棋，如果華國鋒和葉劍英等不是被政治對手逼到了無路可退的絕境裏，是絕不會背水一戰採取這種非常手段來解決矛盾的。

　　簡述了這數段歷史，是為了尋求另一種可能性。如果前述失敗者能夠事先知道他們沒有及時退讓的結局，是不是會放棄剛性的做法，及時地妥協，做出柔性的改變呢？由此，可以得出一種相對論：別把對手逼入背水一戰的絕境，那樣自己也就無路可退了。

　　回顧八九年的政治風波我一直在想，如果學生運動能夠聽取善意的勸告，在充分取得社會支持和新聞界同情後，理性結束絕食適時退出天安門廣場，是否能避免政府徹底撕下臉皮，讓中國躲過這命中的一劫？

　　我毫不同情薩達姆的下場，但不能理解這個獨裁者的愚蠢。面對美國大兵壓境，示弱是比逞強更聰明的選擇。薩達姆如果同意國際核查，證實其並沒有大規模殺傷性武器，也許可以暫時避免其統治的覆滅？

　　當然，已經發生的歷史不能假設，但將來可能碰上的危險應該預警。

　　雖然政府提出了和諧社會的理念，但中國目前的社會並不十分和諧，貧富懸殊，兩極分化加劇，弱勢群體的利益難以維護，群體事件的爆發有增無減（就在此文寫作之時，得知通鋼工人騷亂事件，一個派去重組企業的總經理竟在上任第一天被積怨已久的工人群毆致死）。大規模的動亂尚未發生，並非沒有動亂的動因，而是種種動因還沒有到達總爆發的臨界點，而一個強力政府的剛性控制系統也還沒有到達因金屬疲勞而斷裂的臨界點。一旦社會矛盾引發

另一次全國性的動亂（肯定會有人將其稱之為革命），現在的強勢群體和弱勢群體將迅速換位，就如文化大革命那樣風雲劇變，滄海桑田，幹部成為階下囚，暴民成為坐上客，那將是極為殘酷和極具破壞力的，社會和人性都將陷入另一次大劫難。而那將不是由某個偉大領袖蓄意發動，而是由某個意外事件的導火索意外引爆，正如對奧國王儲的行刺導致第一次世界大戰爆發。此種局面，無論是面對窮人鬧事的政府、是慶倖已擁有財富的富人，還是對富人和政府都心懷不滿的窮人，都應該竭力避免的，因為中華民族很難經得起再一次天地玄黃的大折騰了。

那麼現在中國政治體制改革的最大阻力—政治和經濟上的既得利益階層，能不能在陷入另一次革命的絕境之前，理智地提前做出適時並適當的讓步呢？

用利益的退讓緩解社會矛盾；用制度的完善建立社會秩序。

不光是大家嘴上不折騰，而是上上下下都有不再折騰的智慧和行動，中華民族才能避免動亂的危險，進入理性的福地。

是否有具未雨綢繆的政治遠見？能否學會用妥協方法來化解顯性和隱性的社會對抗？有沒有足夠的氣度對勢弱群體讓出部分既得利益來促進共同富裕？正在考驗著所有的中國人，特別是權力在手並且財富在身的這部分中國人。

二、寓言二則

寓言之一：《金元寶和地瓜乾》

　　這是一個來自於民間的故事。一次大洪水來臨，吞沒了村莊和房屋。一個地主和一個農民爬到了兩棵相鄰的樹上以逃生。情急之中地主隨身帶著家中最重要的東西：數錠金元寶；而農民也帶了他認為最重要的東西，一籃地瓜乾。洪水數日不退，農民尚有地瓜乾可以充饑，而地主則饑腸轆轆無以為食。地主提出用金元寶換一些地瓜乾以充饑腸，但農民拒絕了：這個時候你給我金元寶有什麼用？金子能當飯吃嗎？最終的結果當然是地主餓死了。洪水退去後，地主的金元寶自然也歸了農民所有。

　　其實這只是故事的表相，還有若干背景沒有說出。

　　設想一：如果地主平時對農民有仁慈之舉、友善之心，中國人信奉滴水之恩當湧泉相報，則危難之時農民會贈與地瓜乾幫地主渡過難關，此為互助。

　　設想二：如果地主平時雖對農民無助，但也與農民無怨無仇，則在危難之際也應能用金元寶買到地瓜乾，此為互利。

　　設想三：此地主從未想過會有災難，所以從來只顧斂財，並且是以不義之舉斂財，當災難來臨之時，只能懷抱著金元寶餓死樹上。

　　當然也有第四種可能，與前三個設想無關：此農民出於陰暗心理見死不救，那就是農民的問題了。

寓言之二：《豹子與羚羊》

豹子是食肉獸，羚羊是食草動物。豹子是獵食者，羚羊則常常成為被食者。且不說食草者雅，食肉者鄙，吃什麼為生只是出於它們各自的本性。但羚羊中有一頭極其善跑，猶善突然轉向讓豹子撲空。豹子中有一頭不僅有口腹之慾，還有征服之心，它不以捕食別的羚羊為滿足，一心只想置那一頭善逃的羚羊於死地。有一天它終於等到了機會，當那頭羚羊在一處懸崖上吃草時，它逼了上去。退到懸崖邊緣的羚羊無處再施展轉向脫逃之術，當豹子放心大膽地猛撲上去時，意外發生了：從來在奔逃時都是把屁股朝向豹子的羚羊，因無處可逃，絕望中轉過頭來迎向攻擊，它的尖角竟然刺穿了豹子的咽喉，攻擊者死於迎擊者的絕望，這是豹子和羚羊都沒有料到的。

寓言都是蘊含著某種哲理的，這兩則寓言中的哲理都十分淺顯，理解它只需要常人的智商，實行它卻需要智者的遠見。

三、匕首與菜刀：對一副對聯的注解

自擬對聯：「個人違法謂反動，法不治眾稱革命」

楊佳的持刀襲警是這個世紀的悲劇。

賀龍兩把菜刀鬧革命是上個世紀的佳話。

他們襲擊的目標相同一都是警察局，但性質完全不同：一個是犯罪，一個是革命。雖然性質不同，但有一點相同，二者都是出自

弱勢群體，對現實社會秩序不滿，因為用嘴說話無門，用筆說話無用，只得鋌而走險，以刀發言。

個別弱勢者狗急跳牆謀財害命是犯罪；許多窮人聚眾成為亡命之徒呼嘯而起就可能成為某種「革命」了。

窮人的亡命，有時候並不是因為憤怒，而僅僅是喪失理智的謀財行為。無良青年和無知暴徒有時僅為區區數百元便殺人害命，這樣的案例不是時有發生嗎？

不要總把知識份子的議論當做心腹大患，其實知識份子腦後並無反骨，心中只有反思。出於憂國的傳統，他們想當的只是進諫的魏徵，而非反唐的薛剛。批評共產黨的知識份子甚至有可能比某些共產黨員對黨的前途更為耽憂，因為一旦唯一執政黨垮臺，那也將意味著社會的大規模破壞。知識份子是憂天的杞人，而非興災樂禍的旁觀者。「我死之後哪管洪水滔天」只能是路易十五那樣不負責任的統治者的心態。善待並尊重知識份子，而不是防範或討厭知識份子，是為政者的正確選擇。讀書人從來不是造反的主體，由無以聊生的草民變成的暴民才是。

「竹帛煙消帝業虛，關河空鎖祖龍居，坑灰未冷山東亂，劉項原來不讀書。」這首七絕古詩沒有多少文學價值。使它流傳千古的是它的歷史認識價值。

站在執政黨的立場上設身處地思考，可以看到三種威脅：

一是法輪功。具有邪教性質，政府不喜歡，理性的知識份子也不喜歡。

二是民主化。執政黨表面並不反對，但許多高官心中並不喜歡。此種理念缺乏本土傳統，在未經啟蒙的低文化民眾中難成氣

候。如果不將此種理念視為威脅而看做社會中正在增長的民心民情，可以用之為自身改良的動力和助力。

三是殺富濟貧的民族傳統。因《水滸傳》和武俠書的流傳深得底層草民之心，世事不甯時，便如地火在民間蘊釀。什麼時候如《水滸傳》開篇中所寫的洪太尉一不小心誤走妖魔，華夏大地又將是一片腥風血雨！「三害」擇其輕，理智的選擇還是順應民主憲政的世界潮流，那將是中華民族之福。

四、富人拍拍心口，自問財產得來是否無愧？

五、官員拍拍腦袋，想想權力來源是否合理？

（注：此二節無正文）

本文的幾則附錄：

拆字法—中國式的文字遊戲：亂世和盛世。

正如老子言：「福兮禍所倚，禍兮福所伏」。亂世之末可迎盛世，盛世之極亦可變為亂世。去掉亂字左部頭上一撇，再將右部折刀偃武修文，便成故字。於是亂世便成為前朝故事，常顧常溫，可以知興替。

盛世之盛，在於盆滿杯盈。盆和杯皆為器皿，在器皿之上有成，曰之盛。但如果有朝一日此成字轉為敗象，則亂字左邊頭上的那一撇又將回來，落在皿上變成血字，血光之災，必是國家民族民眾之大難。

貧與仇：

在電腦上用五筆字型打漢字，貧富一詞，打錯一鍵便成「仇富」，不由得兀自心驚！

民間智慧：破財消災。上層理性：釋權求和。

無論是破財還是釋權，最好都在災難到來之前主動先行，以顯君子氣度和智者風範。正如圍棋的棋理：先置一塊空閒地，後路留得無憂角；臨危再打生死劫，半目即關存與亡！

狼會來嗎？

狼來了的故事婦孺皆知，小孩子亂喊無益，成人不警惕不行。這裏只是提醒狼的存在，但願狼永遠也不要來。

卷三

哲思

永恆的問題是無解的

——對霍金理論的質疑

我時常會想起初次面對高更那幅畫時所受到的震撼。震撼我的不是那畫面，而是那題目：「我們從哪裡來？我們是誰？我們到哪裡去？」

這是一個關於存在和永恆的問題。其實在這個問題之外還有一個包裹著它的問題：我們生存其中的這個宇宙是怎麼回事？時間有無開始和終結？基本粒子是否無限可分？外太空是否無限廣大？有一種東西在誘惑人去搞清楚這些問題；同時有無數障礙在使人永遠也搞不清這些問題。

不巨不細，不長不短，半神半獸，半明半白，這就是人在宇宙中的境況。

當許多有關生存的具體問題紛至遝來時，那個有關根本存在的大問題常會被從腦中擠開，但它並沒有離我而去，而是潛伏在腦中一隅，每有機會，便要跳出來活動一番。這次引得它出來活動的，是斯蒂芬·霍金所著的《時間簡史》。他用科學家們的研究成果，為我們描述了人類目前所能理解的宇宙圖景。在閱讀過程中，我嘆

服科學家們為解這道大題目所做出的精彩思維；但在思考了一番之後，卻又不能十分信服地接受科學家們展示給我們的題解。

在此書的結論一章中霍金寫道：迄今，大部分科學家太忙於發展描述宇宙為何物的理論，以至於沒有功夫去過問為什麼的問題。另一方面，以尋根究底為己任的哲學家們不能跟得上科學理論的進步。在 19 和 20 世紀，科學變得對哲學家，或除少數專家以外的任何人而言，過於技術化和數學化了。哲學家如此地縮小他們質疑的範圍，以至於連維特根斯坦——這位本世紀最著名的哲學家都說道：「哲學僅餘下來的任務是語言分析。」這是從亞里斯多德到康得以來哲學的偉大傳統的何等的墮落！

讀到這裏，我的感覺是，似乎哲學已無可奈何地從這一領域中撤退，餘下的問題只能由數學來但當。但是，哲學真的自認為無能為力，或者在數學家看來是無能為力，只能聽憑數學家如是說了嗎？那麼，不懂或不太懂高深數學的普通人還能否思考宇宙的問題呢？宇宙是否只能用數位而不能用語言來思考了呢？宇宙的問題到底是一個數學問題還是一個哲學問題，或者兩者兼而有之？數學確實是人類認識宇宙的最重要的工具，但只用數學來解釋宇宙之迷恐怕還是不夠的。懂數學的天文學家們所從事的工作是令人敬佩並使人思路為之一開的，但他們所提供的宇宙模型，仍然要受到哲學的質疑。

理論科學的終極目的在於提供一個簡單的理論去描述整個宇宙。但從哲學的觀點去看，科學可以接近，卻永遠也達不到這個終極目的。這是一個二律背反。人的存在就是這個悖論本身。霍金的渴望和我們普通人的渴望其實是一樣的，只是更強烈：我們為何在

此？我們從何而來？人類求知的最深切的意願使他們渴求理解世界的根本秩序，對我們生存其中的宇宙做完整的描述。但是他也認識到：在尋求這樣完整統一理論中有一個基本的矛盾。假定我們是有理性的生物，既可以隨意自由地觀測宇宙，又可以從觀察中得出邏輯推論。在這樣的方案裏可以合理地假設，我們可以越來越接近找到制約我們的宇宙定律。然而，如果真有一套完整的統一理論，則它也將決定我們的行動。這樣，理論本身將決定了我們對之探索的結果！那麼為什麼它必須確定我們從證據得到正確的結論？它不也同樣可以確定我們引出錯誤的結論嗎？或者根本沒結論？

上帝是否存在？即便真的存在，他也不說話。

沒有別的東西可以給人類批改答卷。

在探討宇宙這個包容一切問題的根本問題時，人們不斷地面對難解的悖論。康德早就指出關於時間是否有開端、空間是否有極限的問題是一個純粹理性的二律背反，因為正反兩方面都有同樣令人信服的論據。他對正命題的論證是：如果宇宙沒有一個開端，則任何事件之前必有無限的時間。他認為這是荒謬的。他對反命題的論證是：如果宇宙有一開端，在它之前必有無限的時間，為何宇宙必須在某一特定的時刻開始呢？

但是現在，斯蒂芬・霍金告訴我們：在宇宙開端之前，時間概念是沒有意義的。時間是上帝所創造的宇宙的一個性質，在宇宙開端之前不存在。

這的確是一個創造性的思維。現代天文學對宇宙的描述，就是建立在這個思維之上。！

用汽球打比方

1929 年，愛德溫・哈勃做出了一個具有里程碑意義的觀測：不管你往哪個方向看，遠處的星系正在急速遠離我們而去。換言之：宇宙正在膨脹。這意味著，在早先星體相互之間更加接近。照此推論，在大約 100 億至 200 億年之前的某一時刻，它們剛好在同一地方。霍金認為，這個發現終將宇宙的開端問題帶進了科學的王國。哈勃的發現暗示存在著一個叫做大爆炸的時刻，當時宇宙的尺度無窮小，而且無限緊密。在這種條件下，所有科學定律並因此所有預見將來的能力都失效了。在此之前時間沒有定義。在這個意義上說，時間在大爆炸的時刻有一個開端。科學家強調的是：這個時間的開端和早先考慮的非常不同。在一個不變的宇宙中，時間的端點必須由宇宙之外的存在物所賦與。宇宙的開端沒有物理的必要性。但是如果宇宙膨脹，宇宙有一個開端就有了物理的原因。現代的宇宙模型也就有了一個有力的支點。

為了讓我們這些不懂得高深數學的普通人能夠弄懂宇宙的膨脹是怎麼回事，科學家們用最為簡單的汽球來打比方——「由於宇宙已經像大爆炸模型那樣膨脹，所以這宇宙常數的排斥應使得宇宙以不斷增加的速度膨脹，這一有效宇宙常數的排斥作用超過了物質的引力作用。當它們膨脹時，物質粒子越分越開，宇宙中任何不規則性都被這膨脹抹平了，正如你吹脹汽球時，它上面的皺紋就被抹平了。宇宙現在光滑一致的狀態，可以是從許多不同的非一致的初始狀態演化而來。」

「為了理解黑洞是如何形成的，首先需要理解一個恒星的生命週期。起初，大量的氣體受自身的引力吸引，開始向自身坍縮而形成恒星。當它收縮時，氣體原子的碰撞使得溫度上升。最後氣體變得如此之熱，如同一個受控氫彈爆炸，反應中釋放出來的熱使得恒星發光。這增添的熱又使氣體的壓力升高，直到它足以平衡引力的吸引，這時氣體停止收縮。這有一點像汽球——內部氣壓試圖使汽球膨脹，橡皮的張力試圖使汽球縮小，它們之間存在一個平衡。」

「……所有的星系都直接相互離開。這種情形很像一個畫上好多斑點的氣球被逐漸吹脹。當氣球被吹脹時，任何兩個斑點之間的距離加大，但是沒有一個斑點可以認為是膨脹的中心。並且斑點離得越遠，則它們互相離開得越快。任何兩個星系互相離開的速度和它們之間的距離成正比。星系的紅移應與離開我們的距離成正比，這正是哈勃所發現的。」

於是我們面對的就是一個宇宙是否等於汽球的問題。

在第一類模型中，宇宙膨脹後又坍縮。空間如同地球表面那樣，彎曲後又折回自己。宇宙等於一個先吹脹後吹破的汽球。

在第二類永遠膨脹的模型中，空間以另外的方式彎曲，如同一個馬鞍面。在這種情況下空間是無限的。宇宙不等於汽球。

在第三類模型中，宇宙以臨界速度膨脹，恰到可以避免坍縮的好處。星系的距離從零開始，然後永遠增大。速度越變越慢，卻永遠不會變零。在這一點上，宇宙約等於一個汽球，因為不存在永遠也吹不破的汽球。

對第一類模型的質疑是：如果只以汽球而論，從吹膨脹的球面固然可以想見球體表面各點距離的不斷增大並最終破裂，但並不能

得出汽球本來是一個無限小的點。它的增大是有限的，縮小也是有限的。宇宙是否也如此呢？

對第二類模型的質疑是：在這種情況下空間又成了無限的，它逃脫了科學家們試圖把它放在有限無邊的宇宙模型中來討論的努力。

對第三類模型的質疑是：星系分開的速度越來越慢卻永不為零，慢到最後，接近於靜止，但慢與靜止的界限在哪裡？如果它真的靜止了，那麼討論的對象在很大程度上又回到了過去人們認為的那個靜態的宇宙。

對於汽球這樣的比方，還有一個問題在於：宇宙現在的膨脹和將來的坍縮，是用什麼來做坐標系的？很簡單的道理，如果沒有其他星體做參照，我們就無法搞清地球和太陽到底誰繞著誰轉。同理，如果宇宙這個大汽球是在一間沒有同時膨脹的房間裏，我們可以得知它是在膨脹。但是我們知道宇宙這個概念並不只是房子裏的汽球，而是房子內外無所不包的一切，如果它不能包容一切的話，它就不是宇宙。這一切都在同時膨脹卻並沒有一個外在的參照物的話，我們怎麼知道這就是膨脹？如果它坍縮到無窮小的話，我們又怎麼知道它是在坍縮？

當然，對這個質疑可以這樣回答：沒有外在的參照系，卻有內在的參照，這個參照就是人。我們在汽球的內部或表皮上從光譜的紅移現象看到了宇宙的膨脹，是因為我們沒有隨之膨脹，準確地說，是因為膨脹的速率不同，否則就看不出它是在膨脹。這樣看來，人成了宇宙的坐標系。我們是宇宙這個汽球裏（或汽球上）的一個會思考的細菌。那麼，當宇宙最終坍縮時，如果人類這個菌群還存在的話，是否也因為速率不同或其他神秘的原因並不和它一同坍縮，當整個宇宙都

不可思議地縮小到一個幾乎沒有的點時，而我們依然以不變的視點在觀察它（這應該是從汽球的外面了），這是不是有些荒謬呢？如果這個設想是荒謬的，那麼我們現在即使是以最先進的儀器所觀測並推論出的結果就一定是確定無疑的嗎？為了可靠起見，我們還能給宇宙這個大汽球找到別的參照系嗎？可是如果在宇宙之外還有一個可作對照的宇宙的話，那我們的這個宇宙就不是整個宇宙而只是宇宙的一部分。如果真是這樣的話，那麼：一、無論膨脹或坍縮的宇宙都只是人的能力能夠達到其邊緣的那一部分宇宙（無論向內還是向外），邊緣之外仍然是我們無從知曉的東西。

二、或者換一句話說：人類能力的邊緣，便是宇宙的邊緣。事實上不是宇宙在膨脹或者擴大著，而是人類認識和改變自然的能力在擴大著。在此條件下，我們才看到原來那個亙古不變的宇宙變大了。在過去的天文望遠鏡下是人類視距的增加，而在哈勃射電望遠鏡下則是以光譜紅移為標誌的宇宙膨脹。

黑洞？奇點的質疑

科學家們給出的宇宙模型是：起始——100 億至 200 年前——以大爆炸的方式誕生；現在——正在膨脹的過程；終結——100 億或 200 億年之後——大坍縮，成為黑洞。

在大爆炸之前，是否是一次大坍縮？在這個宇宙大坍縮之後，是否又將是一次大爆炸？

前後都是奇點，我們無法探索。

霍金已經明確說過：奇點那一邊的東西，對我們不具意義。

　　那麼可否換一句話說：所謂黑洞，所謂奇點，並非無限遙無之前宇宙的誕生，也並非無限遙遠之後宇宙的終結——奇點是人類認識的開始，奇點也是人類認識的終結。雖然科學家們所逆溯出的奇點，在人類出現之前太遠太遠；他們所順推出的奇點，也在人類滅亡之後太遠太遠。

　　我們之所以認識這個宇宙，是基於人的大腦，而不是其他任何東西。從理論上推論，在人類出現之前，這個宇宙已經存在了；在人類滅絕之後，這個宇宙還將存在一段時間，然後坍縮。但是即便是這個推論，也是基於人的存在。宇宙的意義，事實上也僅在於對人的認識的意義，因為有人在感受它，認識它，思考它。人以外的其他生命不需要宇宙，它們有一部分地球就足以了。魚只感受水，獸只感受森林，鳥只感受大氣，它們不考慮它們生存之外的東西，只依自然的規律生存。但是人的思考，卻遠遠超出了他們生存所需要的星系，（很難說這究竟是好事還是壞事）但恰恰是這種超乎於自然之上的智力，在改造並破壞著自然，在危及自身和其他物種的生存。

　　宇宙的無窮大，不是因為它本來就無窮大，而是因為它永遠籠罩在人類的智慧之外。基本粒子的無窮小，也不是因為物質可以無限分解，而是因為人的智慧永遠也無法達到事物的內核。我們雖然智慧，但我們永遠也無法弄清宇宙為何要存在？生命為何要誕生？我們這個物種的壽命也無法長到足以看到宇宙的結局。從哲學的意義上來說，人的誕生，才是宇宙的誕生。那些三葉蟲化石等等史前生命的證據，不過是宇宙送給人的認識的禮物。同理，人的終結，

也才是宇宙的終結。作為唯一能用理性來感受宇宙，並因此和它共生共滅的智慧生物，我們不知還能想像除此之外的何種終結。

一個沒有人在感受它的宇宙其實是不可想像的，因而是不存在的。一個被人感受完了的宇宙同樣不可想像——不能設想我們的大腦已把一切都包容在了其中，除此之外再沒有別的東西！這樣的宇宙同樣也是不存在的。這樣說，並不比奇點之外的宇宙是不存在的更不合理。

宇宙，時空，開始在何處？終結在哪裡？人不能不想，又不能想透一切。必須有一些東西是在人的想像力和理解力之外的！

人們總想知道無限的界限，但一旦有了界限便不再是無限。於是弄出了一個有限無邊的宇宙模型來安慰自己。但這個汽球模型無邊球面外的另一維又是什麼呢？永遠會有問題，也永遠會問為什麼？為什麼其實只能對有限的東西發問，對於人類認識極限外的東西，問為什麼是沒有意義的。生而為人，再大的智慧也是一種局限，局限無法超越全部。

同為局限，科學家對宇宙的理解和普通人對宇宙的理解的距離從另一個方面看來也就成了一百步和五十步的距離。所以宇宙的始和終的問題就不僅只是科學家們用儀器來測量的問題，還應該是不懂那些高深莫測的數據和算式的常人也應該思考的哲學問題。

對於人類整體來說，用力所能及的智慧來管好直接關係到人類生存環境的地球的事情似乎更為重要。以往我們沒有高科技時，起碼還有哲學可以思考我們永遠也思考不清的這個宇宙。而一旦被人類智慧呼喚出來卻控制不了的那種東西毀滅了我們賴以生存的這個有限的星球，我們也就失去了整個宇宙。

至於我們人類認識能力之外的東西，讓我們把它叫做黑洞也罷。

問題最終落向何處

是否因為黑洞的這一非物理的性質，使它成了當代天文學家們最熱衷的東西了呢？

史蒂芬‧霍金說：宇宙膨脹的發現是 20 世紀最偉大的智慧革命之一。

我以為它的革命意義在於：過去的宇宙兩端都是無邊無際的；而現在宇宙的兩端都是黑洞。

從另一個意義上說，凡是我們的智慧搞不清楚的問題，都可以放到黑洞裏去。把解決不了的問題交給奇點。把無比複雜的數位陣歸結為零。

奇點定理顯示的是，在極早期的宇宙中有過一個時期，那時的宇宙不但是如此之小，而且乾脆就是零。後來如此龐大無邊的宇宙全是從無中生有的。這倒如老子的：「道生一，一生二，二生三，三生萬物。」如果把道理解為零的話。

霍金說：在過去的某一時刻鄰近星系之間的距離為零。在這被我們稱為大爆炸的那一刻，宇宙的密度和空間——時間曲率都無窮大。因為數學不能處理無窮大的數，這表明廣義相對論預言，在宇宙中存在一點，在該處理論自身失效。這正是數學中稱為奇點的一個例子。事實上，我們所有的科學理論都是基於空間——時間是光滑的和幾乎平坦的基礎上被表述的，所以它們在空間——時間曲率為無窮大的大爆炸奇點處失效。就我們而言，發生於大爆炸之前的

事件不能有後果，所以並不構成我們宇宙的科學模型的一部分，因此，我們應將它們從我們的模型中割除掉，宣稱時間是從大爆炸開始的。

用奇點來割除不能解決的問題，這確是聰明的表述，也是無可奈何的辦法。

當論及坍縮時，霍金的合作者羅傑‧彭羅斯這樣表述：坍縮的恒星在自己的引力作用下被陷入到一個區域之中，其表面最終縮小到零。並且由於這區域的表面縮小到零，它的體積也應該如此。換言之，人們得到了一個奇點。

但是問題在於：一顆恒星壓縮到哪怕只是一個微粒，還只是壓縮。而壓縮為零，則意味著取消。書中在論及一個黑洞時這樣描述——「這個黑洞的質量和一座山差不多，卻被壓縮成億萬分之一英寸即比一個原子核的尺度還小！如果在地球表面上你有這樣一個黑洞，就無法阻止它透過地面落到地球的中心。它會穿過地球來回振動，直到最後停在地球的中心。」

如果真是這樣，這又和沒有有什麼兩樣呢？沒有秤可以稱它，不是因為經不起它的重量，而是因為它可以毫無痕跡地穿過秤盤。即使它穿過你的大腦，你也不會有任何感覺。一個無比巨大的質量可以存在於零之中，這就是科學家能夠想到而普通人絕對想不到的。我們不能否認這種想法對更方便地解釋宇宙的誕生有用。

——「就在大爆炸之時，宇宙體積被認為是零，所以是無限熱。但是，輻射的溫度隨著宇宙的膨脹而降低。大爆炸後的一秒鐘，溫度降低到約為 100 億度。（因為，當宇宙的尺度增大到二倍，它的溫度就降低到一半）」

但是，如果是無限熱，按此理怎麼能算出一秒鐘後是 100 億度？用反推法的話，那麼一秒鐘前的溫度就應是 200 億或 1000 億度（反正數字已經是如此巨大，再加一個零也無所謂），而不是無限熱。科學，有時候也近乎於癡人說夢。有了黑洞、奇點這些東西，無窮大最終可以變成沒有；而從零中又可以生出現在我們生存其中的這個宇宙。

數學家最終還是要用無（零）來解決問題！

關於宇宙的問題最終落到了這兩個地方：在數學上，落為零。一切從零開始，又復歸於零。

在哲學上，落為人。人是問題本身，也是限制本身。

一切對宇宙的思辨都是在人的前提下進行的。所有的原理都歸結於人擇原理：「我們看到的宇宙之所以是這個樣子，乃是因為我們存在。」「為何宇宙是我們看到的這種樣子？」回答很簡單：「如果它不是這個樣子，我們就不會在這兒！」

這等於什麼也沒說。但在最終也無法搞清或無法證實是搞清了的情況下，人除此又能說些什麼？

宇宙是一隻膨脹著的汽球嗎？如果是，它最外面的一層「皮」在哪裡？「皮」的外面又是什麼？或什麼也沒有？宇宙不是這樣一隻汽球嗎？那麼它又是什麼？或者宇宙是一隻沒有皮的汽球？沒有皮，它又怎麼是汽球呢？人真能搞清宇宙的問題嗎？人真有必要搞清宇宙的問題嗎？人搞不清宇宙的問題就沒有必要搞了嗎？這些都是問題。最根本的問題在於：人是否能超越人自身？

亞里斯多德認為地球是不動的，太陽月亮行星都以完美的圓周軌道圍繞著它轉動。他相信這些，是由於神秘的原因，他感到地球

是宇宙的中心。托勒密據此做出了地心宇宙模型，在最外層的天球上鑲上固定的恒星。但最後一層天球之外為何物他搞不清楚。後來我們知道哥白尼比托勒密距無限近了一步。愛因斯坦又比牛頓距無限近了一步。但我們無法知道，在哥白尼和愛因斯坦和無限之間究竟還有多少距離？那個永恆的問題依然在困擾人類。我們是比亞里斯多德看得遠得多了，但我們能看盡那一層又一層之後的天球麼？或許，真正的恐怖在於，宇宙真的能夠被人的智力窮極！當我們徹底搞清了這個宇宙的一切，人類往後還能幹什麼呢？這恐怕是一個和上帝何時和為什麼要創造宇宙同樣重要的問題。前一個問題可以使人類永遠探究下去；而後一個問題才將真正使人處於尷尬的境地而茫然無措。

人總想觸及無限。但任何存在都是有限的。生命是有限的，所以它存在。無限即取消存在。死亡是對生命而言的，一出生結局已定。只有不出生者，才沒有結局。宇宙是否是這樣一種東西呢？不生不滅亦不言，只是存在著。讓人永遠也搞不清楚。人可以獵取比現在更大的有限，但永遠不可能觸及無限。上帝即無限。到底是上帝創造了世界和人，還是人意識到需要有一個上帝來創造世界和人，並且在人類滅亡了之後依然為他們存在著。這是一個永恆的問題。

永恆的問題是無解的。

蘋果皮上的小蟲

──對霍金理論的再質疑

　　大約是在十年前，史蒂芬・霍金的《時間簡史》在中國出版。這本書的副標題是：「從大爆炸到黑洞」。這個副標題言簡意賅地表明了本書作者要告訴讀者的主要意思：他所探明了的宇宙的歷史──我們所知的宇宙起始於一百五十億年前的一次大爆炸，而將終結於一百五十億年或者更長時間之後的一次大坍縮，最終變成一個黑洞。而爆炸之前和坍縮之後，是一切自然規律都完全失效的奇點。在奇點之外，不再存在任何東西，包括時間。

　　其實這本書的賣點、和這個理論的支點，都是一個點：奇點！

　　奇點，在漢語裏可以理解為奇怪的點，奇妙的點，奇特的點，當然也可以理解為荒誕的點。對於這個宇宙理論，崇拜者固然可以把它奉為金科玉律，因為霍金是當今世界上在這方面最具權威的科學家；但懷疑者依然可以對它表示質疑，我就是這樣的一個質疑者。

　　當年在認真閱讀和思考了這本奇書之後，我曾寫過一篇質疑的文章，名為《永恆的問題是無解的》。我的觀點是：宇宙有一個開端，還是沒有一個開端，這不是人能夠探明或者解開問題。道理很

簡單：人是有限的存在，而宇宙是無限的存在。有限的存在不可能探觸到無限存在的邊緣。或者說，無限本身沒有邊緣。

除了少數幾個朋友讀過以外，這篇文章就一直保存在我的電腦裏。就連讀過的幾位朋友，也沒有對它表示特別的興趣，大概宇宙的起源和終結與現在人們面臨的現實問題相距太遠。這也就是連我自己也感到這樣的文章沒有合適的發表場所的原因：探討的是科學問題，作者卻不是科學家；若說是科普作品，問題又過於深奧。文學科學兩不靠，使我這篇認真寫就的文章處在了一個尷尬的境地。這也就是這篇先寫成的文章將成為我正在寫的這篇文章的附件的原因——如果我現在的這篇文章有幸能夠發表的話。

言歸正傳，還是來談霍金的理論。這次我質疑的對相，是霍金在香港的演講稿《宇宙的起源》。這篇演講，和我讀到的他十年前的《時間簡史》相比，立論依舊，即：時間和空間是一個共生體，它不能單獨存在於空間之外。談論宇宙開端之前的時間是毫無意義的。（黑體字是霍金的原文，下同）

但是和先前有了一些稍許不同的表述：這有點兒像去尋找比南極還南的一點沒有意義一樣，它是沒有定義的。

在《時間簡史》中，霍金對於宇宙膨脹的理論，是用汽球來打比方的。在這次的演講中，他改用了地球來打比方：

有點像當人們認為世界是平坦的，詢問在世界的邊緣會發生什麼一樣。世界是一塊平板嗎？海洋從它邊緣上傾瀉下去嗎？我已經用實驗對此驗證過。我環球旅行過，我並沒有掉下去。

正如大家知道的，當人們意識到世界不是一塊平板，而是一個彎曲的面時，在宇宙的邊緣發生什麼的問題就被解決了。然而，時

間似乎不同。它顯得和空間相分離。像是一個鐵軌模型。如果它有一個開端，就必須有人去啟動火車運行。

　　愛因斯坦的廣義相對論將時間和空間統一成時空。但是時間仍然和空間不同，它正像一個通道，要麼有開端和終結，要麼無限地伸展出去。然而，詹姆‧哈特爾和我意識到，當廣義相對論和量子論相結合時，在極端情形下，時間可以像空間中另一方向那樣行為。這意味著，和我們擺脫世界邊緣的方法類似，可以擺脫時間具有開端的問題。

　　假定宇宙的開端正如地球的南極，其緯度取時間的角色。宇宙就在南極作為一個起始點。隨著往北運動，代表宇宙尺度的常緯度的圓就膨脹。詰問在宇宙開端之前發生了什麼是沒有意義的問題。因為在南極的南邊沒有任何東西。

　　這是一個精彩的比喻，把時間比喻為方向。這個比喻成功地打斷了人們關於大爆炸之前是否還有時間的詰問。但是並不能徹底地取消這樣的詰問，因為人類追根尋底的衝動是如此頑強。如果人類只是生存於地球表面的二維生物，我想有這個比喻就可以徹底解決問題了。因為這種二維生物沿著地球表面一直向南，當他們到達南極點時，也就到達了時間的起始點。南極點以外確實沒有南了。但是南北方向只是地球表面上的概念。人畢竟不是二維生物，因此他知道：南極點以外確實不再有南了，但是依然還有空間存在。而且這空間遠大於地球表面。

　　那麼在霍金指給我們的那個時間的「南極點」、那個宇宙大爆炸的起點、那個一切規律全都失效的奇點之外，就真的一無所有了嗎？

　　對此我也想打一個比方。霍金已經用過了地球，我用蘋果。

蘋果和地球都是圓的，存在著可比性。

試想人類是一種生存於一隻蘋果表面的極小的二維小蟲。而這蘋果的表面就是我們可以觀察到的整個宇宙。請注意，這種小蟲僅寄生於蘋果皮上，它的二維性質決定了它即不能進入蘋果表皮下的果肉乃至深入到果核，也不能使它飛離蘋果表面進入第三維空間。還有一個很重要的前提是：這種智慧小蟲誕生於蘋果產生之後，也將滅絕於蘋果毀滅之前。從生命給它的限制來說，它即不可能親眼目睹蘋果的誕生，也不可能看到蘋果腐爛坍縮的末日。但是這些小蟲中有一隻格外智慧的小蟲，就好像是人類中的霍金。這隻小蟲通過觀測得知，蘋果皮表面顆粒之間的距離是在不斷增大著，由此它得出一個結論：蘋果是在膨脹著！

如果蘋果皮上的點正在分開運動，那麼，它們在過去一定更加靠近。如果它們過去的速度一直不變，則大約在一百五十億年之前（以小蟲的生命計），所有這些點應該一個落在另一個上，這個時刻是蘋果的開端嗎？

於是這隻小蟲便對蘋果的演化歷史做了這樣一番精彩的推斷：

蘋果誕生於小蟲紀年一百五十億之前的一次開花（即大爆炸）。開花後的宇宙物質，凝聚於一點，開始了膨脹，膨脹成了小蟲們現在感知到的這個蘋果表面。這是由膨脹反推得到的結論。由此正推：如果蘋果皮不能夠無限止地膨脹，那麼到了一個它無法承受的點，就必然造成大坍縮，這也就是蘋果世界的末日和終止。

那隻聰明的小蟲，把這一時刻稱之為黑洞。

小蟲告訴其他的小蟲：對於蘋果來說，時間和空間有著共同的起源，都源自最初的蘋果開花。你們硬要追尋蘋果開花之前有無時

間是毫無意義的；你們硬要追尋蘋果腐爛後有無時間也是毫無意義
的。因為我們的宇宙就是蘋果，除此以外，別無宇宙。

但是這隻小蟲並不知道在它們的二維世界之外還有人類，而此
刻人類正在它們的維度之外看著它們。正如上帝在人類的維度之外
看著我們。

以蘋果的範圍立論，聰明小蟲的立論無比正確。但問題是：小
蟲們用它們的哈勃望遠鏡探測到的那張蘋果皮就是全部宇宙嗎？

再智慧的小蟲也有它的局限。小蟲不知道，在蘋果的外面還有
蘋果。如果它們的智慧能夠突破二維生物的局限，它們就會發現，
有長在同一樹枝上的蘋果，還有長在不同樹枝上的蘋果，更有長在
不同蘋果樹上的蘋果。它們可以把同一根枝上的蘋果叫做星系，可
以把同一棵樹上的蘋果叫做星雲，把蘋果樹以外的蘋果樹叫做河外
星系，把整個蘋果園稱為宇宙。但是即便如此，它們便能窮盡宇宙
了嗎？蘋果園之外是更大的宇宙。

同樣，如果它們向內探究，就會發現蘋果皮下是厚厚的果肉，
而果肉內部是密實的果核，果核中包裹著蘋果的種籽，而每一粒蘋
果種籽都可能發育成一棵蘋果樹，到果樹成熟的春天，僅一棵蘋果
樹上就會有億萬朵花開。

如果小蟲們能夠知道這一切，它們還會津津樂道於僅僅在蘋果
皮上才能夠成立的宇宙生成理論麼？

但是霍金仍在驕傲地宣佈：

在過去的百年間，我們在宇宙學中取得了驚人的進步。廣義相
對論和宇宙膨脹的發現，粉碎了永遠存在並將永遠繼續存在的宇宙
的古老圖像。取而代之，廣義相對論預言，宇宙和時間本身都在大

爆炸處起始。它還預言時間在黑洞裏終結。宇宙微波背景的發現，以及黑洞的觀測，支持這些結論。這是我們的宇宙圖像和實在本身的一個深刻的改變。

好在霍金還沒有自大到認為已經解決了這個個問題，他只說：我們正接近回答這古老的問題：我們為何在此？我們從何而來？

在霍金的演講中，我注意到了這樣一段話，我認為是至關重要的：

雖然彭羅斯和我自己的奇性定理預言，宇宙有一個開端，這些定理並沒有告訴宇宙如何起始。廣義相對論方程在奇點處崩潰了。這樣，愛因斯坦理論不能預言宇宙如何起始，它只能預言一旦起始後如何演化。人們對彭羅斯和我的結果可有兩種態度。一種是上帝由於我們不能理解的原因，選擇宇宙的啟始方式。這是約翰·保羅教皇的觀點。在梵帝岡的一次宇宙論會議上，這位教皇告訴代表們，在宇宙起始之後，研究它是可以的。但是他們不應該探究起始的本身，因為這是創生的時刻，這是上帝的事體。

保羅教皇對宇宙的知識肯定比不過霍金，但我認為他的看法更為智慧也更可取，這就是：

人應該對上帝或者自然持有一種敬畏的態度。

點線面塊宇宙流

——對霍金理論再質疑的另一種表述

●

點，是構成事件的基本粒子。但一個孤立的點，或者一個靜止的點，不能表現任何動勢和連續。所以，點只是構成事件的基本原素，但不能形成事件本身。因為任何事件都是具有動勢或者是具有連續性的。從某種意義上說，動勢和連續性具有相同的性質。

…… ——

但是，如果一個點能夠運動，或者許多個點能夠連接起來，那麼它或者它們就形成了一條線；或者是一個運動的軌跡；或者是一根具有銜接性的鏈條。

一根線，無論是鏈條還是軌跡，便形成了一個最簡單的事件。換言之，事件，或者具有運動性，或者具有連續性。某一事件中包含的線條越多，事件就越豐富；而在事件中線條交錯的越多，則事件越複雜。

世界由無數事件組成。每一事件由線條組成。線條由運動的或連續的點組成。點，如果是孤立的，或靜止的，便沒有意義。

L

　　這裏有兩根線條，互相以九十度角運動或延伸。

　　如果他們以一百八十度角運動或延伸（—— ——），就可以看成是一根線。

　　如果它們的運動或延伸不在某一個點上相交或連接（--1），它們便是各自孤立的事件。而如果它們在一個點上相交或連接，便構成了同一事件，各自便成為這一事件的組成部分。

田　曲　曹

　　如果在這兩條線的運動軌跡或連接點上又產生出許多交織的線，則線的性質便發生了變化，成為新的複合事件：面。依此類推，在面的基礎上又有新的面加入、堆積或融合，便形成了立體的複合事件：塊。

品　晶　壘

　　任何紛繁複雜的事件，其本質都是一個或無數個組合在一起的塊。

　　我想要說的是，抽象的點是不具有維度的。線是一維的，只能構成單一事件，構不成複合事件。面是二維的，在抽象思維中能夠構成某個可以讓人分析和理解的複合事件，但構不成實際的物體；

因為物體必須是三維的或立體的。再薄的紙張也有其厚度。正是具有厚度的第三維的性質，使只在抽象思維中存在的東西，成為可以觸碰並且具有重量的實體。

第三維的存在，使抽象的事件成為實際的空間。

人的抽象思維可以從三維退回二維，從二維退回一維，並從一維退回到最基礎的，孤立的，或靜止的那個點。但現實世界中的事物，永遠是以三維的形態存在著。並以第四維的方式延續著。

這個極其重要的第四維，便是時間。

在前三個維度和第四個維度的關係上，我們又回到了點和線的關係上：如果一個點不能延續或者運動，它就成了孤立的和靜止的點，孤立和靜止的點不具有構成事件的意義。而如果沒有時間這條線，任何三維物體全都等同於一個孤立的和靜止的點。如果時間停止或者沒有時間，大千世界，天地萬物，全都將退縮回到一個孤立的、靜止的、因而也是虛無的點。而宇宙也將等同無物。

在漢字的意義上，宇，是空間；宙，是時間。宇宙這個詞本身，實際上就包含著空間和時間的不可分割的性質。我想，在其他語種中，應該也是如此。

時間像一條河，從過去流來，向未來流去，不知源頭何在，亦不知末端所終。宇宙的過去，曾經有過沒有時間的時刻嗎？宇宙的將來，時間會像無水之河一樣乾涸嗎？世界上最聰明的人，提出了這樣一個問題。而這個無解之題，恰恰可能是聰明至極處的悖謬。

有了上面從點到線，到面，到塊，再到空間和時間是一個混合體的簡單分析，讓我們再來看斯蒂芬・霍金的宇宙理論。霍金的理論，如果放在數字演算的層面上，那是我們大多數不懂高深數學的

人無法與其討論的；但如果放在普通人的思維可以理解的比喻層面上，其實並不難理解。它的關鍵之處只在這裏：

談論宇宙開端之前的時間是毫無意義的。

這個論斷有兩層含意：其一，他認為空間與時間其實是不可分割的。這一點我贊同。其二，這個表述包含著空間和時間同源也同終，由此也包含著他的論斷的核心內容：

宇宙有開始也有終結。它開始於一次大爆炸，並將終止於一次大坍縮。而宇宙兩頭的大爆炸和大坍縮，都是一切自然規律完全失效的奇點。

對於這個奇點理論，霍金在《時間簡史》中用一個氣球來打比方，以氣球從膨脹到吹破的過程，來說明宇宙從一個奇點中誕生又在另一個奇點中歸於寂滅。

在因為思考這個問題而睡不著覺的這個夜裏，我忽然想到：兩個奇點之間的時間可以看成是一個線段。我們也可以用點和線的關係來打比方。

宇宙是由紛繁的物質構成的。而水，是一種相對單純的物質。正如我們可以把三維物體抽象為一根線來考慮，我們也可以把宇宙抽象為水這樣一根單一的線。

水，雖然極簡單，但它是一種三位一體的東西。攝氏零度以下是冰；攝氏百度以上成汽。冰和汽，一個是固體，一個是氣態。雖然在化學性質上依然是氫二氧一，但在物理形態上已不復是水。好吧，如果液體是水的常態，我們可以把攝氏百度以內的水溫刻度做成一個常態線段。而常態兩端的冰點和沸點，則是兩個使水不再是液體的奇點。生存在宇宙中的人類，就如同生存在水中的智慧微生

物，目前正生活五十攝氏度的水中。我們其中有一個名叫霍金的智慧微生物在認真研究了時間流動中水溫變化的現象之後，大膽地得出了這樣一個結論：

我們生存在其間的水世界，其溫度正在經歷著由冷向熱的演變。大約在水溫達到三十七度的時候，我們這些微生物和其他種類的微生物紛紛誕生了。而當水溫在將來達到七八十度的時候，水中的所有微生物都將因為不適應過高的水溫而滅絕。但是我們的思想可以超越我們生命的界限：從水溫變暖的規律逆推，我們可以推溯到二百億年前水這種物形態的開始。那時候溫度是處在零的界限上，一超過攝氏零度，水，世界，或者說我們生存於其中的這個宇宙便誕生了。所以攝氏零度是一個奇點：啟始的奇點。在那以前，宇宙是我們無法想像的堅硬和冰冷，那是一種板結狀態，在板結中，時間無法流動。而從水溫變熱的現象順推，我們同樣可以推論：在二百億年之後，水溫將達到攝氏百度。按照水的物理性狀分析，攝氏百度將是水的沸點。一旦達到沸點，水將不再是水，將消失於形態的分化瓦解之中。在那之後，宇宙是我們無法想像的虛無縹緲，那是一種虛無狀態，在虛無中，時間亦無法存身。

這個智慧微生物最終得出的結論是：宇宙，即水的形態，具有和時間不可分割的性質。「談論水形成之前有無時間是毫無意義的；同理，談論水消失之後時間是否還存在也是毫無意義的。」就這樣，他創立了他的關於宇宙誕生、演化和寂滅的偉大理論。

他的這種理論起碼可以證實一點：即生命如果作為一個點在時間線上的運動，可以是實在的，也可以是虛擬的。真實的運動，是生命個體隨著時間一同流動所顯示出來的生、老、衰、死。而虛擬

的運動，既可以加速，又可以停頓。既可以超前推論，又可以回溯探源。正是有了這種記憶力和想像力對時間不變流速的超越，才有了被稱為思想的這種東西。

思想這種東西可以超越個人的局限、種群的生命、自然的歷史，內縮到基本粒子，外展到大象無窮，但是我想，無論如何還是超越不了宇宙本身。這兩個字，或者這一個詞，是人類給自己營造的最大空間，無論是身體或精神，都住不到宇宙之外去。宇宙的外面是什麼？這是一個偽命題。因為包含萬象的宇宙只有裏面，沒有外面。如果硬要追究宇宙之外究竟是什麼？那麼回答只能是：宇宙外面是虛無。可是，虛無能夠給宇宙當外殼嗎？

如果宇宙是有限的，那它真的只是一個像水從冰點到沸點之間那樣的常態線段嗎？在那之前，冰在時間中凝結；在那之後，汽在時間中升騰。但水的常態限制了水中微生物的思維，使他們思維的觸角無法伸延到液態之外。他們無法想像，在冰點和沸點之外，水的本質和時間的本質都依然存在。不知源自哪里，亦不知終於何處。

說到底，關於宇宙是否有起源和終結的問題，不需要多麼高深的數學來解，人們只需要做一個哲學意義上的簡單選擇：一條無限長的線，或僅僅是一個線段。

時間究竟是什麼？你願意時間是什麼？一條無始亦無終的自然長河，還是一條人工開鑿的，終將乾涸斷流的水渠？

人的悖論

　　這個題目，不是想表達一種二律背反的哲學命題，而是想表達人類的境況。使用悖論這個詞，使用悖這個漢字，是想說明，在人的存在中，存在著多少和多麼悖謬和荒誕的因素。現在的人類，是處在一個怎樣的兩難境地之中。

一、人是自然的逆子

　　人是什麼？從生物學角度上看，人是靈長目的高級哺乳動物。它的生理構造和生命活動具有完全的動物性。但它已經脫離了動物界，成為一個各種矛盾的混合體。最悖謬和荒誕的一點，是它難以解決的自相矛盾和對大自然母體的背叛。

　　動物不是自相矛盾的。自然界也不是自相矛盾的。只有人，這種從獸類中脫穎而出，卻又不知能不能抵達神性的東西，是一種既折磨著自己，又毀壞著自然的生物。

　　所有生物都是順自然規律而行的，唯有人，逆自然規律而動—利用他們發現了的一些自然界的小規律，卻在破壞著自然界渾成一體的大規律。

　　我們不妨對人性和獸性進行一番思考。

　　自從有文學以來，人們總是在讚美人性，詆毀獸性。人性真的那麼高尚，獸性真的那麼卑下嗎？

　　什麼是人性？被我們讚美的人性，如親子之情，友愛之誼，嬉戲之趣，節制之道，恰恰都是來源於獸，來源於動物性。給了人最大慾望滿足的食色二慾，也是來源於獸。

　　什麼是獸性？被人們詛咒的殘忍、冷酷、自私、狹隘、偏激、專制、強凌、嗜血如飲、殺人如麻……全都與獸性—與動物的本性無關，恰恰出自人這種生物脫離了動物之後，由人對動物本性的偏離中產生出來。

　　人看見動物界弱肉強食，特別是食肉類的猛獸以撲食比它們弱小的動物為生，那種血淋淋撕裂另一種生命的慘狀，成了獸性一詞的來源。

　　其實大謬。那種血淋淋的殘忍，只是一種表面的殘忍，不過是食肉類動物的進餐方式。它們不是人類，不會使用刀叉筷勺，更不會用水洗淨用火烹調，所以看起來十分野蠻殘暴。但是再兇猛的獵食者，也從不濫殺無辜。它們獵殺食物，只為給自己充饑和養育後代。它們吃的，只是大自然安排給它們的那些在食物鏈上低於它們的動物，並且它們在飽餐之後決不會再去撲殺。所以我們可以看到飽餐後的食肉獸與食草獸同在一處相安無事的那種場面。它們除了果腹別無其他食慾，除了配種別無其他性慾。當然也有一隻雄獸占

有數個乃至數十個雌獸的情形，但那也是為了種族強健的需要，是自然賦予它們的屬性，而不是某個雄獸自己萌發出的慾望。

但人就不同了。不知是由於自然之神的加惠或是懲罰，人類的祖先大概不能像食肉的猛獸那樣總能在餓死之前捕捉到食物，為了生存和延續，他們必須在飽食之後還要儲備。大概正是因為有了儲備和對儲備物的管理與分配，人的先民擁有了一樣其他獸類們沒有的東西——財產。

財產是一把利刃，把人類從獸類身上割了下來！

後來人類所有的卻被人們誤罵為獸性的那些東西：殘忍、冷酷、自私、偏狹、專制、強凌……全都與對財產的擁有和分配有關。

因為有了財產的佔有和分配，才在人這同一種群中有了階層，在不同的階層中有了各自的利益，又因利益的刺激產生了更多地佔有財產或財產分配權的慾望。正是因為有了利益和慾望，人才在飽食之後仍然對獸類，更多地甚至是對同類，大開殺戒。

人類在從蓽毛飲血進化到文明衛生的烹調餐飲之後，卻用食肉獸進食的那種血淋淋的方式來對付同類，這哪裡是獸性？獸性中沒有奴役，更沒有大屠殺。

人類所有壞的秉性，都來源於人類自身。

過去所有的文化，都是在歌頌人的偉大、高尚、聰明、貴為萬物之靈；從不深思由人的本性帶來的問題。人的本性到底是什麼？什麼才是人和動物的根本區別？

財富、慾望、性格、文化、階層……這些都是人類和獸類的分野，是人類分立於獸類的標誌，也是人類永難解決（但願不是）的自身困擾。

人類只有認識到並遏制自己的致命弱點，才是有希望的。

獸類有食物，有巢穴，但沒有財富。因而也就沒有如何佔有和分配財富的矛盾。所以同一種獸可以和諧地相處，而人類不能！

獸類有食慾，有性慾，饑餓時需要捕食，發情時需要交配。但除此之外，沒有更多的和不斷膨脹的慾望，因而也就沒有因慾望而生的野心、嫉妒和仇恨。所以同一種獸可以和睦地相處，而人類不能！

獸類也許有些性格上的差異，同一窩小狗，我們會發現有的活潑些，有的安靜些，但不會有太大的差異。狗的性格，總是忠誠的。而貓相對要滑頭一些。豺狼虎豹，總是兇猛而機警的。不會有特別怪癖的獅子，也不會有特別陰險的大象。雄獸們會因求偶而爭鬥，卻不會因為性格不合而撕殺；雌獸們樂天知命，安於現狀，雖同為妻妾卻並不爭風吃醋、互相傾軋，所以同一類獸能和氣地相處，而人類不能！

獸類肯定也是具有某些簡單的想法的，但沒有超越於生存需求和環境反應之上的思想，因而也就不會有因不同思想而形成的不同文化，不會因為思想文化的衝突而爆發戰爭，也不會因為文化和科技水平的差異而擁有優劣不等的武器，同一類獸所擁有的武器等級是相同的，那就是它們的爪和牙、角和蹄，它們可以輕易地置食物與死地，卻很難致同類於死命，所以同一類獸總是能和平相處，而人類不能！

超越獸類，這究竟是人類的幸運呢，還是不幸？

因為財富，人終於脫離獸類過起了有保障的、相對安逸的生活；也因為財富，人與人之間有了差異、裂隙、警惕、防範、掠奪、嫉妒、不平、不滿和仇恨，最終導致奴役和殺戮。

因為慾望，因為慾望在各個方向上的膨脹，人類擁有了更多的財富：有物質上的，有精神上的，有功利方面的，有審美方面的。

所有的物質慾望最終集中在這兩樣東西上：錢和權。

而審美方面的慾望則多姿多彩，有藝術上的展示和思維上的深究。

人類最大的麻煩，就在於既難以節制物質的慾望，又難以求得平衡——人與人之間的平衡，人與自然之間的平衡，實用和審美之間的平衡。

而人類最大的希望，恐怕就在於精神的、審美的願望最終能把物質的、實用的慾望節制在一個恰當的範圍之內。

物質慾望是人類發展的原動力，它使人類強大，但同時也面臨最終崩潰和滅絕的危險。

而審美的願望是人類精神昇華的引導，它使人類美麗，在獸性的美之上真正擁有一種屬於人類自己的美麗！

二、人是自己的敵人

人是什麼？半是天使，半是魔鬼麼？是天之驕子，還是地之棄兒？

世界上再也沒有什麼東西，像人這樣充滿了內部矛盾，又與外部世界強烈地矛盾著。

一個人，只要是有些思想的，就會發現自己時常是處在內心的矛盾之中：善與惡，靈與肉，我與他……

　　兩個人，一但結成一種特殊關係（比如說家庭），便會在互相之間產生一些矛盾衝突的同時，更多地處在與這種關係之外的其他人的矛盾衝突之中。

　　一群人，比如說一個公司或一個政黨，他們既要處理內部矛盾，又要面對與其他人群的矛盾。

　　一個國家或民族，在對付內部矛盾時，又要對付外部的衝突；而且往往要靠和外部的衝突來轉移和消解內部的危機。

　　戲劇是人類生存狀態的鏡子。戲劇的本質是衝突，因為這源於人的本質。

　　世界上再也沒有一種衝突，比人與人之間的衝突更為殘酷和激烈。

　　性格，這或許是人類區別與動物最顯著的特點，也是對於單個的人最為重要的東西！

　　人看動物，同類的動物有著相同的相貌，不同之處只在毛色與花紋。

　　而同種的人沒有毛色和花紋的區別，但相貌卻千差萬別，無一雷同。

　　也許生物學家和遺傳學專家能給這種差異找出理由。但我認為的理由簡單而明瞭：即人有著不同的性格─個性；而獸類沒有，只有大體無差的類同性。

　　正是因為這個原因，同一窩小雞看起來一樣，同一家的兄弟姐妹卻各不相同；同一群鳥分不清彼此，同一班的學生卻千差萬別。

　　不同的性格對不同的人是魅力之所在；但不同的性格對於同一人類來說卻是紛爭不斷的根由！

人類如果性格趨同，那將多麼索然無味的一件事，甚至不能設想人類存在的意義。

但性格相異，恰是人類永不能安寧的因素。

且不說不同種族產生出不同的思想和文化，同一種族也因為思維方式的不同產生出互相對立的思想和文化。當對立的思想和文化不能互相融合或容忍時，便產生了敵視、爭鬥、甚至仇殺。

而不同的思維方式，自然是起因於不同的性格。

人類最小的爭執和最大的爭鬥都源於不同性格的對立。

性格是什麼？它的根本是一種自我意識。個性即「我」，由「我」而生出「我」的客體「你」和「他」。

我曾經設想過一個「我」和「他」的哲學命題，也可以稱之為乞丐和國王的命題。其基本的表述是：一個乞丐是否願意成為國王？國王高貴而富有，乞丐貧窮而卑下，從一般的意義上來講，乞丐成為國王是做夢也想不到的好事，豈有不樂意之理。但這個命題的意義是在這裏：是讓此乞丐變成彼國王，而不是讓乞丐去當國王。不是把乞丐的髒衣服脫掉，給他洗個熱水澡，讓他戴上王冠，穿上王袍，住進王宮，享受王后和嬪妃，而是要這個乞丐徹底放棄他自己現有的個性，即由他所有的生命經歷所形成的個人意識，而變成與現在這個乞丐毫無關係的另一個人—國王。這樣一來，實際上就是消滅了這個乞丐的「我」，消滅了他的自我意識，也就消滅了這個乞丐本身。這個乞丐會這樣想：「我沒有了，變成了另外一個人，另外一個人當國王，與我何干？」其結論必然是，讓我當國王，我幹。讓我變成另外一個人，我不幹。

　　獸類是一個相同的群體。它們不知有「我」，只是本能地遵循著自然規律，出生、成長、繁衍、死去。新陳代謝，群體的面貌不變。大千世界，如果沒有人類橫生枝節，其實既是個千變萬化的世界，也是個亙古不變的世界。該變化的在變化著，該不變的在延續著。

　　人類是許多個不同的群體，更是無數個不同的個體，每個個體都是一個不能互相替代也不願意互相替代的「我」，每個「我」都要張揚自己的意願、實現自己的價值，並在這種張揚和實現中與其他的「我」產生矛盾和衝突。人類實在太豐富了，人類也實在太混亂了。

　　獸類沒有語言，人類有。

　　獸類的叫聲只用來呼喚和提醒，不表達思想，也就不會產生歧義。

　　語言是人類進步的標誌，也是人類墮落的標誌。語言的本來用途是便於交流，但語言的異化卻能造成傷害。人類使用語言互相詆毀的可能性有時甚至大於溝通，用語言互相傷害的烈度有時遠遠大於肢體的衝突。語言造成的隔膜和仇視，往往導致最嚴重的後果，小到夫妻反目，大到族群仇殺和國家之間的戰爭。

　　沒有語言，人類就不會有不同的宗教、信仰、主義和理論；而不同的宗教、信仰、主義和理論，正是戰爭和衝突最直接的或者是最根本的原因。

　　語言是一柄雙刃劍。是溝通的工具，也是殺傷的利器。

　　話不投機的時候還不如不說。說得越多，傷害和隔膜就越深越厚！

　　人與人的爭端，人群與人群的爭端，人種與人種的爭端，存在著一個合理性的問題：

　　一個人認為合理的事情，另一個人和其他的人可能認並不合理，不合他人之理。

　　一群人認為合理的事情，可能恰恰有悖於其他人群之理。

　　一個民族或國家認為理所當然的事情，在另一個民族或國家看來可能天理不容。

　　我之理不合於你，你之理不合於他，而他之理又可能不合於你我。這就是人類衝突的根源。每個人，每群人，每個種族和國家的相對合理性恰恰造成了人類總體的不合理！

　　這一種道理和那一種道理之間的衝突，有時候甚至大於利益的衝突。

　　而且所有的道理都願意自封為真理，是真理就不能向謬誤妥協。

　　回顧歷史上發生的許多大悲劇，如果有一個恰當的妥協，本可避免。但，人是自己的敵人！他們可以被迫向自然和異類作妥協，卻決不肯向同類同種同族同胞甚至同志作妥協。所以那些悲劇的發生，其實是人的本性註定了的，無可倖免。

　　人類有什麼可以自豪呢？自以為能夠征服自然，其實連人自身的問題也解決不了。

　　人類中的一部分人，總想征服另一部分人。甚至有的夫妻雙方中的一人，都不惜以破壞婚姻為代價試圖征服另一個人，這就是人類永不能和睦的原因所在。

　　一斑可窺全豹，我們不妨從人類最小單元的互相關係來看最大單元的互相關係。有什麼樣的婚姻關係，就有什麼樣的國家關係。

婚姻有因感情而結合，因性格而破裂的，國家關係也有；

婚姻有因感情而結合，因利益而破裂的，國家關係也有；

婚姻有因利益而結合，因感情而破裂；或因性格而結合，因利益而破裂，種種結合和破裂，在國家關係中都可以找到相似的對應。

夫妻關係的激烈衝突，最嚴重時可以導致家破人亡，兩敗俱傷。但與之不同的是，在國家與國家的戰爭中，雖然雙方俱有其傷，但一般總還有一個勝者。希望自己是勝利的一方，這就為用戰爭來解決爭端提供了最根本的理由。

當在談判桌上說理不能解決問題的時候，人類的征服本性便要借助於武力。於是誰有力誰就有理，誰擁有最強大的軍隊最先進的武器誰就擁有了最大的合理性。

為了在戰爭中取勝，各個國家建立和擴張軍隊，裝備和改善武器。並建立了一套關於戰爭的道德和倫理，如日內瓦公約。但是當技術先進的國家研製出了高精確度致導炸彈的時候，技術落後的、在武器的辯論中打不過敵人的一方，便採取了一種乾脆不講理的方式：用發明和製造人體炸彈來和你對抗，用劫持並殺害人質來達到政治要求。武器的威力在於對生命的危脅，現在武器弱勢的一方乾脆把生命變成了最致命武器。我絲毫不懷疑，如果恐怖主義份子擁有了原子彈，他們會毫無顧忌地使用它。人類中這部分人狂暴的性格，已成為人類最大的危脅。

戰爭，原本是一種以摧毀對方軍事力量為目的迫使對方屈服的方法。戰爭當然會傷及平民，雖然遵守國際公約的傳統戰爭並不以傷害平民為目的。而現在，恐怖主義以直接傷害平民的方法，來達到他們在正規戰爭中達不到的要求。是否向恐怖主義妥協，現在又

成了人類的一個兩難處境：不答應他們的要求，將損害目前人質的生命；答應他們的要求，將損害更多無辜者的生命。因為此招得手，他們便會把它當成一種有效的武器不斷使用下去。這實在是荒謬到了極點，但是，人類原來的戰爭就一點不荒謬嗎？

　　人類的最大問題，就是不同的價值觀念和利益體系如何才能和平共存。

三、人應該如何自救

　　人和自然的問題，其實就是一個人的慾望如何才能合理節制的問題。自然界以它博大的包容性最大限度地善待了人類，現在是人類應該考慮並實施如何善待自然的時候了。再不行動，恐怕為時將晚。

　　獸有獸的存在，人有人的思想。

　　從唯心的角度講，花鳥蟲魚，是因為我們感受到它們的存在而存在，我們人自己也在這種感受中存在著。這個置身於我們身外，又包含我們在內的客觀世界是否真的存在呢？這是人類的問題，獸類不會問。

　　我感受這個世界的存在，是因為我活著。當我死了，這個世界對我而言就不存在了。但我其實知道，我死了，這個世界還是存在的，因為它還存在於其他人的感知之中。只要我還沒有被世界上的最後一個人忘卻，我也將繼續存在於這個被其他人感知的世界中。所以一個人肉體的死亡，並不是徹底的死亡。我想我這樣的問題，老子想過，莊子想過，李白想過，蘇軾也想過。他們已經死了，但

我還在想著他們想過的問題，在想著想過這種問題的他們。所以，一個人的死，其實並不十分恐怖。

但問題是：如果有一天，所有的人都死了，所有的「我」都無法感受這個世界了，也就是說，人類整體上滅絕了，像恐龍那樣，那可就是真正地恐怖了！

人類不存在了，這個世界還能存在嗎？

我們知道，這個世界可以讓人、讓獸、讓鳥、樹、蟲、魚，讓真菌和細菌，讓萬事萬物在它的存在中存在；但是我們不知道，這個世界是否能在沒有個人意識，沒有「我思故我在」的獸、鳥、蟲、魚、植物和細菌們的感受中存在？

我想，當最後一個人不存在了，這個世界、這個地球、這個太陽系、這個無邊無際的宇宙，也就徹底地不存在了！你能設想那最後一批人將面臨多麼巨大的恐懼嗎？那不是一個人的死亡，也不是一個物種的毀滅，而是整個世界的消失，整個宇宙的死寂。

人類啊，不是為了你們自己，而是為了世界，為了這個從過去到未來唯一有過也唯一存在著的世界，好好地生存下去吧，不要讓自己的悖謬毀掉這一切！

有一個問題我們已大致明瞭：人類已經有了多久。

有一個問題我們卻不清楚：人類還能有多久？

從有人類社會以來，歷史以萬年計數。

從有比較像樣的文明以來，歷史以千年計數。

從工業革命開始，短短的三百年，人類已經徹底改變了往日的面貌。

　　而最近僅僅幾十年的發展，又使工業革命的輝煌業績完完全全地成為了歷史陳跡。

　　這種發展的速度是不是太快了？別人為快而興奮，我卻因快而憂慮。就像一根竹子，如果竹節越長越短，那它還能有多大的生存空間呢？

　　物極必反，這個反的臨界點在哪裡呢？

　　從理論上講，太陽總有一天要熄滅的，地球也是要毀滅的，人類也是如此。但如果不去追索那個極限，其實對人類來說，太陽是永存的，地球也是永存的（只要我們不去毀壞它）。就像從理論上講，一杯水內水份子的無序運動，當到達所有的份子都向上運動時，那杯靜止的水就會變成噴泉。這個理論上成立的點，我們永遠也看不到。

　　人類能否在地球上永遠生存下去？這不是一個科學問題，而是一個哲學問題。

　　人類能否長久地生存，最大的否定因素是人類自身。而人類生存最大的危脅恰恰來自科學。

　　科學是人類的最大福音，也能可成為人類最大的災難和疾病。

　　科學也是一柄雙刃劍。帶來利的同時也帶來害，但人們總是見利多，見害少。

　　核能的利用，已充分展示了這柄雙刃劍鋒利的程度。而克隆技術、轉基因技術等等如果不加限制，是否會變成一隻潘朵拉的盒子，打開了就關不上？

　　礦物能源和製冷劑的利用，是福也是禍；由此產生的溫室效應和臭氧層破壞，正在改變著人類生存的大環境。

電腦和資訊產業大肆鋪張和無所不在，同樣禍福難料。大量資訊蠕蟲在吞噬著現代人本已萎縮的情感世界，而那些神魔怪獸打打殺殺的電腦遊戲是否在誘導未成年的孩子離棄正常的感情和親情？面對防不勝防的電腦病毒，人們有沒有想過，到底有多少人在製造它們？為了什麼而製造它們？小小一個電腦病毒，就可以使無數和病毒製造者毫無利害關係的人受到經濟和精神上的傷害，在這樣一個越來越依賴於電腦的社會裏，人們的生存是安全的嗎？電腦固然使原本相對封閉的世界變得開放和精彩，但也使原本相對安全的世界變得危機四伏。

還有垃圾。動物不製造垃圾，人製造垃圾。不光製造物質垃圾，還大量製造精神垃圾。人類的生活垃圾已使得原本能夠自潔的大自然遍體生瘡，還有那些工業垃圾和建築垃圾，能否得到恰當的處理？人最終是否會被垃圾所掩埋？

科學是造福人類的，科學又是滿足科學家探索慾望的。而當這兩者發生矛盾時，科學也會成為一種悖謬。在現代社會，隨著科學發展的日新月異，已經大大掩蓋了哲學的光彩。但哲學永遠是科學的導師，而不應該淪為科學的僕人。

人類的大部分進步，其實只是物質享受的進步。而物質享受的進步，往往是以破壞自然環境為代價的。

舒適的生活，危險的生存！─這就是現代人類的狀況。

人類最精彩的思想，其實是出自兩千年前。後來的思想家，其思維的美妙程度，都沒有超過老子、莊子和古希臘的那一批哲學家。後世思想家們的思想，只是對日益沉重的物質壓迫和人類互相之間爭鬥的一種反抗而已。

　　人的慾望，有一種不加節制的衝動。人類本性中的種種不加節制，使藥品成為毒品。娛樂成為公害，營養成為疾病……

　　面對一個越來越浮燥奢靡的時代，老子清靜無為和莊子逍遙自足的思想是多麼睿智。

　　人能否合理地存在，關鍵問題在於人能否保持自己內心的平衡，從而達到人類生存的平衡。從某種意義上說，平衡比發展更重要！克制比慾望更重要！

　　人類，就像一個不顧一切要張揚自己所有慾望的人，正是這種慾望，把生存環境破壞得最終使自己無法生存。

　　而一個得道的人，一個審美心情大於物質慾望的人，是可以成功地克制自己，以求和自然保持和諧狀態。

　　但是整個人類，能夠成功地克制自己不去最終破壞人和自然的平衡嗎？這是一個問題。正如哈姆雷特的思索：「生存還是毀滅，這是一個問題。」

　　在這個根本問題之下，人類還將面對其他種種難以解決的問題：

　　政治方面的問題：什麼樣的政治制度才是最好的？

　　共產主義理論已在相當大的程度上被證實為一種希望能求得人類大同的空想，因為它不能解決人性中惡和懶的問題，也沒有認識到經營也是勞動。

　　那麼以美國為榜樣的西方式的民主制度是最好的嗎？美國式的民主對美國人自然是很好的，自由經濟對美國人也是好的，這兩者構成了美國人的生活方式。而美國的生活方式是靠巨大的能源消耗來維持的。問題在於：如果全球的人都享有美國的生活方式，地

球能否負擔得起？如果負擔不起，就不可能達到獨立宣言上所說的：人生而平等。這就是一個悖論。人類真能達到大同之境嗎？

經濟方面的問題：什麼樣的經濟模式是最好的？

計劃經濟也已經在很大程度上被證明是失敗的。但目前的商品經濟也有很大的缺陷。利用經濟槓桿固然可以調節市場的平衡，但卻可能破壞自然界的平衡。那只無形的手可以調控價格和價值，但能否撫平生態的創傷？僅僅因為紙張一項用途上的浪費，人類就毀掉了多少森林。

富人能否克制自己的慾望？富國能否抑制自己的發展？即使富人和富國都能節制自己的慾望和發展，以慈善和舍施的方法，能否解決不發達國家的貧窮問題？

關於國際和平：

人與人需要和平，但國與國卻在競爭，競爭國力，競爭軍力。不同種族和國度的人們在努力保障自己安全的同時，卻在把人類推向危險的邊緣。

關於文化：

在全球化浪潮席捲世界的時候，那些具有獨特形態和意義的文化如何才能保存和延續。

關於宗教的異化：

宗教的本質是行善，宗教間的衝突卻是行惡。

宗教原本是精神寄託，卻常常會變成思想的鉗制。

世界上的三大宗教各有其基本精神：基督教——懺悔；伊斯蘭教——遵從；佛教——超脫。但是歪嘴和尚總是念錯經，在現實世界中，這三種宗教無一不在某種程度上偏離了原本的意義。

　　基督徒的世界從個人內心的悔罪，演變成了在強力支持下的全球擴張和強加於人。

　　伊斯蘭教的穆斯林們確實是遵從的典範，可惜遵從的不是真主安拉，而是掌握了世俗權力的宗教領導人。在教義面前，個人生命不足惜，當武器比不過強大的敵人時，便把肉體變成了炸彈，去炸飛其他無辜的肉體。

　　而佛教世界，芸芸眾生中有幾人能悟出超脫的真諦？超脫變成了世俗的慾求，燒香拜佛，只是希望佛祖保佑自己實現夢想，而最大的夢想，就是升官發財。

　　其實人類最終將面對的還是環境問題：

　　人類活動已經給自然界造成了極大的傷害，如果不能撫平大自然的創傷，這種傷害必將禍及人類自己。正所謂：天作孽，猶可違；自作孽，不得活！人類就是這樣一個自作自受的種群。它將來的吟唱到底是一首使自然萬物復蘇的搖籃曲呢，還是一首給大自然也給自己的無望的挽歌？

　　基督教的七宗罪中為什麼要把傲慢列入？傲慢也是一種罪嗎？是！

　　個人傲慢，足以傷害別人；國家傲慢，足以傷害別國；人類傲慢，足以傷害自然界的萬類生命！

　　人類如果能保有一顆謙卑之心，將為自己和自然免除多少災難？

　　克己復禮，孔夫子這句話，是對政治說的。現在看來，對待自然也應如是。不能夠適當地克制自己的慾望，自然生態就不可能恢復到一個理想的境界。克己復禮—人類的延續有賴於合理地節制慾望和控制行為。

　　人和自然界最大的不和諧之處就在於貪婪。人什麼都知道，就是不知道適可而止，或者能夠知道，但做不到。貪婪，似乎是通向目前幸福最快捷的梯子，但也是通向終極幸福的最不可逾越的障礙。

　　人類和自然界的最大悲劇，莫過於一部分人的利益不適當地膨脹傷及了其他的人；一個物種的利益不適當地膨脹傷及了公平對待一切物種的大自然。如果這種傷害可以彌補和救治，則人類有望，自然也有望；如果這種傷害愈演愈烈，無法遏止，則人無望，自然也無望。

　　人類的出路，恐怕不是無休止的征服，而是──放棄征服，尋求和諧。正所謂：放下屠刀，立地成佛。

　　二十一世紀，是一個人和自然、人和人自己的矛盾空前激烈的世紀，但願不是人的最後一個世紀，或人的最後幾個世紀之一。

　　"To be or not to be, It is Question."

　　這是一個無論是哈姆雷特，還是整個人類，都必須面對和解決，卻又難以解決的一個根本問題。

代跋：草莖鳥

草莖鳥，一種我只在夢中見過的鳥。

它們成群生長或棲息在江邊的灘地上。說生長，是因為它們像草；說棲息，是因為它們像鳥。它們既是動物，又是植物。鶯飛草長，是對它們生態的最準確描述。

它們的身體像鷺鷥，但比鷺鷥更纖瘦。身上的羽毛是綠的，像蘆葦的葉子；頭頂的羽毛是白的，像秋天開出的蘆花。頭的形狀像神氣活現的鶴望蘭，隨著細長的頸項上下伸縮著。當一陣好風吹過，它們成千上萬隻昂首鳴叫，真如風聲鶴唳。那綠色的翅膀也隨風張開，在風中優美地舞動著，好像它們成群結隊地要飛將起來，飛離江岸，飛過江天，飛向南方或者北方，飛向朝陽或者夕月。但，它們僅僅只是那樣揚首鳴叫著，僅僅只是那樣振翅撲騰著，卻並不曾有一隻飛離地面半步。當風停息，它們也斂聲收羽，靜靜地佇立如一片蒲草或葦叢。

它們為什麼不飛呢？

這個秘密，你只有進入這片鳥群或這片草叢才能知道。這是一種奇怪的生物，它們的腿部以上完全是鳥，有鳥的軀體，鳥的翅膀，

鳥的羽毛；問題出在它們的腿上——它們的腿也完全像鷺鷥和仙鶴，細細的，長長的，在大腿和小腿間有一個可以屈伸的關節；但是從關節往下就不對了，關節下面的小腿已不是鳥的腿，而成了植物的莖杆。它們的腳趾也像鳥類一樣張開著，但不是踏在地面上，而是變成根鬚紮入了土裏。不知道它們是從別處遷徙而來，飛累了落在這裏，長時間地歇憩之後腳趾變成了根系？還是它們原本就是從土裏萌生出來的東西，只是長得像鳥而已。

它們的生計不成問題。如果它們的腳趾真的是植物的根，自然能從足下肥沃的土壤中吸取營養以供生長。如果把它們看成動物，這裏也有足夠的食物可供它們攝取，它們的羽毛本身就構成了一片茂密的草叢，在草叢中，有各種各樣的昆蟲生長，蚱蜢、蜘蛛、蟋蟀、螞蟻……還有江潮不時送到灘岸泥塗上來的彈塗魚和小蝦蟹，它們低頭便可以啄食；還有成群在它們頭上飛舞的蚊蠅蝶蛾，它們伸縮脖頸便可用尖喙來捕捉。就像那些生活在海底的珊瑚和海葵們，用不著到處奔波覓食，自有洋流會帶來餌料供養它們。

如果它們是草，它們便不會煩惱，春天泛青，夏天濃綠，秋天枯黃，冬天準備著來年再生，隨季節枯榮，一切聽從大自然無聲的指令沒有什麼可以操心的。但它們又是鳥，有了鳥的形體，鳥的翅膀，鳥的羽毛，並且在江邊上成天看著野鴨、江鷗、仙鶴、大雁們翩翩翔舞，自然便也生出了飛的渴望。當風吹來，它們歡叫著張開翅膀，那些小氣流們在翅膀下使勁地鼓動著羽毛的時候，感覺再稍一用力就可以騰空而起了……但就在這時候，它們無奈地感覺到了大地的牽拉，繃直了的細腿告訴它們，它們的腳趾還陷在泥裏。它們的羽毛雖然已與空氣結盟，但它們的腳趾卻是屬於泥土的，任它

們使出九牛二虎之力，它們也拔不出自己的根。當風過去，它們飛揚的鳥形又低落成了頹喪的蒿草。飛翔的渴望被大地的牽掛抵消，它們只能是這種亦鳥亦草又非鳥非草的尷尬物種。

它們之中並不是沒有勇敢者，要想飛翔，就必須斬斷與泥土的干係。既然它們不能像鳥一樣輕鬆地把腳蹬離大地，縱身飛起，那就讓屬於泥土的留給泥土，把渴望天空的交給天空。曾經有一隻草莖鳥，用尖銳的喙毅然啄斷了自己縶在泥土中的腳趾，便真的振翅飛了起來！它的身體是如此輕盈，只要脫離了大地的羈絆，飛的一點也不比別的鳥差。它在同伴們的頭頂上，在同伴們的眾目睽睽之上翩舞著，飛騰著，歡鳴著，呼喚著其他的草莖鳥也像它一樣地飛起來。但是，群鳥們在一陣興奮之後，很快便發現了危險之所在——在它像飛翔的仙鶴一樣筆直拖在身後的細腿上，沒有腳趾，只有兩個骨拐，它該怎樣落下來呢？它還能像原來那樣穩穩地站立在地上嗎？站不住，便意味著死亡。用生命來做一次飛翔的代價，是否值得呢？於是，鳥群們，或者說是草群們，在最初興奮的歡呼之後沈默了。那只飛起來的草莖鳥也意識到了自身的處境，它已不能再落回原來的棲身之地了。於是它在它們上空繞了三圈之後，毅然飛向了江對岸，它的身影在它們的眺望之中漸飛漸遠，直到完全隱入了天空。它是就這樣一直飛下去，還是最後因力竭跌落到一個不為人知的地方默默死去，沒有人知道。反正它沒有再飛回來，也沒有另一隻草莖鳥學它的樣，脫離草叢去與天空為伍。

哈姆雷特說過：「生存還是毀滅，這是一個問題。」對草莖鳥來說，當草一生還是當鳥一回，也是一個問題。我很想幫它們來解決這個問題，於是，我拿了一把鐮刀——不是農民用來割麥的那種

小鐮刀，而是草原上用來刈草的那種長柄大鐮刀，西方傳說中死神用的鐮刀大概就是這種——我走到了生長草莖鳥的那片江灘上，掄圓了鐮刀，沿著地面使足全力割刈起來，鳥的腳桿或者說是草的莖桿在刀刃上紛紛斷開，我不知道它們發出的那種聲音是痛苦的呻吟還是快樂的歡呼，我只看到它們成群地飛了起來，在翅膀們有力的撲打聲中，一片又一片綠雲飄上了天空。

當然，讓草莖鳥全都飛起來，這樣的事也只能發生在夢中。

國家圖書館出版品預行編目

士不可殺才不可辱： 文人論政集 / 鄧海南著.
-- 一版. -- 臺北市：秀威資訊科技,2010.05
　　面；　　公分. -- (社會科學類；PF0045)
BOD 版
ISBN 978-986-221-424-4 (平裝)

1.政治　2.言論集　3.中國

574.107　　　　　　　　　　　　99003916

社會科學類　PF0045

士不可殺才不可辱
——文人論政集

作　　者 / 鄧海南
主　　編 / 蔡登山
發 行 人 / 宋政坤
執行編輯 / 胡珮蘭
圖文排版 / 郭靖汶
封面設計 / 蕭玉蘋
數位轉譯 / 徐真玉　沈裕閔
圖書銷售 / 林怡君
法律顧問 / 毛國樑　律師
出版印製 / 秀威資訊科技股份有限公司
　　　　　台北市內湖區瑞光路 583 巷 25 號 1 樓
　　　　　電話：02-2657-9211　　　傳真：02-2657-9106
　　　　　E-mail：service@showwe.com.tw
經 銷 商 / 紅螞蟻圖書有限公司
　　　　　台北市內湖區舊宗路二段 121 巷 28、32 號 4 樓
　　　　　電話：02-2795-3656　　　傳真：02-2795-4100
　　　　　http://www.e-redant.com

2010 年 5 月 BOD 一版
定價：450 元

讀 者 回 函 卡

感謝您購買本書，為提升服務品質，煩請填寫以下問卷，收到您的寶貴意見後，我們會仔細收藏記錄並回贈紀念品，謝謝！

1. 您購買的書名：＿＿＿＿＿＿＿＿＿＿＿＿＿＿＿＿＿＿＿＿

2. 您從何得知本書的消息？

　　□網路書店　□部落格　□資料庫搜尋　□書訊　□電子報　□書店

　　□平面媒體　□ 朋友推薦　□網站推薦 □其他＿＿＿＿＿＿

3. 您對本書的評價：(請填代號　1.非常滿意 2.滿意 3.尚可 4.再改進)

　　封面設計＿＿　版面編排＿＿　內容＿＿　文/譯筆＿＿　價格＿＿

4. 讀完書後您覺得：

　　□很有收獲　□有收獲　□收獲不多　□沒收獲

5. 您會推薦本書給朋友嗎？

　　□會　□不會，為什麼？＿＿＿＿＿＿＿＿＿＿＿＿＿＿＿＿＿＿

6. 其他寶貴的意見：＿＿＿＿＿＿＿＿＿＿＿＿＿＿＿＿＿＿＿＿

　　＿＿＿＿＿＿＿＿＿＿＿＿＿＿＿＿＿＿＿＿＿＿＿＿＿＿＿＿＿

　　＿＿＿＿＿＿＿＿＿＿＿＿＿＿＿＿＿＿＿＿＿＿＿＿＿＿＿＿＿

　　＿＿＿＿＿＿＿＿＿＿＿＿＿＿＿＿＿＿＿＿＿＿＿＿＿＿＿＿＿

讀者基本資料

姓名：＿＿＿＿＿＿＿＿＿＿　年齡：＿＿＿＿　性別：□女 □男

聯絡電話：＿＿＿＿＿＿＿＿　E-mail：＿＿＿＿＿＿＿＿＿＿＿

地址：＿＿＿＿＿＿＿＿＿＿＿＿＿＿＿＿＿＿＿＿＿＿＿＿＿＿

學歷：□高中(含)以下　　□高中　　□專科學校　　□大學

　　　□研究所(含)以上 □其他＿＿＿＿＿＿＿＿

職業：□製造業 □金融業 □資訊業 □軍警 □傳播業 □自由業

　　　□服務業 □公務員 □教職　□學生 □其他＿＿＿＿＿＿

To：114

台北市內湖區瑞光路 583 巷 25 號 1 樓

秀威資訊科技股份有限公司　　　收

寄件人姓名：

寄件人地址：□□□

(請沿線對摺寄回,謝謝!)

秀威與 BOD

BOD（Books On Demand）是數位出版的大趨勢，秀威資訊率先運用 POD 數位印刷設備來生產書籍，並提供作者全程數位出版服務，致使書籍產銷零庫存，知識傳承不絕版，目前已開闢以下書系：

一、BOD 學術著作—專業論述的閱讀延伸
二、BOD 個人著作—分享生命的心路歷程
三、BOD 旅遊著作—個人深度旅遊文學創作
四、BOD 大陸學者—大陸專業學者學術出版
五、POD 獨家經銷—數位產製的代發行書籍

BOD 秀威網路書店：www.showwe.com.tw
政府出版品網路書店：www.govbooks.com.tw

永不絕版的故事・自己寫・永不休止的音符・自己唱